D1652967

5

Springer-Verlag
Berlin Heidelberg New York London Paris Tokyo
Hong Kong Barcelona Budapest
1993

Wörterbuch der Kraftübertragungselemente Band 5 · Kupplungen	**D**
Diccionario de elementos de transmisión Tomo 5 · Acoplamientos y embragues	**E**
Glossaire des Organes de Transmission Volume 5 · Accouplements et embrayages	**F**
Glossary of Transmission Elements Volume 5 · Couplings and Clutches	**GB**
Glossario degli Organi di Trasmissione Volume 5 · Giunti (accoppiamenti)	**I**
Glossarium voor Transmissie-organen Deel 5 · Koppelingen	**NL**
Ordbok för Transmissionselement Band 5 · Koppelingar	**S**
Voimansiirtoalan sanakirja Osa 5 · Kytkimet	**SF**

Eurotrans

Europäisches Komitee der Fachverbände
der Hersteller von Getrieben und Antriebselementen
Federführung bei der
Fachgemeinschaft Antriebstechnik im VDMA
Lyoner Straße 18, D-6000 Frankfurt/Main 71

CIP-Kurztitelaufnahme der Deutschen Bibliothek

Wörterbuch der Kraftübertragungselemente
Diccionario de elementos de Transmissión
EUROTRANS, Europ. Komitee d. Fachverb. d.
Hersteller von Getrieben u. Antriebselementen.
Federführung bei d. Fachgemeinschaft Antriebstechnik im VDMA
Berlin, Heidelberg, New York: Springer
NE: Europäisches Komitee der Fachverbände der
Hersteller von Getrieben und Antriebselementen, PT
Bd. 5 · Kupplungen, 1993

ISBN 3-540-53425-3 Springer-Verlag Berlin Heidelberg New York

Dieses Werk ist urheberrechtlich geschützt. Die dadurch begründeten Rechte, insbesondere die der Übersetzung, des Nachdrucks, des Vortrags, der Entnahme von Abbildungen und Tabellen, der Funksendung, der Mikroverfilmung oder der Vervielfältigung auf anderen Wegen und der Speicherung in Datenverarbeitungsanlagen, bleiben, auch bei nur auszugsweiser Verwertung, vorbehalten. Eine Vervielfältigung dieses Werkes oder von Teilen dieses Werkes ist auch im Einzelfall nur in den Grenzen der gesetzlichen Bestimmungen des Urheberrechtsgesetzes der Bundesrepublik Deutschland vom 9. September 1965 in der jeweils geltenden Fassung zulässig. Sie ist grundsätzlich vergütungspflichtig. Zuwiderhandlungen unterliegen den Strafbestimmungen des Urheberrechtsgesetzes.

© by Springer-Verlag, Berlin/Heidelberg, 1993.
Printed in Germany

Die Wiedergabe von Gebrauchsnamen, Handelsnamen, Warenbezeichnungen usw. in diesem Buch berechtigt auch ohne besondere Kennzeichnung nicht zu der Annahme, daß solche Namen im Sinne der Warenzeichen- und Markenschutz-Gesetzgebung als frei zu betrachten wären und daher von jedermann benutzt werden dürften.

Satz: Fotosatz-Service Köhler, Würzburg
Druck: Color-Druck Dorfi GmbH, Berlin; Bindearbeiten: Lüderitz & Bauer, Berlin
62/3020-543210

Inhaltsverzeichnis	Vorwort 7 Einleitung 9 Wörterverzeichnis 10 Glossar	**D**
Contenido	Prólogo Introducción Indice alfabético Diccionario	**E**
Table des matières	Préface Introduction Tableaux alphabétiques Glossaire	**F**
Contents	Preface Introduction Index Glossary	**GB**
Indice	Prefazione Introduzione Indice alfabetico Glossario	**I**
Inhoud	Voorwoord Inleiding Trefwoordenlijst Glossarium	**NL**
Innehållsförteckning	Förord Inledning Alfabetisk ordlista Ordbok	**S**
Sisällysluettelo	Esipuhe Johdanto Termien aakkosellinen hakemisto Sanasto	**SF**

D	Band	1 2 3 4 5	Zahnräder Zahnradgetriebe Stufenlos einstellbare Getriebe Zahnradfertigung und -kontrolle Kupplungen
E	Tomo	1 2 3 4 5	Ruedas dentadas Reductores de engranajes Variadores de velocidad Fabricación de engranages y verificación Acoplamientos y embragues
F	Volume	1 2 3 4 5	Engrenages Ensembles montés à base d'engrenages Variateurs de vitesse Fabrication des engrenages et contrôle Accouplements et embrayages
GB	Volume	1 2 3 4 5	Gears Gear Units Speed Variators Gear Manufacture and Testing Couplings and Clutches
I	Volume	1 2 3 4 5	Ingranaggi Riduttori di velocità ad ingranaggi Variatori di velocità Fabbricazione degli ingranaggi e loro controllo Giunti (accoppiamenti)
NL	Deel	1 2 3 4 5	Tandwielen Tandwielkasten Regelbare aandrijvingen (variatoren) Tandwielfabrikage en kwaliteitskontrole Koppelingen
S	Band	1 2 3 4 5	Kugghjul Kuggväxlar Steglöst inställbara växlar Produktion och kontroll av kugghjul Kopplingar
SF	Osa	1 2 3 4 5	Hammaspyörät Hammasvaihteet Portaattomasti säädettävät vaihteet Hammaspyörien valmistus ja tarkastus Kytkimet

Vorwort

Die europäischen Fachverbände der Hersteller von Getrieben und Antriebselementen haben 1969 unter dem Namen „Europäisches Komitee der Fachverbände der Hersteller von Getrieben und Antriebselementen", kurz EUROTRANS, ein Komitee gegründet. Die Ziele dieses Komitees sind:

a) die gemeinsamen wirtschaftlichen und technischen Fachprobleme zu studieren,
b) ihre gemeinschaftlichen Interessen gegenüber internationalen Organisationen zu vertreten,
c) das Fachgebiet auf internationaler Ebene zu fördern.

Das Komitee stellt einen Verband ohne Rechtspersönlichkeit und ohne Erwerbszweck dar.

Die Mitgliedsverbände von EUROTRANS sind:

Fachgemeinschaft Antriebstechnik im VDMA
Lyoner Straße 18, D-6000 Frankfurt/Main 71,

Servicio Tecnico Comercial de Constructores de Bienes de Equipo (SERCOBE) – Grupo de Transmision Mecanica
Jorge Juan, 47, E-Madrid-1,

UNITRAM – Union Nationale des Industries de Transmissions Mécaniques
39/41, rue Louis Blanc, F-92400 Courbevoie

FABRIMETAL – groupe 11/1 Section "Engrenages, appareils et organes de transmission"
21 rue des Drapiers, B-1050 Bruxelles

BGA – British Gear Association
St James's House, Frederick Road, Edgbaston, Birmingham B 15 1JJ,

ASSIOT – Associazione Italiana Costruttori Organi di Trasmissione e Ingranaggi
Via Moscova 46/5, I-20121 Milano,

FME – Federatie Metaal-en Elektrotechnische Industrie
Postbus 190, NL-2700 AD Zoetermeer,

TGS – Transmissionsgruppen i Sverige, c/o Grossistförbundet. Svensk Handel,
Box 5512, S-114 85 Stockholm

Suomen Metalliteollisuuden Keskusliitto, Voimansiirtoryhmä
Eteläranta 10, SF-00130 Helsinki 13.

EUROTRANS ist mit dieser Veröffentlichung in der glücklichen Lage, den fünften Band eines fünfbändigen Wörterbuches in acht Sprachen (Deutsch, Spanisch, Französisch, Englisch, Italienisch, Niederländisch, Schwedisch und Finnisch) über Zahnräder, Getriebe und Antriebselemente vorzulegen.

Dieses Wörterbuch wurde von einer EUROTRANS-Arbeitsgruppe unter Mitarbeit von Ingenieuren und Übersetzern aus Deutschland, Spanien, Frankreich, England, Italien, den Niederlanden, Belgien, Schweden und Finnland ausgearbeitet. Es soll den wechselseitigen internationalen Informationsaustausch erleichtern und den Leuten vom Fach, die sich in aller Herren Länder mit ähnlichen Aufgaben befassen, die Möglichkeit bieten, einander besser zu verstehen und besser kennenzulernen.

Einleitung

D

Das vorliegende Werk umfaßt:

acht einsprachige alphabetische Register einschließlich Synonyme in den Sprachen Deutsch, Spanisch, Französisch, Englisch, Italienisch, Niederländisch, Schwedisch und Finnisch.

Im Glossar findet man hinter der Abbildung die Normbegriffe in den acht Sprachen. Jede Rubrik beginnt mit einer Kenn-Nummer.

Sucht man zu einem Stichwort, das in einer der acht Sprachen des Wörterbuches gegeben ist, die Übersetzung in eine der sieben anderen Sprachen, so braucht man nur die Kenn-Nummer des Stichwortes im betreffenden Register festzustellen und findet unter dieser Nummer die Übersetzung im Glossar.

Dieselbe Verfahrensweise gilt für Synonyme, die mit einem * gekennzeichnet sind. Hat ein Wort im alphabetischen Register mehrere Nummern, so ist es je nach dem Sinnzusammenhang verschieden zu übersetzen.

Beispiel: ,,Zahnkupplungen"

Suchen Sie im deutschen Register das Wort auf. Hinter dem Wort finden Sie die Nr. 9023

Suchen Sie nun im Glossar die Nr. 9023 auf. Hinter der Abbildung finden Sie die Normbegriffe in

Deutsch	– Zahnkupplungen
Spanisch	– Acoplamientos dentado
Französisch	– Accouplement à denture
Englisch	– Gear couplings
Italienisch	– Giunti a denti
Niederländisch	– Tandkoppelingen
Schwedisch	– Tandkopplingar
Finnisch	– Hammaskytkimet

Begriffe der Zahnradterminologie sind in Band 1 und die der Zahnradgetriebe einschließlich deren Einzelteile in Band 2 enthalten. Die Begriffe des Bereiches stufenlos verstellbare Getriebe und deren Einzelteile finden Sie in Band 3. Begriffe zur Zahnradfertigung und -kontrolle sind in Band 4 enthalten.

D Alphabetisches Wörterverzeichnis einschließlich Synonyme

Synonyme = *

Abfallzeit des Drehmoments	9804	Beschleunigungsmoment	9714
Abscherstift	9352	Blattfederkupplung	9068
Abstreifer	9341	Bodenscheibe	9316
Abtriebsdrehmoment	9721	Bolzen	9392
Abtriebsdrehzahl	9752	Bolzenkupplung	9071
Abtriebs-Winkelgeschwindigkeit	9792	Bolzenkupplung, im Stillstand schaltbar	9075
Achszapfen	9318		
Aluminium	9511	Bolzenkupplung mit Axialspielbegrenzung	9074
Anfederungskraft	9774		
Anflanschnabe	9488	Bolzenkupplung mit Bremsscheibe	9072
Ankerscheibe	9415	Bolzenkupplung mit Bremstrommel *	9072
Anlagennenndrehmoment	9712	Bolzenkupplung mit drehelastischer Scheibe	9073
Anlauffaktor	9849		
Anlaufkupplung, Kupplungsmantel als Schmalkeilriemenscheibe mit oder ohne Drehmomenteinstellung	9204	Brechbolzenkupplung	9191
		Bremsscheibe	9313
		Bremstrommel *	9313
		Bruchdrehmoment	9729
Anlaufkupplung mit oder ohne Drehmomenteinstellung	9203	Buchse	9414
		Bügelfederkupplung	9064
Anpreßkraft der Reibflächen	9763	Bundbolzen	9462
Ansprechverzug beim Verknüpfen	9800	Bundbuchse	9457
Ansprechzeit beim Trennen	9803		
Anstiegszeit des Drehmoments	9801	Dämpfung	9884
Antriebsdrehzahl	9751	Dauermagnet-Einflächenkupplung	9257
Antriebsmoment	9725	Dauermagnetische Hysteresekupplung	9255
Antriebsnabe	9467		
Antriebs-Winkelgeschwindigkeit	9791	Dauermagnetische Stirndrehkupplung	9254
Arbeitsluftspalt	9637	Dauermagnetische Wirbelstromkupplung	9256
Arretierstück	9395		
Arretierung	9406		
Asbest	9523	Dauermagnet-Zahnkupplung	9258
Auflagekraft	9771	Dauerwechseldrehmoment	9707
Ausrückweg	9636	Deckel	9452
Ausschaltdauer	9811	Dichthülse	9342
Ausschaltkraft	9762	Dichtung	9329
Außendurchmesser	9602	Distanzbuchse	9425
Außenklemmbahn	9646	Distanzring	9424
Außenkörper	9412	Doppelkegel-Sicherheitskupplung *	9198
Außenlamelle	9367	Doppelkegel-Überlastrutschkupplung	9198
Außenring	9448	Doppelkonus-Sicherheitskupplung *	9200
Außenscheibe	9397		
Axialdruckscheibe	9302	Doppelkonus-Sicherheitskupplung zum Anflanschen *	9201
Axiale Wellenverlagerung	9833		
Axialfedersteife, dynamisch	9843	Doppelkonus-Überlastrutschkupplung	9200
Axialfedersteife, statisch	9842	Doppelkonus-Überlastrutschkupplung zum Anflanschen	9201
Axialkraft	9770		
Axialversatz	9830	Doppel-Kreuzgelenk	9017
		Doppel-Zahnkupplung	9028
		Drehmoment	9701
Baustahl	9505	Drehmomentanstieg	9734
Begrenzungsring	9365	Drehmomentdiagramm	9732

Drehmomentverlauf	9733	Elastikring	9364
Drehstarre Kupplungen	9013	Elastische Kupplungen	9057
Drehzahl	9750	Elastischer Ring*	9364
Drehzahlbegrenzende Kupplung	9205	Elastisches Kreuz	9356
Drehzahlbetätigte Kupplungen*	9180	Elastomere	9507
Drehzahlfaktor	9851	Elektromagnetisch betätigte	
Druckbolzen	9418	Einflächenkupplung mit Luftspalt,	
Druckfeder	9374	schleifringlos	9157
Druckmittel betätigte Flansch-kegelkupplung	9149	Elektromagnetisch betätigte Einflächenkupplung mit Luftspalt und Schleifring	9156
Druckmittel betätigte Kegel-kupplung	9148	Elektromagnetisch betätigte	
Druckmittel betätigte Kupplungen	9135	Einflächen-Kupplungs-Brems-kombination mit Luftspalt und	
Druckmittel betätigte Kupplungs-Bremskombination	9147	Schleifring	9159
Druckmittel betätigte Lamellen-federdruckbremse	9140	Elektromagnetisch betätigte Federdruck-Zahnkupplung mit Schleifring	9171
Druckmittel betätigte Lamellen-kupplung in Verbindung mit Reifen-kupplung	9146	Elektromagnetisch betätigte Federdruck-Zahnkupplung, schleifringlos	9173
Druckmittel betätigte Lamellen-kupplung mit axialer Zuführung	9138	Elektromagnetisch betätigte Kupplungen	9155
Druckmittel betätigte Lamellen-kupplung mit radialer Zuführung	9139	Elektromagnetisch betätigte Lamellen-Federdruckbremse, schleifringlos,	
Druckmittel betätigte Mehrflächen-kupplung mit Balg	9143	Lamellen magnetisch nicht durch-flutet mit Wechselstrommagnet	9166
Druckmittel betätigte Trommel-kupplung	9150	Elektromagnetisch betätigte Lamellenkupplung mit Schleifring,	
Druckmittel betätigte Zahnkupplung	9151	Lamellen magnetisch durchflutet	9167
Druckmittel betätigte Zweiflächen-kupplung	9145	Elektromagnetisch betätigte Lamellen-kupplung mit Schleifring, Lamellen	
Druckmittel betätigte Zylinder-kupplung*	9150	magnetisch nicht durchflutet	9163
Druckmittel betätigte Zweiflächen-kupplung mit Zylinder und Kolben	9144	Elektromagnetisch betätigte Lamellenkupplung, schleifringlos Lamellen magnetisch durchflutet	9168
Druckmittel gelüftete Lamellen-federdruckbremse	9141	Elektromagnetisch betätigte Lamellen-kupplung, schleifringlos, Lamellen	
Drucköl-Hülsenkupplung	9004	magnetisch nicht durchflutet	9164
Druckring	9388	Elektromagnetisch betätigte	
Druckscheibe	9386	Pulvermagnetkupplung	9174
Druckstücke*	9359	Elektromagnetisch betätigte	
Durchmesser	9601	spielfreie Federdruckbremse	9176
Duromere	9508	Elektromagnetisch betätigte 4-polige	
Dynamische Drehfedersteife	9841	Einflächenkupplung ohne Arbeits-luftspalt, schleifringlos	9162
Dynamische Schaltarbeit	9822	Elektromagnetisch betätigte	
Dynamische Viskosität	9882	Zahnkupplung mit Schleifring	9169
Einbauhöhe	9632	Elektromagnetisch betätigte	
Einbaulänge	9633	Zahnkupplung, schleifringlos	9170
Einfach-Kreuzgelenk	9016	Elektromagnetisch betätigte	
Einfach-Zahnkupplung	9024	Zweiflächen-Federdruckbremse mit Luftspalt, schleifringlos	9160
Einrollwinkel	9619	Elektromagnetisch betätigte	
Einschaltdauer*	9807	Zweiflächenkupplung mit Luftspalt und Schleifring	9158
Einschaltkraft	9761		
Eintourenkupplung	9230		
Einzelring-Federkupplung	9070		

D

D

Begriff	Nr.
Elektromagnetisch betätigte 2-polige Einflächenkupplung ohne Arbeitsluftspalt, schleifringlos	9161
Elektromagnetische Hysteresebremse	9260
Elektromagnetische Hysteresekupplung	9259
Endscheibe	9481
Entlüftungsschraube	9478
Entlüftungsventil	9343
EP-Öl*	9528
Erregendes Drehmoment auf der Abtriebsseite*	9711
Erregendes Drehmoment auf der Antriebsseite	9710
Erregendes Drehmoment auf der Lastseite	9711
Ersatzkrümmungsradius	9613
Evolventenzahnring	9353
Faltenbalg	9324
Faserverstärkte Kunststoff-Lamellenkupplung	9054
Federaufnahmescheibe	9373
Federbandkupplung	9060
Federkraft	9767
Federkupplungen	9058
Federring	9402
Federschlaufenkupplung	9062
Fett	9529
Flächenbezogene Reibleistung	9782
Flächenbezogene Schaltarbeit	9825
Flächenbezogene Schaltarbeit pro Stunde	9826
Flachdichtscheibe	9455
Flächenträgheitsmoment	9736
Flansch	9460
Flanschdurchmesser	9604
Flanschmitnehmer	9336
Flanschnabe	9401
Flanschreifenkupplung für Elastikringwechsel ohne Ausbau und Verschieben der verbundenen Maschinen	9093
Flanschreifenkupplung mit Durchschlagsicherung	9089
Flanschreifenkupplung ohne Durchschlagsicherung	9090
Fliehgewicht	9468
Fliehkraft	9766
Fliehkraftkupplungen	9180
Fliehkraftabhebender Klemmkörperfreilauf, außen abhebend	9225
Fliehkraftabhebender Klemmkörperfreilauf, innen abhebend	9224
Fliehkraftkupplung mit eingehängten Segmenten	9182
Fliehkraftkupplung mit freien Segmenten	9181
Fliehkraftkupplung mit Kugeln	9184
Fliehkraftkupplung mit Zugfedern	9183
Formfederwindung*	9446
Freilauf	9450
Freilaufkupplungen	9210
Fremdbetätigte Schaltkupplungen	9106
Frequenzfaktor	9848
Füllgut-Kupplung mit Flügel	9185
Füllgut-Kupplung mit Mitnahmescheiben	9187
Füllgut-Kupplung mit Schaufelrad und Kugeln	9186
Ganzstahl-Laschenkupplung, Eingelenk-Ausführung	9052
Ganzstahl-Laschenkupplung mit geteilter Zwischenhülse	9051
Ganzstahl-Laschenkupplung mit Zwischenhülse	9050
Ganzstahl-Membrankupplung, Eingelenk-Ausführung	9053
Gelenkstück	9328
Gelenkwelle mit Längenausgleich	9020
Gelenkwellen	9019
Gesamte Kühlölmenge	9877
Gesamte Reibfläche	9892
Geschlossenzeit*	9807
Gewindeeinsatz	9480
Gewindering	9372
Gewindestift	9456
Gleichlauf-Festgelenk	9022
Gleichlauf-Gelenkwelle	9021
Gleichlauf-Verschiebegelenk	9326
Gleitgeschwindigkeit	9922
Gleitgeschwindigkeit am mittleren Reibrad	9923
Gleitreibungszahl	9861
Gummi	9519
Gußeisen mit Kugelgraphit	9504
Gußeisen mit Lamellengraphit	9503
Haftreibungszahl	9862
Haltering	9361
Halteschraube	9476
Hebel	9378
Hebelbolzen	9379
Hemmkeil*	9442
Hemmkeilkäfig*	9440
Hilfswinkel	9623
HP-Öl*	9527
Hülsenfreilauf mit einzeln im Käfig angefederten Rollen	9214

Hülsenfreilauf mit integrierter beidseitiger Lagerung	9215
Hülsenkupplung mit Spannringen	9005
Hülsenkupplung mit Verschraubung	9003
Hydraulisch betätigte Kupplungen	9136
Hydrodynamische Kupplungen	9235
Hydrodynamische Kupplung mit elastischer Kupplung und Bremsscheibe	9240
Hydrodynamische Kupplung mit elastischer Kupplung und Bremstrommel*	9240
Hydrodynamische Kupplung mit konstanter Füllung	9236
Hydrodynamische Kupplung mit Schaufelregelung	9238
Hydrodynamische Kupplung mit veränderlicher Füllung	9237
Hydrodynamische Kupplung zum Anflanschen	9239
Indikator	9477
Induktionskupplung mit Innenpolen	9251
Innendurchmesser	9603
Innenklemmbahn	9647
Innenlamelle	9368
Innenring	9447
Innenscheibe	9396
Isolierte Zahnkupplung	9042
Käfiglänge	9635
Kappe	9327
Kegelkerbstift	9420
Kegellochbuchse (in Nabe geschoben)*	9486
Kegellochbuchse (gegen Nabe angezogen)*	9485
Keilriemenscheibe	9482
Kennmoment	9722
Kinematische Viskosität	9883
Kippdrehmoment	9726
Klauen-Freilaufkupplung	9227
Klauenkupplungen	9078
Klauenkupplung, im Stillstand schaltbar	9111
Klauenkupplung mit Biegepuffern	9081
Klauenkupplung mit druckelastischen Torsionsdämpfern	9083
Klauenkupplung mit Druckpuffern	9082
Klauenkupplung mit elastischem Kreuz	9079
Klauenkupplung mit Nockenring	9080
Klauenkupplung mit Rollenpuffern	9084
Klauenkupplung mit Zentrierring	9014
Klauen-Sicherheitskupplung*	9202
Klauen-Überlastrutschkupplung	9202
Klauenteil	9358
Klemmbahn	9643
Klemmfläche	9644
Klemmkörper	9442
Klemmkörperdicke	9631
Klemmkörperfreilauf mit einzeln angefederten Klemmkörpern mit einem Käfig	9223
Klemmkörperfreilauf mit einzeln angefederten Klemmkörpern ohne Käfig	9222
Klemmkörperfreilauf mit einzeln angefederten Klemmkörpern mit zwei Käfigen	9226
Klemmkörperfreilauf mit einzeln im Käfig angefederten Klemmelementen und beidseitig integrierter Radiallagerung	9220
Klemmkörperfreilauf mit einzeln im Käfig angefederten Klemmkörpern und integrierter Lagerung	9219
Klemmkörperfreilauf mit gemeinsam angefederten Klemmkörpern ohne Käfig	9221
Klemmkörperfreilauf mit gemeinsam angefederten Klemmkörpern und Käfig	9218
Klemmkörperkäfig	9440
Klemmkörperlänge	9630
Klemmkonus mit halben Gewinden	9486
Klemmkonus mit Spanngewinden	9485
Klemmkurve	9645
Klemmrichtung	9642
Klemmring-Schalenkupplung	9008
Klemmrollenfreilaufkäfig	9211
Klemmrollenfreilaufkäfig mit Außenstern und einzeln angefederten Klemmrollen	9212
Klemmrollenfreilaufkäfig mit Innenstern und einzeln angefederten Klemmrollen	9213
Klemmrollenfreilauf mit gemeinsam angefederten Klemmrollen im Käfig	9216
Klemmrollenfreilauf ohne angefederte Klemmrollen	9217
Klemmscheibe	9371
Klemmwinkel	9620
Klinken-Überholkupplung	9228
Kolben	9404
Kolben-Außendurchmesser	9898
Kolbenfläche	9890
Kolben-Innendurchmesser	9899
Kolbenkraft	9765
Kräfte	9760
Kraftfahrzeug-Kupplungen	9119
Kraftrichtung	9776

D

D

Kreuzgelenkkupplung	9015
Kreuzscheiben-Kupplung	9048
Krümmungsradius	9612
Kühlölstrom pro Kupplung	9878
Kühlöltemperatur Ablauf	9910
Kühlöltemperatur Zulauf	9911
Kugel	9322
Kugelkäfig	9320
Kugellagerschaltung	9400
Kugelnabe	9321
Kugelrutschkupplung	9192
Kunststoff	9520
Kunststoff-Flanschkupplung, einfach kardanisch	9026
Kunststoffhülse	9332
Kunststoff-Steckkupplung, einfach kardanisch	9025
Kupferlegierung	9517
Kupplungsflansch	9351
Kupplungshälfte	9300
Kupplungshebel	9390
Kupplungskombination Bolzen-Laschenkupplung	9076
Kupplungsmantel	9407
Kupplungsnabe	9331
Kupplungsring	9363
Lagerbuchse	9340
Lamellen-Sicherheitskupplung*	9197
Lamellenstärke	9902
Lamellen-Überlastrutschkupplung	9197
Laschen-Lamellenpaket	9304
Lastmoment	9723
Lastmomentsperre	9231
Leder	9522
Leerlaufdrehzahl	9757
Leerlauferwärmung	9913
Leerlaufmoment*	9716
Leistung	9780
Lochkreisdurchmesser	9609
Logarithmische Spirale	9614
Lüftung pro Kupplung	9918
Lüftung pro Reibfläche	9919
Luftfederkupplung	9098
Luftspalt	9639
Mäanderfeder	9446
Magnetische Kupplungen	9250
Massenbeschleunigungskraft	9775
Massenträgheitsmoment	9735
Maximaldrehmoment	9705
Maximaldrehzahl	9755
Maximale Dämpfungsleistung	9784
Max. Dämpfungsleistung*	9784
Maximaler Durchmesser	9605
Maximaler Rollendurchmesser	9607
Maximale Winkelgeschwindigkeit	9795
Mechanisch betätigte Doppelkegelkupplung	9126
Mechanisch betätigte Doppelkonuskupplung	9127
Mechanisch betätigte Doppelkonuskupplung zum Anflanschen	9128
Mechanisch betätigte Kupplungen	9107
Mechanisch betätigte Lamellenkupplung	9123
Mechanisch betätigte Lamellenkupplung für Verbrennungsmotoren	9124
Mechanisch betätigte Lamellenkupplung für Verbrennungsmotoren mit Übersetzungen	9125
Mechanisch betätigte Lamellen-Schaltkupplung*	9113
Mechanisch betätigte Scheibenkupplung*	9113
Mechanisch betätigte Trommelkupplung	9130
Mechanisch betätigte Zweiflächen-Flanschkupplung in Verbindung mit Keilriemenscheibe	9114
Mechanisch betätigte Zweiflächen-Kupplung	9113
Mechanisch betätigte Zweiflächen-Kupplung mit hochelastischer Reifenkupplung	9115
Mechanisch betätigte Zweiflächenkupplung mit Luftkühlung	9116
Mechanisch betätigte Zweiflächenkupplung mit Ölkühlung	9118
Mechanisch betätigte Zweiflächenkupplung mit Wasserkühlung	9117
Mehrlagen-Schraubenfeder-Kupplung	9065
Membrane	9307
Membranfederkupplung	9120
Meßwinkel	9617
Mindestdrehzahl	9756
Mitnehmerhülse	9310
Mitnehmernabe	9423
Mittellinie	9600
Mittlerer Reibflächendurchmesser	9896
Mittlerer Reibradius	9901
Mittleres Schaltdrehmoment	9718
Moment*	9701
Nabe	9405
Nabengehäuse	9369
Nabenhülse	9344
Nabenlänge	9634
Nachstellelement	9399
Nachstellring	9387
Nadellager	9432
Nenndrehmoment	9704

D

Nenndrehmoment der Abtriebsseite*	9708
Nenndrehmoment der Antriebsseite	9702
Nenndrehmoment der Lastseite	9708
Nennmoment*	9704
Nichtschaltbare Kupplungen	9000
Nockenring	9309
Normalkraft	9768
Nutmutter	9433
Nylon	9521
Öl	9525
Öleinfüllschraube	9479
Ölstandsauge	9461
Ölzuführungsdurchmesser	9900
Offenzeit	9808
Organischer Belag	9516
O-Ring	9403
Paket Druckstücke	9359
Papierbelag	9515
Parallelkurbel-Kupplung	9049
Paßfeder	9380
Paßschraube	9311
Pause*	9808
Pendeldrehmoment	9727
Phosphorbronze	9510
Pneumatisch betätigte Kupplungen	9137
Pneumatisch betätigte Lamellenkupplung für Verbrennungsmotoren	9142
Polymere	9518
Pressungsgradient	9917
Profilwelle	9325
Prüfdrehmoment	9706
Puffer	9360
Pumpenrad	9472
Radialdichtring	9430
Radiale Wellenverlagerung	9834
Radialfedersteife, dynamisch	9845
Radialfedersteife, statisch	9844
Radialkraft	9773
Radialversatz	9831
Radial-Wellendichtring	9345
Radius	9611
Rastenbolzen	9384
Rastenmutter	9382
Rastenscheibe	9383
Reibarbeit pro Stunde	9828
Reibbelag	9469
Reibdrehmoment	9728
Reibfläche	9891
Reibflächenanzahl	9921
Reibflächen-Außendurchmesser	9894
Reibflächenbezogener Kühlölstrom	9879
Reibflächenbreite	9893
Reibflächendurchmesser-Verhältnis	9897
Reibflächen-Innendurchmesser	9895
Reibflächenpressung	9915
Reibflächentemperatur	9914
Reibflächenverschleiß	9920
Reibleistung	9781
Reibring	9410
Reibungsdurchmesser	9610
Reibungskraft	9772
Reibungszahl	9860
Reibwert*	9860
Reibwinkel	9626
Reifenkupplungen	9086
Relativdrehzahl	9754
Relative Winkelgeschwindigkeit	9793
Resonanzfaktor	9852
Restdrehmoment	9716
Restmoment*	9716
Rillenkugellager	9431
Ring	9422
Ringfeder	9441
Ring-Lamellenpaket	9305
Rolle	9393
Rollenketten-Kupplung	9046
Rollenlager	9449
Rotationsdurchmesser	9608
Runddichtung*	9403
Rutschdrehmoment	9724
Rutschkupplungen*	9190
Rutschnabe	9193
Rutschzeit	9806
Rückstellkraft der Federn	9764
Schaftschraube	9303
Schalenkupplung	9007
Schaltarbeit	9820
Schaltarm	9437
Schaltbare Kupplungen	9105
Schaltdruck	9916
Schalthebel	9439
Schalthäufigkeit pro Stunde	9870
Schaltkupplungen*	9105
Schaltmoment	9717
Schaltmuffe	9389
Schaltring	9464
Schaltweg	9648
Schaltwelle	9438
Schaltwinkel	9621
Schaufelrad	9474
Scheibe	9453
Scheibenkupplung	9002
Scheibenkupplung	9094
Schiebemuffe	9381
Scheiben-Sicherheitskupplung*	9196
Scheiben-Überlastrutschkupplung	9196
Schlangenfederkupplung	9069
Schlauchbinder	9319
Schleifengelenk	9018

D

Schleifring	9416	Statische Drehfedersteife	9840
Schleifring-Induktionskupplung	9252	Statische Schaltarbeit	9821
Schleifringlose Wirbelstromkupplung	9253	Steg	9463
Schließweg	9638	Stellmutter	9370
Schleppkäfig	9443	Stellmutterschraube	9376
Schleppmoment*	9716	Stellungswinkel	9625
Schließzeit	9807	Stiftschraube	9362
Schlitzmutter	9375	Stirnzahnkupplung	9010
Schlupfwinkel	9618	Stoßdrehmoment*	9712
Schmelzsicherungsschraube	9473	Stoßfaktor	9853
Schmierfrist	9530	Stündliche Schaltzahl	9810
Schmiermittel	9524	Stützscheibe	9394
Schmiernippel	9346	Synchron-Winkelgeschwindigkeit	9794
Schnell lösbare Zahnkupplung	9043	Synchrondrehmoment*	9719
Schraubenband-Kupplung	9129	Synchrondrehzahl	9753
Schraubenfederkupplung	9063	Synchronisierungsmoment	9719
Schraubenfederkupplung	9121		
Schraubenfederkupplung, Feder in Nabe aufgesteckt	9066	Tangentialkraft	9769
		Taschenteil	9357
Schraubenfederkupplung, hergestellt aus einem Stück	9067	Teilwinkel	9624
		Tellerfeder	9398
Schrumpfscheiben-Hülsenkupplung	9006	Tellerscheibe	9409
Schwach legiertes Öl	9527	Temperaturerhöhung	9912
Schwenkverschraubung	9458	Temperaturfaktor	9850
Schwenkwinkel	9622	Terminologie	9700
Sechskantmutter	9301	Thermischer Schalter	9475
Sechskantschraube	9426	Tonnenkupplung	9045
Senkschraube	9466	Torsionsdämpfer-Anschlagmoment	9730
Sicherheitskupplungen*	9190	Torsionsdämpfer-Anschlagwinkel	9628
Sicherungsblech	9434	Torsionsdämpfer-Reibmoment	9731
Sicherungsring	9429	Träger	9366
Sinterbronze	9512	Trägheitsmoment, abtriebsseitig	9738
Sintereisen	9513	Trägheitsmoment, antriebsseitig	9737
Sinterkeramik	9514	Trägheitsmoment der Kupplungsseite	9739
Spannhülse	9391	Transportsicherung	9435
Spannsatz-Hülsenkupplung	9009	Treibender Flansch	9354
Spannstift	9428	Trennzeit	9805
Speichen-Membrane	9306	Turbo-Zahnkupplung	9037
Spezifische Wärmekapazität von Öl	9875	Typenschild	9459
Spezifische Wärmekapazität von Stahl	9876		
Spiel	9640	Überdruckventil	9347
Spielfrei	9641	Übergangsschalthäufigkeit pro Stunde	9871
Spielfreie Federdruckbremse*	9176		
Spiralklauenkupplung	9112	Übertragbares Drehmoment	9720
Spitzendrehmoment der Abtriebsseite*	9709	Umfangkraft*	9769
		Umschaltbarer Freilauf	9229
Spitzendrehmoment der Antriebsseite	9703	Umschlingungswinkel	9627
		Unlegiertes Öl	9526
Spitzendrehmoment der Lastseite	9709	Überlastkupplungen	9190
Sprengring	9339		
Spule	9417	Verbindungsrohr	9335
Spulenkörper	9413	Verdrehwinkel	9616
Stahl	9509	Vergrößerungsfaktor	9854
Stahlguß	9501	Vergütungsstahl	9506
Stark legiertes Öl	9528	Vergütungsstahlguß	9502
Starre Kupplungen	9001	Vergußmasse	9421

Verknüpfzeit	9802
Verschlußkappe	9330
Verschlußschraube	9377
Verschraubte Flanschreifenkupplung, einfache Ausführung	9088
Verschraubte Reifenkupplung	9087
Verzögerungsmoment	9715
Volumenbezogene Reibarbeit	9827
Volumenbezogene Reibleistung	9783
Vulkanisierte Flanschreifenkupplung, doppelte Ausführung	9092
Vulkanisierte Flanschreifenkupplung, einfache Ausführung	9091
Vulkanisierte Scheibenkupplung, doppelte Ausführung	9095
Vulkanisierte Stirnkupplung	9100
Vulkanisierte Zwischenringkupplung	9096
Wälzkörper	9349
Wälzlager	9411
Wärmeübergangszahl Kupplung – geschlossen	9881
Wärmeübergangszahl Kupplung – offen	9880
Walzwerk-Zahnkupplung	9040
Wechseldrehmoment	9713
Welle	9314
Wellendichtring	9483
Wellendurchmesser	9606
Wellengelenk	9348
Wellenmitnehmer	9350
Werkstoffe	9500
Widerstandsmoment	9740
Winkel	9615
Winkelfedersteife, dynamisch	9847
Winkelfedersteife, statisch	9846
Winkelgeschwindigkeit	9790
Winkelhebel	9408
Winkelversatz	9832
Winkelverstellung	9629
Winklinge Wellenverlagerung	9835
Wulstkupplungen*	9086
Zahnketten-Kupplung	9047
Zahnkranz	9385
Zahnkupplungen	9023
Zahnkupplung für senkrechten Einbau	9038
Zahnkupplung, im Stillstand schaltbar	9039
Zahnkupplung mit Brechbolzenkupplung	9036
Zahnkupplung mit Bremsscheibe	9035
Zahnkupplung mit Bremstrommel*	9035
Zahnkupplung mit fliegender Welle*	9034
Zahnkupplung mit geteilter Hülse	9033
Zahnkupplung mit Gleithülse	9041
Zahnkupplung mit Hülse	9031
Zahnkupplung mit Kunststoffhülse, doppelkardanisch	9029
Zahnkupplung mit Kunststoffhülse, im Stillstand schaltbar	9110
Zahnkupplung mit ungeteilter Hülse	9032
Zahnkupplung mit Zwischenstück	9030
Zahnkupplung mit Zwischenwelle	9034
Zapfengelenk mit Flansch	9334
Zapfenkreuz	9338
Zapfenmitnehmer	9337
Zugfeder	9465
Zulässige Schaltarbeit	9823
Zulässige Schaltarbeit bei einmaliger Schaltung	9824
Zweiflächenkupplung mit Torsionsdämpfung	9122
Zweiflächen-Sicherheitskupplung*	9195
Zweiflächen-Überlastrutschkupplung	9195
Zwischenflanschwelle	9355
Zwischenlage	9470
Zwischenscheibe	9308
Zwischenstück	9315
Zwischenwelle	9333
Zykluszeit	9809
Zylinder	9454
Zylinder-Sicherheitskupplung*	9199
Zylinder-Überlastrutschkupplung	9199
Zylinderschraube	9427
Zylinderstift	9419

D

Prólogo

Las asociaciones profesionales de constructores europeos de engranajes y elementos de transmisión crearon en 1969, con el nombre de "Comisión Europea de Asociaciones de Fabricantes de Engranajes y Elementos de Transmisión", en abreviatura EUROTRANS, una Comisión que tiene por objetivos:

a) el estudio de los problemas económicos y técnicos comunes al sector;
b) la defensa de sus intereses comunitarios ante las organizaciones internacionales;
c) el fomento del sector a nivel internacional.

La Comisión constituye una asociación sin personalidad jurídica ni fines lucrativos.

Las asociaciónes miembros de EUROTRANS son:

Fachgemeinschaft Antriebstechnik im VDMA
Lyoner Straße 18, D-6000 Frankfurt/Main 71,

Servicio Tecnico Comercial de Constructores de Bienes de Equipo (SERCOBE) – Grupo de Transmision Mecanica
Jorge Juan, 47, E-Madrid-1,

UNITRAM – Union Nationale des Industries de Transmissions Mécaniques
39/41, rue Louis Blanc, F-92400 Courbevoie

FABRIMETAL – groupe 11/1 Section "Engrenages, appareils et organes de transmission"
21 rue des Drapiers, B-1050 Bruxelles

BGA – British Gear Association
St James's House, Frederick Road, Edgbaston, Birmingham B15 1JJ,

ASSIOT – Associazione Italiana Costruttori Organi di Trasmissione e Ingranaggi
Via Moscova 46/5, I-20121 Milano,

FME – Federatie Metaal-en Elektrotechnische Industrie
Postbus 190, NL-2700 AD Zoetermeer,

TGS – Transmissionsgruppen i Sverige, c/o Grossistförbundet. Svensk Handel,
Box 5512, S-114 85 Stockholm

Suomen Metalliteollisuuden Keskusliitto, Voimansiirtoryhmä
Eteläranta 10, SF-00130 Helsinki 13.

EUROTRANS se congratula de hallarse en condiciones de presentar con esta publicación el quinto tomo de un diccionario, integrado por cinco volúmenes, relativo a términos del engranaje y elementos de transmisión.

Este diccionario ha sido elaborado por un grupo de trabajo de EUROTRANS, con la colaboración de ingenieros y traductores en Alemania, España, Francia, Inglaterra, Italia, Paises Bajos, Bélgica, Suecia y Finlandia. Su finalidad es facilitar el intercambio de mutuas informaciones, en el terreno internacional, ofreciendo al mismo tiempo al personal de este sector en todos los paises, la posibilidad de conocerse y comprenderse.

E

Introducción

La presente obra se compone de:

ocho registros alfabéticos incluyendo sinónimos en los siguientes idiomas: alemán, español, francés, inglés, italiano, holandés, sueco y finlandés.

En el diccionario, junto a cada figura se encuentra su denominación en ocho idiomas. Cada linea comienza con un número de referencia.

Al buscarse, para una palabra determinada en uno de los ocho idiomas, el término correspondiente en una de las siete restantes lenguas, sólo habrá que averiguar el número de referencia en el indice y se encontrará gracias al citado número, el término traducido a los diferentes idiomas, en el diccionario.

El mismo procedimiento se aplica para los sinónimos, los cuales están señalados con un asterisco. Caso de llevar una palabra en el diccionario varios números, ello significa que se traduce, de acuerdo con el contexto, con diferentes términos.

Ejemplo: "Acoplamientos dentados"

Se busca la palabra en el índice. El término va seguido del n° 9023

Entonces se busca en el diccionario en n° 9023, junto al que se encuentra el dibujo seguido del término tipo traducido en los siguientes idiomas:

Alemán	– Zahnkupplungen
Español	– Acoplamientos dentados
Francés	– Accouplement à denture
Inglés	– Gear couplings
Italiano	– Giunti a denti
Holandés	– Tandkoppelingen
Sueco	– Tandkopplingar
Finlandés	– Hammaskytkimet

La terminologia correspondiente a los engranajes está en el tomo 1. La terminologia correspondiente a las cajas de engranajes y sus componentes está en el tomo 2. La terminologia de los variadores y sus componentes está en el tomo 3. La terminologia correspondiente a la fabricación y control está en el tomo 4.

Indice alfabético de términos, incluyendo sinónimos

Sinónimos = *

Aceite	9525	Acoplamiento de coijn neumático	9098
Aceite altamente aditivado	9528	Acoplamiento de compresión por biconos	9006
Aceite con aditivos	9527		
Aceite mineral puro	9526	Acoplamiento de correa elástica radial	9060
Acero	9509		
Acero al carbono	9505	Acoplamiento de corrientes magnéticas permanentes	9256
Acero bonificado	9506		
Acero fundido	9501	Acoplamiento de cruceta	9015
Acero fundido para tratamiento térmico	9502	Acoplamiento de dentado frontal	9010
		Acoplamiento de desenclavamiento a bolas	9192
Acoplamiento a presión de aceite	9004		
Acoplamiento articulado o de bielas	9049	Acoplamiento de dientes almendados	9014
		Acoplamiento de dientes por imanes permanentes	9258
Acoplamiento brida	9351		
Acoplamiento con anillos de expansión cónicos	9009	Acoplamiento de disco elástico	9094
		Acoplamiento de discos elásticos vulcanizada sobre los bridas	9095
Acoplamiento de banda desplazada	9088		
Acoplamiento con banda elástica	9087	Acoplamiento de disco flector	9073
Acoplamiento con banda elástica doble con brida intermedia	9089	Acoplamiento de garras auto-desembragable en una dirección	9227
		Acoplamiento de hysteresis	9255
Acoplamiento con banda elástica doble sin brida intermedia	9090	Acoplamiento de imanes permanentes	9254
Acoplamiento con elastómero adherido	9100	Acoplamiento de inducción con imán interior	9252
Acoplamiento con membrana de plastico reforzado	9054	Acoplamiento de inducción con polos interiores	9251
Acoplamiento con muelle de herradura	9064	Acoplamiento de láminas con casquillo intermedio partido	9051
Acoplamiento con tetones planos elásticos	9083	Acoplamiento de láminas con pieza intermedia	9050
Acoplamiento de almenas planas	9202		
Acoplamiento de barriletes elásticos	9084	Acoplamiento de láminas simple de acero	9052
Acoplamiento de bloques	9081	Acoplamiento de láminas simple de acero con brida	9053
Acoplamiento de brazos vulcanizada	9096		
Acoplamiento de bulones con polea de freno	9072	Acoplamiento de mangones y carcasa de plastico	9029
Acoplamiento de bulones de goma	9071	Acoplamiento de muelle a láminas radiales	9068
Acoplamiento de bulones con limitador de juego axial	9074	Acoplamiento de muelle continuo	9069
Acoplamiento de bulones con aco-plamiento de láminas	9076	Acoplamiento de muelle de una sola pieza	9067
Acoplamiento de bulones desembragable en paro	9075	Acoplamiento de muelle en caja	9062
		Acoplamiento de muelle entre núcleos	9066
Acoplamiento de cadena (cadena dentada)	9047	Acoplamiento de muelle sin juego angular	9065
Acoplamiento de cadena exterior (cadena de rodillos)	9046		
		Acoplamiento de muelles separados	9070
Acoplamiento de clavijas de rotura	9191	Acoplamiento de muelles tangentes	9063

E

Acoplamiento de núcleos comprimidos	9082
Acoplamiento de rodillos esféricos	9045
Acoplamiento de tetones con elemento elástico	9079
Acoplamiento de tetones con elemento elástico exterior (anillo exterior)	9080
Acoplamiento dentado con bulones de rotura	9036
Acoplamiento dentado con carcasa entera	9032
Acoplamiento dentado con carcasa partida	9033
Acoplamiento dentado con eje de separación y secacople rapido	9043
Acoplamiento dentado con eje intermedio	9034
Acoplamiento dentado con mangon y corona de plastico	9025
Acoplamiento dentado con núcleo	9031
Acoplamiento dentado con núcleo de acero y brida de plastico	9026
Acoplamiento dentado con núcleo largo para laminador	9040
Acoplamiento dentado con pieza isolar	9042
Acoplamiento dentado con polea freno	9035
Acoplamiento dentado de doble engrane	9028
Acoplamiento dentado engrane simple	9024
Acoplamiento dentado de plástico con núcleo desembragable en paro	9110
Acoplamiento dentado desembragable en paro	9039
Acoplamiento dentado deslizable	9041
Acoplamiento dentado engrane con pieza de separación	9030
Acoplamiento dentado para montaje vertical	9038
Acoplamiento elástico desmontable sin desplazamiento de piezas acopladas	9093
Acoplamiento elástico doble con núcleo, brida y elementos elásticos vulcanizado	9092
Acoplamiento elástico monobloc con núcleo, brida y elemento elástico vulcanizado	9091
Acoplamiento electromagnético de dientes con bobina giratoria	9169
Acoplamiento electromagnético de dientes con bobina fija	9170
Acoplamiento hidráulico con polea de freno	9240
Acoplamiento hidráulico de llenado constante	9236
Acoplamiento hidráulico de llenado progresivo	9237
Acoplamiento hidráulico dinámico de achique controlado	9238
Acoplamiento hidráulico para montaje a bridas	9239
Acoplamiento limitador de par bicónico	9198
Acoplamiento limitador de par bicónico	9200
Acoplamiento limitador de par bicónos, para montaje embridado	9201
Acoplamiento limitador de par de arranque regulable	9203
Acoplamiento limitador de par de arranque regulable ó no, con montaje de polea	9204
Acoplamiento limitador de par de disco único	9195
Acoplamiento limitador de par de discos múltiples	9197
Acoplamiento limitador de par de sectores a fricción	9199
Acoplamiento limitador de par multidisco	9196
Acoplamiento magnético de corrientes de foucault	9253
Acoplamiento magnético de imanes permanentes	9257
Acoplamiento por anillos de expansión	9005
Acoplamiento rígido de caja con bulones	9007
Acoplamiento rígido de núcleo cónico a presión	9008
Acoplamiento rígido de plato	9002
Acoplamiento-embrague	9106
Acoplamientos de goma	9086
Acoplamientos de muelles	9058
Acoplamientos de núcleo y con elementos de blocaje	9003
Acoplamientos de paletas	9185
Acoplamientos de seguridad	9190
Acoplamientos de tetones	9078
Acoplamientos dentados	9023
Acoplamientos elásticos	9057
Acoplamientos embragables manualmente	9105
Acoplamientos flexibles	9013
Acoplamientos hidráulicos	9235
Acoplamientos magnéticos	9250
Acoplamientos permanentes	9000

Acoplamientos rígidos	9001	Buje de las bolas	9321
Agujero roscado	9480	Bulón de retención	9462
Aireador	9343		
Aireador para acoplamiento	9918	Cabeza de la corredera (acanalada)	9350
Aleación de cobre	9517	Caja de rueda libre de caja-guia	
Aluminio	9511	de empuje anular	9218
Alzada de par	9734	Caja del acoplamiento	9407
Aminato	9523	Caja del cilindro	9454
Amortiguación	9884	Camisa de cierre	9342
Amortiguador	9360	Candal de aceite refrigerante	
Anchura de caja	9635	sobre las superficies	9879
Anchura superfices de fricción	9893	Cantidad total de aceite	9877
Angulo*	9615	Capacidad termica especufica	
Angulo de basculamiento*	9616	del aceite	9875
Angulo de deslizamiento*	9618	Capacidad termica especifica	
Angulo de división*	9624	del acero	9876
Angulo de embrague*	9621	Carter del núcleo	9369
Angulo de empalme*	9627	Casquete	9327
Angulo de enclavamiento*	9620	Casquete de cierre	9330
Angulo de enrollado*	9619	Casquillo	9414
Angulo de fricción*	9626	Casquillo con valona	9457
Angulo de mesure*	9617	Casquillo de fricción	9410
Angulo de posición*	9625	Casquillo distanciador	9425
Angulo de reacción del amortiguador		Caucho	9519
de torsión*	9628	Caudal de aceite refrigerante	9878
Angulo de reserva auxiliar*	9623	Cerámica sinterizada	9514
Angulo de rotación*	9622	Chaveta	9380
Anillo	9422	Ciclo de tiempo	9809
Anillo de acoplamiento	9363	Cierre de aceite	9341
Anillo de apoyo	9394	Clavija de embrague	9464
Anillo de blocaje	9365	Clavija de seguridad	9352
Anillo de desciamiento	9416	Clavija roscada	9456
Anillo de presión	9388	Coeficiente de dicipación termica	
Anillo de reglaje	9387	acople cerrado	9881
Anillo de retención	9310	Coeficiente de fricción	9860
Anillo de retención	9361	Coeficiente de fricción dinámico	9861
Anillo dentado	9353	Coeficiente de fricción estático	9862
Anillo elástico	9339	Coeficiente de disipación termica	
Anillo elástico	9364	acople abierto	9880
Anillo elástico circlip	9429	Collarin de maniobra a rodamiento	
Anillo exterior	9448	a bolas	9400
Anillo interior	9447	Conector de brida	9336
Anillo roscado	9372	Conector de tubo	9337
Anillo separador	9424	Conmutador térmico	9475
Antirretroceso de trinquete	9228	Corona dentada	9385
Arandela de seguridad	9434	Cruceta	9338
Arandela resorte	9402	Cuero	9522
Armadura de disco	9415	Cuerpo de la bobina	9413
Asiento interior	9463	Cuerpo exterior	9412
		Curso de avertura	9636
Bloque de cruceta	9348	Curso de cierre	9638
Bola	9322	Curva de frenado	9645
Brida	9460		
Brida conducida	9354	Desgaste de las superficies de	
Bronce fosforoso	9510	fricción	9920
Bronce sinterizado	9512	Diagrama de par	9732

E

Disco	9453
Disco cónico	9409
Disco de apriete	9371
Disco de paro	9383
Disco de plato	9481
Disco de presión	9386
Disco excéntrico	9309
Disco externo	9397
Disco fijación axial	9302
Disco intercalado	9396
Disco intermedio	9308
Dispositivo de seguridad de transporte	9435
Distancia de embrague	9648
Diámetro	9601
Diámetro alojamientos mandrinados	9609
Diámetro de brida	9604
Diámetro de eje	9606
Diámetro de fricción	9610
Diámetro de la tuberia de aceite	9900
Diámetro de rotación	9608
Diámetro exterior	9602
Diámetro exterior de las superficies de fricción	9894
Diámetro exterior del pistón	9898
Diámetro interior	9603
Diámetro interior de las superficies de fricción	9895
Diámetro interior del pistón	9899
Diámetro medio de las superficies de fricción	9896
Diámetro máximo	9605
Diámetro máximo de rodillos	9607
Doble cardán	9019
Doble cardán telescópico	9020
Duración de embragado	9811
Eje	9314
Eje del mecanismo de maniobra	9438
Eje entre bridas	9355
Eje estriado	9325
Eje intermedio	9333
Elastomeros	9507
Elemento de ajuste	9399
Elemento de rodadura	9349
Elemento elástico (en cruz)	9356
Embrague automático por muelles helicoidales	9121
Embrague automático por resorte y diafragma	9120
Embrague centrífugo	9180
Embrague centrífugo de bolas	9184
Embrague centrífugo de segmentos	9181
Embrague centrífugo de segmentos articulados	9182
Embrague centrifugo de segmentos y resortes	9183
Embrague de disco con amortiguadores de muelles	9122
Embrague de láminas axiales a presión	9138
Embrague de resorte y garras	9129
Embrague electromagnético con freno monodisco	9159
Embrague electromagnético de dientes cierre por presión de resortes y desembrague electromagnético	9171
Embrague electromagnético de dientes de bobina fija	9173
Embrague electromagnético de polvo de hierro	9174
Embrague electromagnético de hystéresis	9259
Embrague electromagnético de láminas de bobina móvil con reglaje de degaste	9163
Embrague electromagnético de láminas de bobina fija con reglaje de desgaste	9164
Embrague electromagnético monodisco de bobina móvil	9156
Embrague electromagnético monodisco de bobina fija	9157
Embrague electromagnético monodisco de bobina móvil y entrehierros regulable	9158
Embrague electromagnético monodisco de bobina fija sin reglaje de desgaste	9162
Embrague-freno a mando neumático	9147
Embrague hidráulico a presión de láminas con alimentación radial fija incorporado	9139
Embrague hidráulico bicónico	9148
Embrague hidráulico bicónico para eje y brida	9149
Embrague hidráulico con inyección anular	9143
Embrague hidráulico con pistón anular	9144
Embrague mecánico bicónico interior	9126
Embrague mecánico bicónico con polea ranurada	9128
Embrague mecánico de láminas multiples	9123
Embrague mecánico de láminas para motor termico	9124
Embrague mecánico de láminas para motor termico con reductor	9125
Embrague mecánico de sectores bicónicos externos	9127

Embrague mecánico de tambor de fricción cilíndrico exterior	9130	Factor de amplificación	9854
		Factor de choque	9853
Embrague mecánico de tetones de un solo sentido de rotación	9112	Factor de frecuenica	9848
		Factor de puesta en marcha	9849
Embrague mecánico de tetones rectos	9111	Factor de resonancia	9852
		Factor de temperatura	9850
Embrague mecánico monodisco mando mecánico por palanca	9113	Factor del número de vueltas	9851
		Frecuencia de maniobra	9870
Embrague mecánico monodisco refrigerado por aire	9116	Frecuencia típica de maniobra	9871
		Freno	9442
Embrague mecánico monodisco refrigerado por agua	9117	Freno electromagnético de histéresis	9260
Embrague mando mecánico de doble disco con polea acanalada	9114	Freno monodisco frenado por presión de resortes y desfrenado electromagnético	9160
Embrague mando mecánico combinado con acoplamiento elástico	9115	Freno multidisco a presión por resortes y desacople hidráulico	9140
Embrague monodisco refrigerado por aceite	9118	Freno multidisco de cierre por presión de resortes y apertura electromagnética (corriente alternativa) y freno por presión de resortes	9166
Embrague multidisco de láminas con carter a mando neumático para motor	9142		
Embrague multidisco de mando electromagnético por bobina sin reglaje de desgaste	9167	Freno multidisco mando por presión de un fluido y desacople por muelle	9141
Embrague neumático a presión de dientes frontales	9151	Freno por presión de resortes sin juego	9176
		Fuelle	9324
Embrague neumático con inyección anular	9150	Fuerza	9760
		Fuerza axial	9770
Embrague neumático con pistón anular	9145	Fuerza centrífuga	9766
		Fuerza de aceleración másica	9775
Embrague neumático con pistón anular combinado con acoplamiento elástico	9146	Fuerza de acople	9761
		Fuerza de apoyo	9771
		Fuerza de desacople	9762
Embragues a presión	9135	Fuerza de fricción	9772
Embragues de automovil	9119	Fuerza de pretensión del resorte	9774
Embragues hidráulicos	9136	Fuerza de reacción de los resortes	9764
Embragues mecánicos	9107	Fuerza de un pistón	9765
Embragues neumáticos	9137	Fuerza del resorte	9767
Engrasador de bola	9346	Fuerza normal	9768
Enorase a intervalos*	9530	Fuerza radial	9773
Entrehierro	9639	Fuerza reactiva de superficies de fricción	9763
Entrehierro reglable	9637		
Error axial	9830	Fuerza tangencial	9769
Error axial de los apoyos	9833	Fundición gris a grafito laminar	9503
Error radial	9831	Fundición nodular a grafito esferoidal	9504
Error radial de los apoyos	9834		
Error angular	9832		
Error angular de los apoyos	9835	Gradiente de presión	9917
Espesor de membrana	9902	Grasa	9529
Espesor elemento de freno	9631		
Espira de muelle	9417	Hierro sinterizado	9513
Espiral logarítmica	9614		
Espárrago	9362	Incremento de temperatura	9912
Evolución del par	9733	Indicador de aceite	9477

E

E

Intervalo de engrase	9530
Irreversible	9231
Jaula	9440
Jaula de patines	9443
Juego	9640
Juego de elementos de presión	9359
Junta	9329
Junta anular	9328
Junta circular	9455
Junta con juego limitado	9021
Junta de eje	9483
Junta de eje radial	9345
Junta fija de cardán y brida	9334
Junta homoquinética desplazable	9326
Junta oldham para baja velocidad	9048
Junta radial	9430
Junta tórica	9403
Junta universal	9016
Junta universal de esfera	9018
Junta universal doble	9017
Junta universal homoquinética	9022
Leva de acoplamiento	9390
Leva ángular	9408
Limitador de par	9193
Limitador de velocidad (o de sobre-velocidad)	9205
Linea de centros	9600
Longitud de núcleo	9634
Longitud del elemento de freno	9630
Lubricante	9524
Mangón de rodamiento	9340
Mangón plástico	9332
Masa centrífuga	9468
Materia plastica	9520
Materiales	9500
Membrana	9307
Membrana	9305
Membrana de discos	9306
Membrana exterior	9367
Membrana interna	9368
Membrana segmentada	9304
Momento de inercia a la entrada	9737
Momento de inercia a la salida	9738
Momento de inercia de superficies (Derivada segunda)	9736
Momento de inercia másico	9735
Momento de inercia, lado acoplamiento	9739
Nilón	9521
Núcleo	9405
Núcleo con brida	9401
Núcleo conducido	9423
Núcleo cónico de arrastre	9485
Núcleo cónico de empuje	9486
Núcleo de acoplamiento	9331
Núcleo de mando	9389
Núcleo de transmissión	9467
Núcleo del disco	9381
Núcleo recto de apoyo con ranura para chaveta	9488
Número de embragues por hora	9810
Número de las superficies de fricción	9921
Número de vueltas (R.P.M.)	9750
Número de vueltas a la entrada	9751
Número de vueltas a la salida	9752
Número de vueltas maximo	9755
Número de vueltas medio	9756
Número de vueltas relativo	9754
Número de vueltas residual	9757
Número de vueltas sincronas	9753
Palanca	9437
Palanca	9378
Palanca de maniobra	9439
Papel de protección	9515
Par	9701
Par de aceleración	9714
Par de acople	9717
Par de acople medio	9718
Par de carga	9723
Par de choque	9712
Par de deslizamiento	9724
Par de ensayo (test)	9706
Par de entrada	9725
Par de entrada regulable	9710
Par de frenado	9715
Par de fricción	9728
Par de fricción amortiguador de torsión	9731
Par de inversión	9726
Par de punta, lado de carga	9709
Par de reacción amortigudor de torsion	9730
Par de rotura	9729
Par de salida	9721
Par de salida regulable	9711
Par de sincronización	9719
Par de vibratorio continuo	9707
Par de intermitente	9713
Par máximo	9705
Par nominal de entrada	9702
Par nominal de salida	9703
Par nominal, lado de carga	9708
Par normal	9722
Par normal	9704
Par oscilante	9727
Par residual	9716
Par resistente	9740
Par transmisible	9720

Pared del cilindro	9890	Revestimiento de fricción	9469
Pasador cilíndrico	9419	Revestimiento intermedio	9470
Pasador cilíndrico	9392	Rigidez axial del resorte dinámico	9843
Pasador cilíndrico abierto	9428	Rigidez axial del resorte estático	9842
Pasador cónico estriado	9420	Rigidez dinámica del resorte acodado	9847
Pasador elástico	9391	Rigidez dinámica del resorte de torsión	9841
Pie base	9316		
Pieza de bloqueo	9395	Rigidez estática del resorte acodado	9846
Pieza intermedia	9315	Rigidez estática del resorte de torsión	9840
Pirote del àrbol perno del eje	9318		
Pista de frenado	9643	Rigidez radial del resorte dinámico	9845
Pista de frenado exterior	9646	Rigidez radial del resorte estático	9844
Pista de frenado interior	9647	Rodamiento	9411
Pistón	9404	Rodamiento de agujas	9432
Pivote de apoyo	9384	Rodamiento de rodillos	9449
Pivote de leva	9379	Rodamiento rígido con una hilera de bolas	9431
Placa de caracteristicas	9459		
Plato acoplamiento a pernos	9357	Rodillo	9393
Plato acoplamiento a tetones	9358	Rueda bomba	9472
Polea acanalada	9482	Rueda de paletas	9474
Polea de freno	9313	Rueda libre	9450
Polimeros	9518	Rueda libre	9210
Portabolas	9320	Rueda libre con elementos de bloqueo con resorte central	9223
Portanucleo	9344		
Posición axial	9633	Rueda libre con elementos de bloqueo unidos por resortes	9222
Posición radial	9632		
Potencia	9780	Rueda libre con rodamiento incorporado	9219
Potencia de fricción	9781		
Potencia de fricción de las superficies	9782	Rueda libre de elevación centrifuga	9224
Potencia maxima de amortiguación	9784	Rueda libre de elevación centrifuga con carcasa guia	9225
Potencia volumétrica de fricción	9783		
Precalentamiento ralenti	9913	Rueda libre de doble carcasa con resorte central	9226
Presión de cierre	9916		
Presión en las superficies de fricción	9915	Rueda libre de rodillo	9211
Protector orgánico	9516	Rueda libre de rodillos autocentrante	9220
		Rueda libre de rodillos con resortes de presión	9212
Racor orientable	9458		
Radio	9611	Rueda libre de rodillos conducidos	9213
Radio de curvatura	9612	Rueda libre de rodillos sin aro interior con alojamiento-guia en la casa	9214
Radio de curvatura equivalente	9613		
Radio medio de fricción	9901		
Reglaje de ángulo	9629	Rueda libre de rodillos sin aro interior con coble rodamiento cilíndrico de guía	9215
Relación de diámetros de las superficies de fricción	9897		
Relleno	9421	Rueda libre sin caja con guía por resorte anular	9221
Resorte anular	9441		
Resorte de compresión	9374		
Resorte de disco	9398	Rueda libre de rodillos guiados por carcasa sin tambor exterior	9216
Resorte de precontracción	9446		
Resorte de tracción	9465	Rueda libre de rodillos locos	9217
Respiradero por superficies de fricción	9919	Rueda libre de una vuelta	9230
		Rueda libre reversible (y brazo de reacción)	9229
Retensión	9406		
Retraso de reacción al cierre	9800	Ruerca de seguridad	9382

E

E

Semiacoplamiento	9300
Sentido de frenado	9642
Sentido de la fuerza	9776
Sin juego	9641
Soporte	9366
Soporte del resorte	9373
Sujetador de manguera	9319
Superficie de frenado	9644
Superficie de fricción	9891
Superficie total de fricción	9892
Tapa	9452
Tapón fusible	9473
Tapón roscado	9377
Temperatura de entrade del aceite refrigerante	9911
Temperatura de las superficies de fricción	9914
Temperatura de salida del aceite refrigerante	9910
Terminologia	9700
Termoplástico	9508
Tiempo de avertura	9808
Tiempo de cierre	9807
Tiempo de deszilamiento	9806
Tiempo de entrega	9802
Tiempo de par progresivo	9801
Tiempo de par regresión	9804
Tiempo de reacción a la separación	9803
Tiempo de separación	9805
Tornillo ajustado	9311
Tornillo de aireación	9478
Tornillo de cabeza cilíndrica	9427
Tornillo de cabeza exagonal	9426
Tornillo de fijación	9476
Tornillo de reglaje	9376
Tornillo de seguridad	9418
Tornillo exagonal	9466
Tornillo llenado de aceite	9479
Tornillo sin cabeza ranurado	9303
Trabajo de embrague admisible	9823
Trabajo de embrague admisible para un embrague único	9824
Trabajo de embrague con relación a las superficies	9825
Trabajo de embrague dinámico	9822
Trabajo de embrague estático	9821
Trabajo de embrague por superficie y por hora	9826
Trabajo de fricción por hora	9828
Trabajo de fricción por unidad de volumen	9827
Trabajo del embragado	9820
Tubo de conexión	9335
Tuerca amortajada	9375
Tuerca de ajuste	9370
Tuerca de securidad	9382
Tuerca exagonal	9301
Tuerca ranurada	9433
Turbo acoplamiento dentado para gran velocidad	9037
Velocidad de deslizamiento	9922
Velocidad de descilamiento de la rueda de fricción intermedio	9923
Velocidad ángular	9790
Velocidad ángular de entrada	9791
Velocidad ángular de salida	9792
Velocidad ángular máxyima	9795
Velocidad ángular relativa	9793
Velocidad ángular sincrona	9794
Viscosidad dinámica (o absoluta)	9882
Viscosidad cinemática	9883
Visor de nivel de aceite	9461
Válvula de presión	9347
Ángulo	9615
Ángulo de basculamiento	9616
Ángulo de deslizamiento	9618
Ángulo de division	9624
Ángulo de embrague	9621
Ángulo de empalme	9627
Ángulo de enclavamiento	9620
Ángulo de enrollado	9619
Ángulo de fricción	9626
Ángulo de media	9617
Ángulo de posición	9625
Ángulo de reacción del amortiguador de torsión	9628
Ángulo de reserva auxiliar	9623
Ángulo de rotación	9622

Préface

Les associations professionelles des constructeurs européens d'engrenages et d'éléments de transmission ont fondé en 1969 un Comité dénommé. «Comité Européen des Associations de Constructeurs d'Engrenages et d'Eléments de Transmission», dit EUROTRANS.

Ce Comité a pour but:

a) d'étudier les problèmes économiques et techniques communs à leur profession;
b) de défendre leurs intérêts communautaires à l'égard des organisations internationales;
c) de promouvoir la profession sur le plan international.

Le Comité constitue une association de fait, sans personnalité juridique ni but lucratif.

Les associations membres d'EUROTRANS:

Fachgemeinschaft Antriebstechnik im VDMA
Lyoner Straße 18, D-6000 Frankfurt/Main 71,

Servicio Tecnico Comercial de Constructores de Bienes de Equipo (SERCOBE) – Grupo de Transmision Mecanica
Jorge Juan, 47, E-Madrid-1,

UNITRAM – Union Nationale des Industries de Transmissions Mécaniques
39/41, rue Louis Blanc, F-92400 Courbevoie

FABRIMETAL – groupe 11/1 Section "Engrenages, appareils et organes de transmission"
21 rue des Drapiers, B-1050 Bruxelles

BGA – British Gear Association
St James's House, Frederick Road, Edgbaston, Birmingham B15 1JJ,

ASSIOT – Associazione Italiana Costruttori Organi di Trasmissione e Ingranaggi
Via Moscova 46/5, I-20121 Milano,

FME – Federatie Metaal-en Elektrotechnische Industrie
Postbus 190, NL-2700 AD Zoetermeer,

TGS – Transmissionsgruppen i Sverige, c/o Grossistförbundet. Svensk Handel,
Box 5512, S-11485 Stockholm

Suomen Metalliteollisuuden Keskusliitto, Voimansiirtoryhmä
Eteläranta 10, SF-00130 Helsinki 13.

EUROTRANS est heureux de présenter avec cette publication le cinquième dictionnaire d'un ouvrage en cinq volumes et huit langues, consacré aux termes d'engrenages et d'éléments de transmission.

Ce dictionnaire a été élaboré par un groupe de travail d'EUROTRANS en collaboration avec des ingénieurs et traducteurs d'Allemagne, d'Espagne, de France, d'Angleterre, d'Italie, des Pays-Bas, de Belgique, de Suède et de Finlande. Il contribuera à faciliter l'échange réciproque d'informations et permettra aux hommes de métier appelés à des tâches semblables dans leurs pays respectifs de mieux se comprendre, donc de mieux se connaître.

F

Introduction

Le présent ouvrage est composé de la manière suivante:

Huit tableaux alphabétiques complétés des synonymes dans les langues suivantes: allemande, espagnole, française, anglaise, néerlandaise, italienne, suédoise et finnoise.

Les dessins du glossaire précèdent les termes normalisés dans les huit langues. Le numéro de code de chaque ensemble est inscrit en tête de la rubrique.

Connaissant un terme dans l'une des langues du glossaire, il suffit de consulter l'index de la langue de ce terme, de relever le numéro inscrit à la suite et de rechercher la ligne correspondante du tableau synoptique afin d'y trouver le dessin et le terme traduit dans les autres langues différentes.

Il arrive parfois que le terme cherché soit marqué d'un astérisque; cela signifie qu'il s'agit d'un synonyme.

Exemple: «Accouplements à denture»

Dans l'index ce terme est marqué du numéro 9023 sous lequel on trouve dans le glossaire le dessin et le terme standardisé traduit en

allemand	– Zahnkupplungen
espagnol	– Acoplamientos dentado
français	– Accouplement à denture
anglais	– Gear couplings
italien	– Giunti a denti
néerlandaise	– Tandkoppelingen
suédois	– Tandkopplingar
finnois	– Hammaskytkimet

Les termes relatifs aux engrenages se trouvent dans le volume 1, ceux concernant les ensembles montés à base d'engrenages et parties constitutives dans le volume 2 et les termes sur les variateurs de vitesse et parties constitutives dans le volume 3, les termes sur la fabrication et le contrôle dans le volume 4.

Tableaux alphabétiques complétés des synonymes

Synonymes = *

Accouplement à bague de serrage	9005
Accouplement à bandage avec flasque intermédiaire de sécurité	9089
Accouplement à bandage avec flasque, démontable sans déplacement des organes accouplés	9093
Accouplement à bandage boulonné	9087
Accouplement à bandage décalé	9088
Accouplement à bandage sans flasque intermédiaire de sécurité	9090
Accouplement à bielles	9049
Accouplement à billes à déclenchement	9192
Accouplement à bras vulcanisés	9096
Accouplement à broches	9071
Accouplement à broches à jeu axial réglable	9074
Accouplement à broches avec accouplement à membranes	9076
Accouplement à broches de rupture	9191
Accouplement à broches et disque non-métallique	9073
Accouplement à broches et poulie de frein	9072
Accouplement à broches, débrayable à l'arrêt	9075
Accouplement à chaîne à rouleaux	9046
Accouplement à chaîne dentée	9047
Accouplement à courroie métallique	9060
Accouplement à coussin d'air	9098
Accouplement à crabots avec anneau de centrage	9014
Accouplement à croisillon	9015
Accouplement à denture à cloison d'isolation électrique	9042
Accouplement à denture à desaccouplement rapide	9043
Accouplement à denture à double engagement	9028
Accouplement à denture à manchon	9031
Accouplement à denture à moyeu coulissant	9041
Accouplement à denture avec arbre intermédiaire	9034
Accouplement à denture avec crabots, débrayable à l'arrêt	9039
Accouplement à denture avec douille en deux parties	9033
Accouplement à denture avec douille monobloc	9032
Accouplement à denture avec flasque à broches de cisaillement	9036
Accouplement à denture avec flasque en plastique et noyau acier	9026
Accouplement à denture avec pièce d'espacement	9030
Accouplement à denture avec poulie de frein	9035
Accouplement à denture et manchon plastique à double engagement	9029
Accouplement à denture frontale	9010
Accouplement à denture pour entrainement de laminoir	9040
Accouplement à denture pour grande vitesse	9037
Accouplement à denture pour montage vertical	9038
Accouplement à denture simple engagement	9024
Accouplement à denture simple engagement avec manchon et noyau en plastique	9025
Accouplement à deux bagues de serrage conique	9009
Accouplement à disque élastique	9094
Accouplement à double disque élastique vulcanisé	9095
Accouplement à frettes	9006
Accouplement à joint vulcanisé collé	9100
Accouplement à lamelles tout acier avec douille intermédiaire	9050
Accouplement à lamelles tout acier avec douille intermédiaire en deux parties	9051
Accouplement à manchon et collier de serrage	9003
Accouplement à membranes en plastique renforcé	9054
Accouplement à membranes tout acier avec flasque	9053
Accouplement à plateaux	9002
Accouplement à pression d'huile	9004
Accoumplement à ressorts en cuvette	9062
Accouplement à ressorts en fer à cheval	9064
Accouplement à ressort entre manchons	9066

Accouplement à ressorts à lames radiales	9068	Amortissement	9884
Accouplement à ressorts sans jeu angulaire	9065	Amortisseur	9360
		Angle	9615
Accouplement à ressorts séparés	9070	Angle d'embrassement	9627
Accouplement à ressorts tangents	9063	Angle d'embrayage	9621
Accouplement à rouleaux amortisseurs	9084	Angle d'enroulement	9619
		Angle de basculement	9616
Accouplement à rouleaux sphériques	9045	Angle de division	9624
Accouplement à simples lamelles tout acier	9052	Angle de friction	9626
		Angle de giration	9622
Accouplement à tenons avec anneau extérieur	9080	Angle de glissement	9618
		Angle de mesure	9617
Accouplement à tenons et blocs comprimés	9082	Angle de position	9625
		Angle de réaction d'amortisseur de torsion	9628
Accouplement à tenons et blocs élastiques séparés	9081	Angle de réserve	9623
		Angle de serrage (...freinage)	9620
Accouplement à tenons et élément élastique	9079	Anneau à came	9309
		Anneau à denture en développante	9353
Accouplement à tenons et tampons amortisseurs de torsion	9083	Anneau d'accouplement	9363
		Anneau de blocage	9365
Accouplement double à moyeu et flasque et élément élastique vulcanisé	9092	Anneau de glissement*	9416
		Anneau d'embrayage	9416
		Anneau de retenue	9339
Accouplement double à ressort continu	9069	Anneau de retenue	9361
		Anneau élastique	9364
Accouplement monobloc à moyeu et flasque et élément élastique vulcanisé	9091	Anti-dévireur à rochets	9228
		Anti-dévireur bidirectionnel	9231
		Arbre	9314
Accouplement monobloc à ressorts	9067	Arbre cannelé	9325
Accouplement rigide à coquilles	9007	Arbre de manoeuvre	9438
Accouplement rigide à manchon conique de serrage	9008	Arbre entre brides	9355
		Arbre intermédiaire	9333
Accouplements à denture	9023	Armature mobile	9415
Accouplements à pneu	9086	Arrêt	9406
Accouplements à ressorts	9058		
Accouplements à tenons	9078	Bague	9422
Accouplements de sécurité	9190	Bague d'ajustement	9387
Accouplements élastiques	9057	Bague d'appui	9394
Accouplements flexibles	9013	Bague de friction	9410
Accouplements manoeuvrables	9105	Bague de joint d'arbre	9483
Accouplements permanents	9000	Bague de pression	9388
Accouplements rigides	9001	Bague extérieure	9448
Accouplement à denture à manchon plastique, débrayable à l'arrêt	9110	Bague filetée	9372
		Bague intérieure	9447
Acier	9509	Bague intermédiaire	9424
Acier de construction	9505	Bille	9322
Acier moulé	9501	Bloc croisillon	9348
Acier moulé pour traitement thermique	9502	Bobine	9417
		Boîtier du cylindre	9454
Acier pour traitement thermique	9506	Bouchon fileté d'obturation	9377
Aération par accouplement	9918	Bouchon fileté de remplissage d'huile	9479
Aération par surface de friction	9919		
Alliage cuivreux	9517	Bouchon fusible de sécurité	9473
Aluminium	9511	Bourrage	9421
Amiante	9523	Bout d'arbre cardan et flasque	9334

F

Bras de manoeuvre	9437	Couple de friction d'amortisseur de torsion	9731
Bride	9460		
Bride menante	9354	Couple de glissement	9724
Broche de pression	9418	Couple de pointe, côté charge	9709
Broche épaulée	9462	Couple de ralentissement	9715
Bronze fritté	9512	Couple de réaction d'amortisseur de torsion	9730
Bronze phosphoreux	9510		
		Couple de résistance	9740
Cage à billes	9320	Couple de rupture	9729
Cage d'élément-frein	9440	Couple de sortie	9721
Cage de patin	9443	Couple de sortie réglable	9711
Cage pour roue libre à rouleaux	9211	Couple de synchronisation	9719
Cage pour roue libre à rouleaux avec ressorts de poussée centrifuge individuelle	9212	Couple de vibration continue	9707
		Couple intermittent	9713
		Couple maximum	9705
		Couple nominal	9704
Cage pour roue libre à rouleaux avec ressorts de poussée centripète individuelle	9213	Couple nominal d'entrée	9702
		Couple nominal de sortie	9703
		Couple nominal, côté charge	9708
Caoutchouc	9519	Couple normal	9722
Capacité thermique spécifique de l'acier	9876	Couple oscillant	9727
		Couple résiduel	9716
Capacité thermique spécifique de l'huile	9875	Couple résistant*	9721
		Couple transmissible	9720
Capot	9327	Coupleur à aimants permanents	9254
Capot de fermeture	9330	Coupleur à aimants permanents à courrant de foucault	9256
Carter d'accouplement	9407		
Carte de moyeu	9369	Coupleur à aimants permanents à hystérésis	9255
Céramique frittée	9514		
Clavette	9380	Coupleur à billes et aubes	9186
Cloison	9463	Coupleur à courant de foucault sans collecteur	9253
Coefficient de dissipation thermique, accouplement fermé	9881		
		Coupleur à induction à collecteur	9252
Coefficient de dissipation thermique, accouplement ouvert	9880	Coupleur à induction à pôles intérieurs	9251
Coefficient de friction	9860		
Coefficient de friction dynamique	9861	Coupleur à poudre et rotor	9187
Coefficient de friction statique	9862	Coupleur à poudre ou à billes et palettes	9185
Collier	9319		
Collier de manoeuvre à roulement à billes	9400	Coupleur hydrodynamique à remplissage à écope	9238
Commutateur thermique	9475	Coupleur hydrodynamique à remplissage constant	9236
Corps de bobine	9413		
Corps extérieur	9412	Coupleur hydrodynamique à remplissage progressif	9237
Couple	9701		
Couple à vide*	9716	Coulpeur hydrodynamique avec accouplement élastique et poulie-frein	9240
Couple d'accélération	9714		
Couple d'embrayage	9717		
Couple d'embrayage moyen	9718	Coupleur hydrodynamique pour montage flasqué	9239
Couple d'entrée	9725		
Couple d'entrée réglable	9710	Coupleurs hydrodynamiques	9235
Couple d'épreuve*	9706	Coupleurs magnétiques	9250
Couple d'essai (de test)	9706	Courbe de freinage	9645
Couple d'inversion	9726	Couronne	9385
Couple de charge	9723	Course à l'ouverture	9636
Couple de choc	9712	Course à la fermeture	9638
Couple de friction	9728	Course d'embrayage*	9648

Couvercle	9452	Elément-frein	9442
Croisillon	9338	Embout coulissant (cannelé)	9350
Cuir	9522	Embrayage mécanique double disque et flasque avec poulie à gorges	9114
Débit d'huile réfrigérante par embrayage	9878	Embrayage monodisque à aimants permanents	9257
Débit d'huile réfrigérante sur les surfaces	9879	Embrayage à commande mècanique avec friction cylindrique extérieure	9130
Demi-accouplement	9300	Embrayage à commande par fluide à soufflet annulaire	9150
Diagramme du couple	9732		
Diamètre	9601	Embrayage à crabots à un seul sens de rotation	9112
Diamètre d'arbre	9606		
Diamètre de bride	9604	Embrayage à crabots droits, débrayable à l'arrêt	9111
Diamètre de friction	9610		
Diamètre de la tuyauterie d'huile	9900	Embrayage à denture à aimants permanents	9258
Diamètre de rotation	9608		
Diamètre des centres de perçage	9609	Embrayage à denture à commande électromagnétique à bobine fixe et desserrage par pression de ressorts	9170
Diamètre extérieur	9602		
Diamètre extérieur des surfaces de friction	9894		
Diamètre extérieur du piston	9898	Embrayage à denture à commande électromagnétique à bobine tournante et desserage par pression de ressorts	9169
Diamètre intérieur	9603		
Diamètre intérieur des surfaces de friction	9895		
Diamètre intérieur du piston	9899	Embrayage à denture à pression de ressorts et desserrage électro-magnétique à bobine fixe	9173
Diamètre maximum	9605		
Diamètre maximum des rouleaux	9607		
Diamètre moyen des surfaces de friction	9896	Embrayage à denture à pression de ressorts et desserrage électro-magnétique à bobine tournante	9171
Disque	9453		
Disque conique	9409	Embrayage à denture frontale à commande par fluide	9151
Disque d'arrêt	9383		
Disque de frein	9313	Embrayage à disque avec amortisseurs	9122
Disque de pression	9386		
Disque de serrage	9371	Embrayage à double cône à commande par fluide	9148
Disque externe	9397		
Disque intercalaire	9396	Embrayage à double cône et flasque à commande par fluide pour arbre et flasque	9149
Disque intermédiaire	9308		
Disque primaire d'extrémité	9481		
Doubles cardans	9019	Embrayage à masselottes et ressorts de rappel	9183
Douille	9414		
Douille de joint	9342	Embrayage à ressorts et griffes	9129
Douille de moyeu	9344	Embrayage centrifuge à billes	9184
Douille de roulement	9340	Embrayage centrifuge à masselottes	9181
Douille entretoise	9425	Embrayage centrifuge à masselottes articulées	9182
Douille épaulée	9457		
Durée du débrayage	9811	Embrayage commandé par ressort-diaphragme	9120
Ecrou cylindrique à 4 encoches	9433		
Ecrou cylindrique à rainure	9375	Embrayage commandé par ressorts hélicoïdaux	9121
Ecrou d'ajustement	9370		
Ecrou d'arrêt	9382	Embrayage double disque à com-mande électromagnétique à bobine tournante et entrefer réglable	9158
Ecrou hexagonal	9301		
Elastomère	9507		
Elément d'ajustement	9399	Embrayage double disque à com-mande par fluide avec piston annu-laire	9144
Elément élastique (en croix)	9356		

F

F

Embrayage double disque à commande par fluide avec piston annulaire et alimentation fixe	9145
Embrayage électromagnétique à hystérésis	9259
Embrayage électromagnétique à poudre	9174
Embrayage frein à commande par fluide	9147
Embrayage frein monodisque a commande électromagnétique à bobine tournante et entrefer réglable	9159
Embrayage mécanique à cônes externes	9127
Embrayage mécanique à cônes externes pour montage flasqué	9128
Embrayage mécanique à cônes internes	9126
Embrayage mécanique double disque (à commande à levier)	9113
Embrayage mécanique double disque avec accouplement à bandage superélastique	9115
Embrayage mécanique double disque refroidi à l'air	9116
Embrayage mécanique double disque refroidi à l'eau	9117
Embrayage mécanique double disque refroidi à l'huile	9118
Embrayage mécanique multidisque avec réducteur pour moteur à combustion interne	9125
Embrayage mécanique multidisque pour moteur à combustion interne	9124
Embrayage monodisque à commande électromagnétique à bobine fixe	9157
Embrayage monodisque à commande électromagnétique à bobine tournante	9156
Embrayage monodisque à commande électromagnétique bipolaire à bobine fixe, sans réglage d'usure	9161
Embrayage monodisque à commande èlectromagnètique quadripolaire à bobine fixe, sans réglage d'usure	9162
Embrayage multidisque à commande électromagnétique à bobine fixe, avec réglage d'usure	9164
Embrayage multidisque à commande électromagnétique à bobine fixe, sans réglage d'usure	9168
Embrayage multidisque à commande électromagnétique à bobine tournante, avec réglage d'usure	9163
Embrayage multidisque à commande électromagnétique à bobine tournante, sans réglage d'usure	9167
Embrayage multidisque à commande mécanique	9123
Embrayage multidisque à commande par fluide et piston annulaire combiné avec accouplement à bandage	9146
Embrayage multidisque à commande par fluide par soufflet annulaire	9143
Embrayage multidisque à commande pneumatique pour moteur à combustion interne	9142
Embrayage multidisque à commande radiale par fluide sous pression	9139
Embrayage multidisque à commande axiale par fluide sous pression	9138
Embrayages	9106
Embrayages à commande électromagnétique	9155
Embrayages à commande hydraulique	9136
Embrayages à commande mécanique	9107
Embrayages à commande par fluide*	9135
Embrayages à commande pneumatique	9137
Embrayages centrifuges	9180
Embrayages commandés par fluide sous pression	9135
Embrayages d'automobile	9119
Embrayages mécaniques*	9107
Encombrement axial	9633
Encombrement radial	9632
Entrefer	9639
Entrefer réglable	9637
Epaisseur d'élément-frein	9631
Epaisseur de membrane	9902
Erreur angulaire	9832
Erreur angulaire des paliers	9835
Erreur axiale	9830
Erreur axiale des paliers	9833
Erreur radiale	9831
Erreur radiale des paliers	9834
Etanchéité	9329
Evolution du couple	9733
Facteur d'amplification	9854
Facteur de choc	9853
Facteur de fréquence	9848
Facteur de mise en marche	9849
Facteur de résonance	9852
Facteur de température	9850
Facteur du nombre de tours	9851
Fer fritté	9513
Flasque*	9460
Fonte grise à graphite lamellaire	9503
Fonte nodulaire à graphite sphéroïdal	9504

Force	9760	Graisse	9529
Force axiale	9770	Graisseur à bille	9346
Force centrifuge	9766		
Force circonférentielle*	9769	Huile	9525
Force d'accélération massique	9775	Huile dopée à basse teneur	9527
Force d'appui	9771	Huile dopée à haute teneur	9528
Force d'embrayage	9761	Huile non-dopée (non-alliée)	9526
Force de débrayage	9762		
Force de friction	9772	Indicateur (d'huile)	9477
Force de précontainte du ressort	9774	Intervalle de graissage	9530
Force de réaction des ressorts	9764		
Force du piston	9765	Jeu	9640
Force du ressort	9767	Jeu d'éléments de pression	9359
Force normale	9768	Jeu de membranes annulaires	9305
Force radiale	9773	Jeu de membranes segmentées	9304
Force réactive des surfaces de friction	9763	Joint à débattement réduit	9021
		Joint annulaire	9328
Force tangentielle	9769	Joint coulissant	9326
Frein à pression de ressorts sans jeu et desserrage électromagnétique à bobine tournante	9176	Joint d'arbre radial	9345
		Joint de oldham pour vitesse lente	9048
		Joint plat circulaire	9455
Frein électromagnétique à hystérésis	9260	Joint radial	9430
Frein monodisque à pression de ressorts et desserrage électro-magnétique	9160	Joint torique	9403
		Joint universel	9016
		Joint universel à sphère	9018
Frein multidisque commandé par pression de ressorts et desserrage par fluide	9140	Joint universel double	9017
		Joint universel double avec rallonge télescopique	9020
Frein multidisque par pression de ressorts et desserrage électro-magnétique (courant alternatif)	9166	Joint universel homocinétique	9022
		Lamage de support de ressort	9373
		Largeur de cage	9635
Frein multidisque commandé par fluide et desserrage par pression de ressorts	9141	Largeur des surfaces de friction	9893
		Levier	9378
Fréquence caratéristique de manoeuvre	9871	Levier coudé	9408
		Levier d'accouplement	9390
Fréquence de manoeuvre par heure	9870	Levier de manoeuvre	9439
Fusée	9318	Ligne des centres	9600
		Limiteur à double garniture de friction conique	9198
Galet	9393		
Garniture (de matière) organique	9516	Limiteur de couple à cône double pour montage flasqué	9201
Garniture de friction	9469		
Garniture de papier	9515	Limiteur de couple à crabots	9202
Garniture intercalaire	9470	Limiteur de couple à cône double	9200
Goujon	9362	Limiteur de couple à garniture de friction circulaire	9199
Goujon	9392		
Goujon d'appui	9384	Limiteur de couple de démarrage réglable ou non	9203
Goujon de levier	9379		
Goupille conique cannelée	9420	Limiteur de couple de démarrage réglable ou non, incorporé dans une poulie à gorges	9204
Goupille cylindrique	9419		
Goupille d'embrayage	9464		
Goupille de sécurité	9352	Limiteur de couple multidisque	9196
Goupille élastique	9391	Limiteur de couple multidisque à friction	9197
Goupille fendue	9428		
Goupille filetée	9456	Limiteur de couple par disque à friction	9195
Gradient de pression	9917		

F

Limiteur de vitesse	
(ou de survitesse)	9205
Limiteurs de couple ou de vitesse*	9190
Longueur d'élément-frein	9630
Longueur du moyeu	9634
Lubrifiant	9524
Mâchoire à bride	9351
Mâchoire à bride	9336
Mâchoire bout mâle	9337
Manchon conique poussé	9486
Manchon conique tiré	9485
Manchon de commande	9389
Manchon de disque	9381
Manchon droit à épaulement et	
rainure de clavette	9488
Manchon plastique	9332
Masse centrifuge	9468
Matériaux	9500
Matière plastique	9520
Membrane	9307
Membrane ajourée	9306
Membrane extérieure	9367
Membrane intérieure	9368
Moment d'inertie à l'entrée	9737
Moment d'inertie à la sortie	9738
Moment d'inertie des surfaces	9736
Moment d'inertie massique	9735
Moment d'inertie, côté accouplement	9739
Montée de température	9912
Montée du couple	9734
Moyeu	9405
Moyeu avec bride	9401
Moyeu d'accouplement	9331
Moyeu limiteur de couple à friction	9193
Moyeu menant	9423
Moyeu menant	9467
Noix	9321
Nombre d'embrayages par heure	9810
Nombre de surfaces de friction	9921
Nombre de tours	9750
Nombre de tours à l'entrée	9751
Nombre de tours à la sortie	9752
Nombre de tours à vide*	9757
Nombre de tours maximum	9755
Nombre de tours moyen	9756
Nombre de tours relatif	9754
Nombre de tours résiduel	9757
Nombre de tours synchrone	9753
Nylon	9521
Palier à roulement	9411
Paroi de cylindre	9890
Pièce d'arrêt	9395
Pièce de fixation	9310
Pièce intermédiaire	9315
Pied de base	9316
Piste de freinage	9643
Piste de freinage extérieure	9646
Piste de freinage intérieure	9647
Piston	9404
Plaque signalétique	9459
Plastique*	9520
Plateau à broches	9357
Plateau à crabots	9358
Plateau de poussée axiale	9302
Polymère	9518
Poulie à gorge(s) trapézoïdale(s)	9482
Pression à la fermeture	
d'embrayage	9916
Pression sur les surfaces de friction	9915
Puissance	9780
Puissance volumique de friction	9784
Puissance de friction	9781
Puissance de friction aux surfaces	9782
Puissance maximum amortie	9784
Quantité totale d'huile réfrigérante	9877
Raccord tournant	9458
Racloir	9341
Rapport des diamètres des surfaces	
de friction	9897
Rayon	9611
Rayon de courbure	9612
Rayon de courbure équivalent	9613
Rayon moyen de friction	9901
Réchauffement à vide	9913
Réglage d'angle	9629
Reniflard	9343
Ressort annulaire (central)	9441
Ressort annulaire de traction	9465
Ressort de précontrainte	
(3 dimensions)	9446
Ressort de pression	9374
Retard de réaction à la fermeture	9800
Rigidité axiale du ressort	
dynamique	9843
Rigidité axiale du ressort statique	9842
Rigidité dynamique du ressort coudé	9847
Rigidité dynamique du ressort de	
torsion	9841
Rigidité radiale du ressort	
dynamique	9845
Rigidité radiale du ressort statique	9844
Rigidité statique du ressort coudé	9846
Rigidité statique du ressort de	
torsion	9840
Rondelle à ressort fendue	9402
Rondelle beleville*	9398
Rondelle de sécurité à aileron	9434

Rondelle élastique conique	9398	Température d'entrée d'huile réfrigérante	9911
Roue à aubes	9474		
Roue libre	9450	Température de sortie d'huile réfrigérante	9910
Roue libre à crabots	9227		
Roue libre à galets à double cage avec ressort central et poussée individuelle	9226	Température des surfaces de friction	9914
		Temps d'ouverture	9808
		Temps de fermeture	9807
Roue libre à galets et cage avec maintien par ressort central (annulaire)	9223	Temps de liaison	9802
		Temps de patinage	9806
Roue libre à galets sans cage de maintien avec ressorts individuels	9222	Temps de réaction à la séparation	9803
		Temps de séparation	9805
Roue libre à rochets à effacement centrifuge extérieur avec cage de maintien	9225	Temps du couple dégressif	9804
		Temps du couple progressif	9801
		Temps du cycle	9809
Roue libre à rochets à effacement centrifuge intérieur avec cage de maintien	9224	Terminologie	9700
		Thermodurcissant	9508
		Travail d'embrayage	9820
Roue libre à rouleaux autocentrés par roulements radiaux latéraux	9220	Travail d'embrayage admissible	9823
		Travail d'embrayage admissible par embrayage unique	9824
Roue libre à rouleaux avec guidage par cage et roulement incorporé	9219		
		Travail d'embrayage dynamique	9822
Roue libre à rouleaux fous	9217	Travail d'embrayage rapporté aux surfaces	9825
Roue libre à rouleaux guidés par cage sans tambour	9216		
		Travail d'embrayage rapporté aux surfaces par heure	9826
Roue libre à rouleaux sans noyau avec guidage par cage	9214		
		Travail d'embrayage statique	9821
Roue libre à rouleaux sans noyau avec guidage par double roulement à galets	9215	Travail de friction par heure	9828
		Travail de friction par unité de volume	9827
Roue libre à un tour	9230		
Roue libre avec cage de guidage de poussée annulaire	9218	Trou fileté	9480
		Tube de connection	9335
Roue libre réversible (et bras de réaction)	9229	Usure des surfaces de friction	9920
Roue libre sans cage, avec guidage par ressort annulaire	9221	Vis à tête cylindrique	9427
		Vis à tête fraisée	9466
Roue-pompe	9472	Vis à tête hexagonale	9426
Roues libres	9210	Vis ajustée	9311
Rouleau*	9393	Vis d'aération	9478
Roulement	9349	Vis de fixation	9476
Roulement à aiguilles	9432	Vis de réglage	9376
Roulement à billes, simple rangée	9431	Vis sans tête, rainurée	9303
Roulement à rouleaux	9449	Viscosité cinématique	9883
		Viscosité dynamique (ou absolue)	9882
Sans jeu	9641	Vitesse angulaire	9790
Sécurité de transport	9435	Vitesse angulaire d'entrée	9791
Segment d'arrêt	9429	Vitesse angulaire de sortie	9792
Sens de freinage	9642	Vitesse angulaire relative	9793
Sens de la force	9776	Vitesse angulaire synchrone	9794
Soufflet	9324	Vitesse de glissement	9922
Soupape de surpression	9347	Vitesse de glissement à la roue de friction intermédiaire	9923
Spirale logarithmique	9614		
Support	9366	Vitesse maximum angulaire	9795
Surface de freinage	9644	Voie d'embrayage	9648
Surface de friction	9891	Voyant de niveau d'huile	9461
Surface totale de friction	9892		

F

Preface

The European professional Association of gear and transmission element manufacturers have in 1969 founded a committee named "The European Committee of Associations of Gear and Transmission Element Manufacturers" designated EUROTRANS. The objectives of this committee are:

a) The study of economic and technical problems common to the profession;
b) to represent their common interests in negotiations with international organisations:
c) to promote the profession at international level.

The Committee constitutes an association with neither legal standing nor economic goal.

The member associations of EUROTRANS are:

Fachgemeinschaft Antriebstechnik im VDMA
Lyoner Straße 18, D-6000 Frankfurt/Main 71,

Servicio Tecnico Comercial de Constructores de Bienes de Equipo (SERCOBE) –
Grupo de Transmision Mecanica
Jorge Juan, 47, E-Madrid-1,

UNITRAM – Union Nationale des Industries de Transmissions Mécaniques
39/41, rue Louis Blanc, F-92400 Courbevoie

FABRIMETAL – groupe 11/1 Section "Engrenages, appareils et organes de transmission"
21 rue des Drapiers, B-1050 Bruxelles

BGA – British Gear Association
St James's House, Frederick Road, Edgbaston, Birmingham B15 1JJ,

ASSIOT – Associazione Italiana Costruttori Organi di Trasmissione e Ingranaggi
Via Moscova 46/5, I-20121 Milano,

FME – Federatie Metaal-en Elektrotechnische Industrie
Postbus 190, NL-2700 AD Zoetermeer,

TGS – Transmissionsgruppen i Sverige, c/o Grossistförbundet. Svensk Handel,
Box 5512, S-11485 Stockholm

Suomen Metalliteollisuuden Keskusliitto, Voimansiirtoryhmä
Eteläranta 10, SF-00130 Helsinki 13.

EUROTRANS with this publication is pleased to present the fifth volume of a set of five, comprising a glossary in eight languages, of terms of gearing and transmission elements.

This glossary has been prepared by a EUROTRANS working group in collaboration with German, Spanish, French, English, Italian, Dutch, Belgian, Swedish and Finnish engineers and translators. It will facilitate reciprocal exchange of information and enable members of the profession and those in similar areas of employment, in their respective countries, to achieve a greater understanding and knowledge of one another.

GB

Introduction

This glossary is divided into two parts:

The first part consists of alphabetical indices including synonyms in eight languages (German, Spanish, French, Italian, English, Netherlands, Swedish and Finnish).

In the glossary the drawing is followed by the standard terms of the eight different languages. The code-number is shown at the beginning of each item.

Given a term in one of the eight languages set out in the dictionary it is only necessary to consult the index in that language, in order to ascertain the number(s) shown against it, thus enabling the corresponding entry, or entries, in the general list and therefore the appropriate translation into any of the other seven languages, to be found.

The same procedure is followed for terms marked with an asterisk.

In certain cases several numbers are shown in the indices for one and the same term; this indicates that there are several possible translations, or that the word is contained in a number of expressions which modify its meaning.

Example: "Gear couplings"

Look for the term in the English alphabetical index. With the term will be found the No. 9023.

Under No. 9023 in the general list, the term in the following languages will be found:

German	– Zahnkupplungen
Spanish	– Acoplamientos dentado
French	– Accouplement à denture
English	– Gear couplings
Italian	– Giunti a denti
Dutch	– Tandkoppelingen
Swedish	– Tandkopplingar
Finnish	– Hammaskytkimet

Terminology for gears can be found in volume 1. Terminology for gear units and their components can be found in volume 2. Terminology for variators and their components can be found in volume 3. Terminology for manufacture and testing can be found in volume 4.

Alphabetical index including synonyms

Synonyms = *

Acceleration torque	9714
Adapter	9315
Adjusting element	9399
Adjusting nut	9370
Adjusting ring	9387
Adjusting screw	9376
Air bag spring coupling	9098
Air gap	9639
Air relief valve	9343
Airflow per friction surface	9919
Alternating torque	9813
Aluminium	9511
Alternating torque	9813
Aluminium	8511
Amplification factor	9854
Angle	9615
Angle of engagement rolling-in angle	9619
Angular adjustment	9629
Angular misalignment	9832
Angular movement after engagement	9621
Angular movement before engagement	9618
Angular pitch	9624
Angular rotation due to torque	9616
Angular shaft displacement	9835
Angular velocity	9790
Area related engagement energy	9825
Area related engagement energy per hour	9826
Armature plate/Armature disc	9415
Asbestos	9523
Automotive clutches	9119
Auxiliary angle	9623
Average friction radius	9901
Axial force	9770
Axial offset	9830
Axial shaft displacement	9833
Axial vane powder coupling	9185
Ball	9322
Ball dentent coupling	9192
Barrel coupling (bonded type)	9100
Beam	9366
Bearing bush	9340
Bell (outer race)	9318
Block coupling compression type	9082
Block coupling constant stiffness type	9084
Block coupling shear type	9081
Bolted disc coupling	9094
Bolted tyre coupling	9087
Bolted hub	9488
Bonded block coupling	9096
Bonded disc coupling	9095
Bottom plate	9316
Brake disc/brake drum	9313
Braking torque	9715
Breather screw	9478
Bush	9414
Cage	9320
Cage	9440
Cage length	9635
Cam-ring	9309
Cap	9327
Cardan shaft with telescopic joint	9020
Cardan shafts	9019
Cast alloy	9502
Cast iron	9503
Cast steel	9501
Centreline	9600
Centrifugal clutch coupling – spring controlled	9183
Centrifugal clutch coupling- free shoe	9181
Centrifugal clutch coupling- hinge shoe	9182
Centrifugal clutches	9180
Centrifugal weight	9468
Cheese head screw	9427
Circlip	9429
Circumferential vane powder coupling	9187
Clearance	9640
Closure cap	9330
Clutch case	9407
Clutch flange/Coupling flange	9351
Clutch housing	9369
Clutch lever	9390
Clutches	9105
Coefficient of friction	9860
Coefficient of sliding friction	9861
Coefficient of static friction	9862
Coil	9417
Coil body	9413
Coil spring clutch	9121
Coil spring coupling	9063

GB

43

Coil spring coupling	9066	Dog clutch	9227
Collar bolt/Collar stud	9462	Double cone overload slipping clutch	9200
Collar bush/Shouldered boss	9457	Double cone overload slipping clutch for flange mounting	9201
Combined pin and membrane coupling	9076	Double face coupling with torsional damping	9122
Compression spring	9374	Double gear coupling	9028
Conical clutch coupling external	9127	Double universal joint coupling (internal link)	9017
Conical clutch coupling internal	9126	Dowel pin	9392
Conical clutch disc	9409	Drag cage	9443
Conical shoe slipping clutch coupling	9198	Drag torque	9716
Connection tube	9335	Drive hub	9423
Constant quantity fluid coupling	9236	Driven speed	9752
Constant velocity joint coupling	9022	Driving angular velocity	9791
Constant velocity joint low misalignment	9021	Driving flange	9354
Constant velocity plunging joint	9326	Driving hub	9467
Contact force	9771	Driving speed	9751
Control sleeve	9389	Dynamic angular stiffness	9847
Cooling oil flow rate per coupling	9878	Dynamic axial stiffness	9843
Cooling oil flow rate per unit of friction surface	9879	Dynamic engagement energy	9822
Cooling oil quantity	9877	Dynamic input torque	9710
Cooling oil temperature at exit	9910	Dynamic output torque	9711
Cooling oil temperature inflow	9911	Dynamic radial stiffness	9845
Copper alloy	9517	Dynamic torsional stiffness	9841
Countersunk head bolt	9466	Dynamic viscosity	9882
Coupling half	9300		
Coupling hub	9331	Eddy-current coupling without sliprings	9253
Coupling ring	9363	Elastic ring	9364
Coupling sleeve	9310	Elastomer	9507
Couplings	9000	Elastomeric spider	9356
Cover	9452	Elbow lever/dog-leg lever	9408
Curved spring coupling	9062	Electro-magnetic hysteresis brake	9260
Cycle time	9809	Electro-magnetic hysteresis coupling	9259
Cylinder	9454	Electro-magnetically operated 2-pole single-face clutch, without air gap and without slip ring	9161
Cylindrical dowel	9419		
Cylindrical shoe slipping clutch coupling	9199		
Damper	9360	Electro-magnetically operated 4-pole single-face clutch, without working clearance and without a slip ring	9162
Damping	9884		
Detent	9406		
Diameter	9601		
Diaphragm spring clutch	9120	Electro-magnetically operated clutch	9155
Direction of engagement	9642		
Direction of force	9776	Electro-magnetically operated compression spring gear clutch with a slip ring	9171
Disc	9453		
Disc pin coupling with elastomeric disc	9073		
Disc spring	9398	Electro-magnetically operated compression spring gear clutch without a slip ring	9173
Disengagement force	9762		
Disengagement period	9805		
Disengagement response, time	9803	Electro-magnetically operated double-face clutch with air gap and slip ring	9158
Disengagement time	9808		
Disengagement travel	9636		
Distance tube	9425	Electro-magnetically operated double-face compression spring	

brake with air gap, but without a slip ring	9160
Electro-magnetically operated gear clutch with a slip ring	9169
Electro-magnetically operated gear clutch without a slip ring	9170
Electro-magnetically operated multi-disc clutch with a slip ring, incorporating magnetically energized discs	9167
Electro-magnetically operated multi-disc clutch without a slip ring, having magnetically energized discs	9168
Electro-magnetically operated multi-disc compression spring brake without a slip ring, with the magnetic flux not passing through the discs, with an alternating current magnet	9166
Electro-magnetically operated multi-disc coupling with a slip ring, with the magnetic flux not passing through the discs	9163
Electro-magnetically operated multi-disc coupling without a slip ring, with the magnetic flux not passing through the discs	9164
Electro-magnetically operated single-face clutch with air gap and slip ring	9156
Electro-magnetically operated single-face clutch with air gap, but without a slip ring	9157
Electro-magnetically operated single-face clutch-brake combination with air gap and slip ring	9159
Electro-magnetically operated, backlash free spring pressure brake	9176
End plate	9481
Engagement energy	9820
Engagement force	9761
Engagement period	9802
Engagement response delay	9800
Engagement time	9807
Engagement torque	9717
Engagement travel	9638
Engagement travel (backlash)	9648
EP oils	9528
Equivalent radius of curvature	9613
External wedge cam	9646
Face gear coupling	9010
Failure torque	9729
Female flange	9357
Fibre-reinforced plastic membrane coupling	9054
Flange	9460
Flange diameter	9604
Flange hub	9401
Flange yoke	9336
Flange-type tyre coupling for flexible element change, without dismantling and displacement of connected machines	9093
Flanged tyre coupling with safety dogs	9089
Flanged tyre coupling without safety dogs	9090
Flexible couplings	9057
Flexible disc membrane	9307
Fluid coupling scoop control	9238
Fluid coupling with integral resilient coupling and brake	9240
Fluid couplings	9235
Forces	9760
Fork end	9348
Freewheel	9450
Frequency factor	9848
Friction angle	9626
Friction diameter	9610
Friction face pressure	9915
Friction face temperature	9914
Friction force	9772
Friction lining	9469
Friction lining inside diameter	9895
Friction lining mean diameter	9896
Friction lining outside diameter	9894
Friction lining outside to inside diameter ratio	9897
Friction lining width	9893
Friction power	9781
Friction ring	9410
Friction surface area	9891
Friction torque	9728
Fusible plug	9473
Garter spring	9441
Garter spring	9465
Gasket	9455
Gear coupling for vertical mounting	9038
Gear coupling with a brake drum	9035
Gear coupling with a solid sleeve	9032
Gear coupling with a split sleeve	9033
Gear coupling with dog clutch	9039
Gear coupling with intermediate shaft	9034
Gear coupling with plastic sleeve	9029
Gear coupling with plastic sleeve	9110
Gear coupling with shear pin coupling	9036
Gear coupling with spacer	9030
Gear couplings	9023
Grease	9529
Grease nipple	9346

GB

Heat transfer coefficient – clutch closed	9881	Lining wear	9920
Heat transfer coefficient – clutch open	9880	Link coupling	9049
		Locking disc	9371
		Locking piece	9395
Heat treatable steel	9506	Locking ring	9361
Hexagon head plug	9377	Logarithmic spiral	9614
Hexagon headed bolt	9426	Lubricant	9524
Hexagon nut	9301	Lubrication interval	9530
High speed gear coupling	9037		
Hookes joint with flange	9334	Magnetic couplings	9250
HP oils	9527	Magnetic powder coupling	9174
Hub	9405	Male flange	9358
Hub length	9634	Mass acceleration force	9775
Hub sleeve	9344	Materials	9500
Hydraulically operated couplings	9136	Max. diameter	9605
Hydrodynamic coupling for flange mounting	9239	Max. roller diameter	9607
		Maximum angular velocity	9795
Hydrostatic sleeve coupling	9004	Maximum damping capacity	9784
		Maximum speed	9755
Idle run temperature rise	9913	Maximum torque	9705
Impact factor	9853	Mean engagement torque	9718
Impact torque	9712	Meander shaped pretension spring	9446
Impeller	9472	Measured angle	9617
Indicator	9477	Mechanical jaw clutch	9111
Induction coupling with internal poles	9251	Mechanical jaw clutch spiral jaw	9112
Induction coupling with slip rings	9252	Mechanically operated clutches	9107
Inner plate	9368	Mechanically operated double cone clutch for flange mounting	9128
Inner race	9321		
Inner ring	9396	Mechanically operated double-face coupling with highly elastic tyre coupling	9115
Inner ring	9447		
Input torque	9725		
Inside diameter	9603	Mechanically operated drum-type coupling	9130
Installation height	9632		
Installation length	9633	Mechanically operated multi-disc clutch	9123
Insulated gear coupling	9042		
Intermediate disc	9308	Mechanically operated multi-plate clutch for internal combustion	9124
Intermediate flange shaft	9355		
Intermediate layer	9470	Mechanically operated multi-plate clutch for internal combustion engines with gear transmissions	9125
Intermediate shaft	9333		
Internal diameter of piston	9899		
Internal wedge cam	9647	Mechanically operated, double-face flange-type coupling with a vee-belt pulley	9114
Intersection point switching-frequency per hour	9871		
		Mild steel	9505
Inverted tooth chain coupling	9047	Mill motor coupling	9040
Involute geared ring	9353	Minimum speed	9756
Irreversible locks	9231	Moment of inertia	9735
Jaw coupling (with centralising collar)	9014	Moment of inertia at the coupling end	9739
Jaw-type overload slipping clutch	9202	Moment of inertia at the driving end	9737
Journal cross	9338	Moment of inertia at the power take-off end	9738
Key	9380	Moment of resistance	9740
Kinematic viscosity	9883	Multi plate centrifugal clutch roller activated	9184
Leather	9522		
Lever	9378	Multi-disc brake operated by pressure of springs subjected to air pressure	9141
Lever operated plate clutch coupling	9113		

Multi-disc slipping clutch coupling	9197	Permissible engagement energy for single engagement	9824
Multi-layer coil spring coupling	9065	Phosphor bronze	9510
Name plate	9459	Pin and buffer coupling	9071
Needle roller bearing	9432	Pin and bush coupling with dog clutch	9075
No-load speed	9757	Pin coupling with axial play limiting device	9074
Nominal input torque	9702	Pin coupling with brake drum	9072
Nominal output torque	9708	Piston area	9890
Nominal torque	9722	Piston centrifugal force	9766
Normal (design) torque	9704	Piston	9404
Normal force	9768	Piston force	9765
Notched bolt	9384	Pitch circle diameter	9609
Notched disc	9383	Pivot pin	9379
Notched nut	9382	Plastic	9520
Number of friction surfaces	9921	Plastic flange single gear coupling	9026
Number of switching ops per hour	9810	Plastic insertion coupling	9025
Nylon	9521	Plastic sleeve	9332
		Plate clutch coupling with air cooling	9116
O-Ring	9403	Plate cluch coupling with oil cooling	9118
Oil	9525	Plate clutch coupling with water cooling	9117
Oil filler plug	9479	Plate slipping clutch coupling	9195
Oil inflow diameter	9900	Plate thickness	9902
Oil level sight gauge	9461	Pneumatically operated couplings	9137
Oil without additives	9526	Pneumatically operated multi-face coupling with integral fly wheel	9145
Oldham coupling	9048	Pneumatically operated multi-plate clutch for internal combustion engines	9142
One piece coil spring coupling	9067	Polymer	9518
Operating clutch couplings	9106	Positioning angle	9625
Operating pressure	9916	Potting compound	9421
Organic lining	9516	Powder coupling with vanes and balls	9186
Oscillating torque	9727	Power	9780
Outer body	9412	Pre-load spring force	9774
Outer disc	9397	Pressed sleeve roller free wheel	9214
Outer plate	9367	Pressed sleeve roller free wheel with integral bearings	9215
Outer race	9328	Pressure bolt	9418
Outer ring	9448	Pressure force on the friction faces	9763
Output angular velocity	9792	Pressure force on the return spring load	9764
Output torque	9721	Pressure gradient	9917
Outside diameter	9602	Pressure operated coupling-brake combination	9147
Outside diameter of piston	9898	Pressure operated couplings	9135
Overload slipping clutch	9196	Pressure operated double cone clutch	9148
Overrunning clutches	9210	Pressure operated double-face coupling with cylinder and piston	9144
Paper lining	9515	Pressure operated drum-type coupling	9150
Peak input torque	9703	Pressure operated flange cone clutch	9149
Peak output torque	9709	Pressure operated gear coupling	9151
Permanent magnet coupling – synchronous	9254		
Permanent magnet eddy current coupling	9256		
Permanent magnet gear coupling	9258		
Permanent magnet hysteresis coupling	9255		
Permanent magnet single-face coupling	9257		
Permissible engagement energy	9823		

GB

Pressure operated multi-disc coupling with radial freedom	9139
Pressure operated multi-disc coupling with spring brake	9140
Pressure operated multi-face coupling in conjunction with a tyre coupling	9146
Pressure operated multi-face coupling with bellows	9143
Pressure operated multi-plate clutch with axial freedom diaphragm	9138
Pressure plate	9386
Pressure relief valve	9347
Quick disconnect gear coupling	9043
Radial force	9773
Radial offset	9831
Radial seal	9430
Radial shaft displacement	9834
Radius	9611
Radius of curvature	9612
Ramp angle	9620
Ratchet freewheel	9228
Reaction wheel	9474
Relative angular velocity	9793
Relative speed	9754
Resonance (amplification) factor	9852
Retaining clip	9319
Retaining screw	9476
Reversible ratchet	9229
Reversing torque	9726
Rigid couplings	9001
Rigid flanged coupling	9002
Ring	9422
Ring gear	9385
Ring shim pack	9305
Rise time (torque)	9801
Roll pin	9428
Roller	9393
Roller bearing	9449
Roller chain coupling	9046
Roller free wheel cage	9211
Roller free wheel external cam	9213
Roller free wheel internal cam	9212
Roller free wheel with spring loaded roller cage	9216
Roller free wheel with spring loading	9217
Rolling bearing	9411
Rolling element	9349
Rotary shaft seal	9345
Rotating joint	9458
Rotation diameter	9608
Rubber	9519
Rubber boot	9324

Safety couplings	9190
Scraper seal	9341
Screw collar sleeve coupling	9003
Seal	9329
Sealing sleeve	9342
Second moment of area	9736
Separate link shim pack	9304
Shaft	9314
Shaft diameter	9606
Shaft seal	9483
Shear pin	9352
Shear pin coupling	9191
Shift arm	9437
Shift lever	9439
Shift shaft	9438
Shouldered bolt	9311
Shouldered pin	9463
Shrink disc coupling	9006
Single gear coupling	9024
Single revolution coupling	9230
Single row deep groove ball bearing	9431
Single universal joint coupling	9016
Sintered bronze	9512
Sintered ceramic	9514
Sintered iron	9513
Sleeve coupling with locking rings	9005
Sleeve coupling with tapered bushes	9009
Sleeve type gear coupling	9031
Sliding hub gear coupling	9041
Sliding sleeve	9381
Sliding torque	9724
Sliding velocity	9922
Sliding velocity at mean lining diameter	9923
Slip stub yoke	9350
Slipping time	9806
Slipring	9416
Slotted headless screw	9303
Slotted nut	9433
Slotted round nut	9375
Snap ring	9339
Spacing ring/Distance ring	9424
Specific heat capacity of oil	9875
Specific heat capacity of steel	9876
Speed factor	9851
Speed limiting governor	9205
Speed of rotation	9750
Spherical roller coupling	9045
Spheroidal graphite cast iron	9504
Spider coupling with compression element	9080
Spider coupling with compression torsional damper	9083
Spider coupling with elastomeric element	9079
Spider couplings	9078

Splined drive shaft	9325	Switch off duration	9811
Split muff coupling	9007	Switching frequency per hour	9870
Spoked shim pack	9306	Synchronisation torque	9719
Sprag	9442	Synchronised angular velocity	9794
Sprag clutch individually spring loaded with dual bearings	9220	Synchronous speed	9753
Sprag clutch individually spring loaded with integral bearings	9219	Tab washer	9434
Sprag clutch with cage and individual spring loading	9223	Tangential force	9769
		Tapered locking sleeve	9485
Sprag clutch with centrifugal lift off and inner ring drive	9225	Taper groove cotter pin	9420
		Taperlock sleeve	9486
Sprag clutch with centrifugal lift off and outer ring drive	9224	Taper sleeve coupling	9008
		Temperature factor	9850
Sprag clutch with common spring loading	9218	Temperature increase	9912
		Terminology	9700
Sprag clutch with dual cage	9226	Test torque	9706
Sprag clutch without cage and common spring loading	9221	Thermal switch	9475
		Thermo-plastics	9508
		Thread insert	9480
Sprag clutch without cage with individual spring loading	9222	Threaded bush	9372
		Thrust collar	9464
Sprag length	9630	Thrust element	9359
Sprag thickness	9631	Thrust plate	9302
Spring coupling (leaf springs)	9068	Thrust ring	9388
Spring coupling continuous coil	9060	Thrust ring assembly	9400
Spring coupling continuous coil	9069	Torque	9701
Spring coupling separate springs	9070	Torque characteristic	9733
Spring couplings	9058	Torque decay time	9804
Spring force	9767	Torque limiting friction coupling	9193
Spring holding disc	9373	Torque load	9723
Spring pin	9391	Torque rise	9734
Spring washer	9402	Torque-displacement diagram	9732
Start up factor	9849	Torsional damper – friction torque	9731
Starting coupling with or without a torque setting facility	9203	Torsional damper – stop angle Angular travel to bump-stop	9628
Starting coupling, with wedge-belt pulley, with or without a torque setting facility	9204	Torsional damper stop torque	9730
		Torsionally rigid couplings	9013
Static angular stiffness	9846	Total angular movement	9622
Static axial stiffness	9842	Total friction surface area	9892
Static engagement energy	9821	Transmissible torque	9720
Static radial stiffness	9844	Transport lock	9435
Static torsional stiffness	9840	Tube yoke	9337
Steel	9509	Tyre coupling one piece tyre with extended flange	9088
Steel membrane coupling	9053		
Steel shim coupling	9052	Tyre couplings	9086
Steel shim coupling with a split connecting sleeve	9051		
Steel shim coupling with connecting sleeve	9050	Universal joint ball type	9018
		Universal joint coupling	9015
Stirrup spring coupling	9064		
Stopring	9365	V-belt pulley	9482
Stud	9362	Variable quantity fluid coupling	9237
Stud	9456	Ventilation per coupling	9918
Supporting disc	9394	Vibratory torque	9707
Surface related friction power	9782		

GB

Volume related engagement energy	9827	Wedge cam	9645
Volume related engagement energy per hour	9828	Wedge surface	9644
		Wedge track	9643
Volume related friction power	9783	Without clearance	9641
Vulcanised flange-type tyre coupling, double design	9092	Working air gap (clearance)	9637
		Wrap-around angle	9627
Vulcanised flange-type tyre coupling, simple design	9091	Wrapped spring clutch	9129

Prefazione

Le Associazioni professionali dei costruttori europei d'ingranaggi e di organi di trasmissione hanno fondato nel 1969 un Comitato denominato: "Comitato Europeo delle Associazioni dei Costruttori di Ingranaggi e di Organi di Trasmissione", chiamato EUROTRANS.

Questo Comitato ha come obbiettivo:

a) di studiare i problemi economici e tecnici comuni alla categoria
b) di difendere gli interessi comunitari nell'ambito delle organizzazioni internazionali
c) di svolgere un'azione promozionale, per la categoria, su un piano internazionale

Il Comitato costituisce un'Associazione di fatto, senza personalità giuridica nè fine lucrativo.

Sono Membri dell'EUROTRANS le Associazioni:

Fachgemeinschaft Antriebstechnik im VDMA
Lyoner Straße 18, D-6000 Frankfurt/Main 71,

Servicio Tecnico Comercial de Constructores de Bienes de Equipo (SERCOBE) – Grupo de Transmision Mecanica
Jorge Juan, 47, E-Madrid-1,

UNITRAM – Union Nationale des Industries de Transmissions Mécaniques
39/41, rue Louis Blanc, F-92400 Courbevoie

FABRIMETAL – groupe 11/1 Section "Engrenages, appareils et organes de transmission"
21 rue des Drapiers, B-1050 Bruxelles

BGA – British Gear Association
St James's House, Frederick Road, Edgbaston, Birmingham B15 1JJ,

ASSIOT – Associazione Italiana Costruttori Organi di Trasmissione e Ingranaggi
Via Moscova 46/5, I-20121 Milano,

FME – Federatie Metaal-en Elektrotechnische Industrie
Postbus 190, NL-2700 AD Zoetermeer,

TGS – Transmissionsgruppen i Sverige, c/o Grossistförbundet. Svensk Handel,
Box 5512, S-114 85 Stockholm

Suomen Metalliteollisuuden Keskusliitto, Voimansiirtoryhmä
Eteläranta 10, SF-00130 Helsinki 13.

L'EUROTRANS è felice di presentare, con questa pubblicazione, il quinto dizionario di una serie di 5 volumi comprendente i termini relativi agli ingranaggi ed agli organi di trasmissione, tradotti in otto lingue.

Questo dizionario è stato elaborato da un gruppo di lavoro dell'EUROTRANS in collaborazione con i tecnici ed i traduttori della Germania, della Spagna, della Francia, dell'Inghilterra, dell'Italia, dei Paesi Bassi, del Belgio, della Svezia, della Finlandia. Esso contribuirà a facilitare lo scambio reciproco d'informazioni e permetterà ai tecnici di questo settore, chiamati a compiti simili nei loro rispettivi paesi di comprendersi meglio e quindi di conoscersi tra loro.

I

Introduzione

Il presente lavoro si compone di:

otto tabelle in ordine alfabetico completate dai sinonimi nelle seguenti lingue: tedesco – spagnolo – francese – inglese – italiano – olandese – svedese – finlandese.

Nel glossario il disegno è seguito dai termini normalizzati in otto diverse lingue. Il numero è indicato all' inizio di ogni rubrica.

Dato un termine in una delle lingue del Glossario, e sufficiente consultare l'indice nella lingua die questo termine, rilevare il numero scritto a fianco di detto termine e cercare la linea corrispondente nel quadro sinottico al fine di trovare il disegno ed i termini tradotti nelle differenti lingue.

Può accadere in alcuni casi che il termine cercato sia contraddistinto da un asterisco, ciò significa che si tratta di un sinonimo.

Esempio: "Giunti a denti"

Nell'indice questo termine è contraddistinto dal numero 9023 a fianco del quale si troverà nel Glossario il disegno e il termine tradotto in:

Tedesco	– Zahnkupplungen
Spagnolo	– Acoplamientos dentado
Francese	– Accouplement à denture
Inglese	– Gear couplings
Italiano	– Giunti a denti
Olandese	– Tandkoppelingen
Svedese	– Tandkopplingar
Finlandese	– Hammaskytkimet

Le definizioni sugli ingranaggi sono contenute nel volume 1. Le definizioni sui riduttori e i loro componenti sono contenute nel volume 2. Le definizioni sui variatori e i loro componenti sono contenute nel volume 3. Le definizioni su fabbricazione e controllo sono contenuto nel volume 4.

Indice alfabetico compresi i sinonimi

Sinonimi = *

Acciaio	9509	Angolo di scorrimento	9618
Acciaio da bonifica	9506	Angolo di torsione	9616
Acciaio da costruzione	9505	Angolo parziale	9624
Acciaio fuso	9501	Arresto	9406
Acciaio sinterizzato	9513	Aumento della temperatura	9912
Albero	9314	Avvolgimento elastico a spirale	9446
Albero d'innesto	9438		
Albero flangiato intermedio	9355	Blocco della coppia di carico	9231
Albero intermedio	9333	Bobina	9417
Albero scanalato	9325	Braccio di manovra	9437
Alluminio	9511	Bronzo fosforoso	9510
Altezza di installazione	9632	Bronzo sinterizzato	9512
Amianto	9523	Bullone di arresto	9384
Ammortizzamento	9884	Bullone leva	9379
Ammortizzatore	9360	Bulloni	9462
Andamento del momento torcente	9733	Bussola	9414/9340
Andamento momento torcente	9734	Bussola conica	9485
Anello	9422/9416	Bussola conica forzata	9486
Anello dentato evolvente	9353	Bussola distanziale	9425
Anello di arresto	9429/9365	Bussola flangiata	9457
Anello di innesto	9464		
Anello di regolazione	9387	Capacità termica specifica	
Anello di ritegno	9310	dell'acciaio	9876
Anello di spinta	9388	Capacità termica specifica	
Anello distanziale	9424	dell'olio	9875
Anello di tenuta	9361	Cartuccia filettata	9480
Anello di tenuta radiale	9430	Ceramica sinterizzata	9514
Anello di tenuta torico (O-ring)	9403	Chiavetta	9380
Anello eccentrico	9309	Cilindro	9454
Anello elastico	9339/9364	Coefficiente di frizione	9860
Anello esterno	9448	Coefficiente di frizione dinamica	9861
Anello frizione	9410	Coefficiente di frizione statica	9862
Anello giunto	9363	Combinazione di giunti: giunto a perni	
Anello interno	9447	e pioli e giunto in acciaio	9076
Anello tenuta albero	9483	Combinazione freno-frizione pneu-	
Anello tenuta albero radiale	9345	matica	9147
Angolo	9615	Combinazione freno-giunto monodisco	
Angolo di aggiustamento	9629	elettromagnetico con traferro e	
Angolo di arresto	9620	anello collettore	9159
Angolo di arresto ammortizzatore		Contrappeso centrifugo	9468
torsioni	9628	Coperchio	9452/9327
Angolo di attrito	9626	Coperchio di chiusura	9330
Angolo di avvolgimento	9627	Coppia nominale	9722
Angolo di innesto	9621	Corona dentata	9385
Angolo di misura	9617	Corpo bobina	9413
Angolo di oscillazione	9622	Corpo di contatto	9442
Angolo di posizionamento	9625	Corsa di innesto	9648
Angolo di riserva	9623	Croce elastica	9356
Angolo di rotolamento	9619	Crociera	9338

Cuffia	9324	Elastomero	9507
Cuoio	9522	Elemento arresto	9358
Curva di bloccaggio	9645	Elemento a tazza	9357
Cuscinetto a rulli	9449	Elemento di bloccaggio	9395
Cuscinetto a rullini	9432	Elemento di regolazione	9399
Cuscinetto radiale rigido ad una corona di sfere	9431	Elemento di rotolamento	9349
		Elemento esterno	9412
Cuscinetto volvente (a rotolamento)	9411	Elemento intermedio	9315
Dado cilindrico ad intaglio	9375		
Dado di arresto	9382	Fascetta	9319
Dado esagonale	9301	Fattore di amplificazione	9854
Dado regolazione	9370	Fattore di avviamento	9849
Diagramma momento torcente	9732	Fattore di frequenza	9848
Diametro	9601	Fattore di risonanza	9852
Diametro albero	9606	Fattore di temperatura	9850
Diametro di frizione	9610	Fattore d'urto	9853
Diametro di rotazione	9608	Fattore numero giri	9851
Diametro esterno	9602	Feritoia aria	9637
Diametro esterno del pistone	9898	Flangia	9460
Diametro esterno superficie attrito	9894	Flangia del giunto	9351
Diametro flangia	9604	Flangia motrice	9354
		Flangia snodata	9328
Diametro intermedio per fiori di fissaggio	9609	Flusso olio refrigerante per giunto	9878
Diametro interno	9603	Flusso olio refrigerante riferito superficie attrito	9879
Diametro interno del pistone	9899		
Diametro interno superficie attrito	9895	Fondello	9481
Diametro massimo	9605	Forza assiale	9770
Diametro massimo rullo	9607	Forza centrifuga	9766
Diametro medio superficie attrito	9896	Forza della molla	9767
Diametro presa alimentazione olio	9900	Forza del pistone	9765
Direzione della forza	9776	Forza di accelerazione della massa	9775
Disco armatura	9415		
Disco bloccaggio	9371	Forza di appoggio	9771
Disco del freno	9313	Forza di attrito	9772
Disco di arresto	9383	Forza di disinnesto	9762
Disco di pressione	9386	Forza di innesto	9761
Disco di spinta assiale	9302	Forza di precarico	9774
Disco di supporto	9394	Forza di pressione sulle superfici di attrito	9763
Disco esterno	9397		
Disco intermedio	9308	Forza di richiamo delle molle	9764
Disco interno	9396	Forza normale	9768
Disco piatto	9409	Forza radiale	9773
Disco tenuta molla	9373	Forza tangenziale (periferica)	9769
Dispositivo bloccaggio	9642	Forze	9760
Dispositivo di sicurezza di trasporto	9435	Freni elettromagnetici ad isteresi	9260
		Freno a lamelle ad azionamento eletromagnetico senza anello collettore, dischi non sottoposti a flusso magnetico con magnete a corrente alternata	9166
Dissipazione termica giunto aperto	9880		
Dissipazione termica giunto chiuso	9881		
Durata del ciclo	9809		
Durata del disinserimento	9811		
Durata di disinserimento	9805	Freno a lamelle ad azionamento idraulico	9140
Durata di slittamento	9806		
Durata sviluppo momento torcente	9801	Freno a lamelle azionato idraulicamente	9141
		Freno a molla senza gioco	9176

Freno a molle disinserito elettromagneticamente con traferro, senza anello collettore	9160	Gabbia per i rulli della ruota libera	9211
Frequenza di innesto	9870	Gabbia per i rulli della ruota libera con stella interna e rulli ammortizzati singolarmente	9213
Frequenza tipica di innesto	9871	Getto acciaio da bonifica	9502
Frizione ad azionamento a ceppi pneumatica	9150	Ghiera con intagli	9433
		Ghiera filettata	9372
Frizione a disco singolo con assorbimento elastico torsionale	9122	Ghisa con grafite lamellare	9503
		Ghisa sferoidale	9504
Frizione a doppio cono ad azionamento idraulico	9149	Gioco	9640
		Girante	9474
Frizione a doppio cono esterno ad azionamento meccanico	9127	Girante della pompa	9472
		Giunti	9000
Frizione a doppio cono esterno per accopiamento con flangia	9128	Giunti ad azionamento elettromagnetico	9155
		Giunti a denti	9023
Frizione a doppio cono interno ad azionamento meccanico	9126	Giunti a incastro frontale	9078
		Giunti a molla	9058
Frizione ad azionamento pneumatico a doppio cono	9148	Giunti cardanici	9019
		Giunti con collare in gomma	9086
Frizione a lamelle ad azionamento meccanico	9123	Giunti di protezione al sovraccarico	9190
		Giunti elastici	9057
Frizione a lamelle ad azionamento pneumatico per motori diesel	9142	Giunti idrodinamici	9235
		Giunti magnetici	9250
Frizione a membrana elastica	9120	Giunti rigidi	9001
Frizione a molla	9129	Giunti torsionalmente rigidi	9013
Frizione a molla elicoidale	9121	Giunto a bulloni	9007
Frizione azionata fluidodinamicamente a più superfici di attrito	9143	Giunto a catena (catena a denti)	9047
		Giunto a catena (catena a rulli)	9046
Frizione lamellare ad azionamento meccanico per motori a combustione	9124	Giunto a compressione	9006
		Giunto a correnti parassite senza anello collettore	9253
Frizione lamellare ad azionamento meccanico per motori Diesel con riduttore	9125	Giunto ad anelli	9008
		Giunto ad azionamento elettromagnetico senza traferro ed anello collettore	9162
Frizione lamellare a fluido con alimentazione assiale	9138		
Frizione lamellare collegata ad un giunto con collare in gomma	9146	Giunto ad azionamento elettromagnetico senza traferro e senza anello collettore	9161
Frizione meccanica monodisco innestabile con raffreddamento ad acqua	9117	Giunto a denti a doppio ingranamento	9028
Frizione monodisco a comando fluido	9145	Giunto a denti a doppio ingranamento con manicotto in materiale sintetico	9029
Frizione monodisco a comando fluido ad azione fluidodinamica	9144	Giunto a denti a magnete permanente	9258
Frizione monodisco con raffreddamento ad olio	9118	Giunto a denti a manicotto	9031
Frizioni lamellari a fluido con alimentazione radiale	9139	Giunto a denti a singolo ingranamento	9024
Frizioni per autoveicoli	9119	Giunto a denti a smontaggio rapido	9043
Gabbia a corpi di contatto eccentrici	9440	Giunto a denti bombati con manicotto e mozzo in plastica	9025
Gabbia a sfere	9320	Giunto a denti bombati in materia plastica	9026
Gabbia con rulli di contatto a molleggio singolo	9212	Giunto a denti con albero intermedio	9034
Gabbia di trascinamento	9443	Giunto a denti con distanziatore	9030

Giunto a denti con manicotto disinseribile da fermo	9110
Giunto a denti con manicotto diviso	9033
Giunto a denti con manicotto innestabile da fermo	9110
Giunto a denti con manicotto unito	9032
Giunto a denti con mozzo scorrevole	9041
Giunto a denti con puleggia freno	9035
Giunto a denti con spina tranciabile	9036
Giunto a denti frontali	9010
Giunto a denti innestabile da fermo	9039
Giunto a denti isolato elettricamente	9042
Giunto a denti per istallazione verticale	9038
Giunto a denti per laminatoio	9040
Giunto a dischi ad azionamento elettromagnetico con anello collettore, dischi non attraversati dal flusso magnetico	9163
Giunto a dischi d'acciaio con manicotto diviso	9051
Giunto a dischi d'acciaio con snodo	9052
Giunto a disco	9094
Giunto a disco in due metá	9300
Giunto a disco singolo ad innesto meccanico collegato ad una puleggia a gole	9114
Giunto a disco singolo ad innesto meccanico con giunto elastico a colare in gomma	9115
Giunto a disco singolo con comando a leva	9113
Giunto a disco singolo con raffreddamento ad aria	9116
Giunto a doppio manicotto conico	9009
Giunto a flangia a doppio collare	9089
Giunto a flangia in gomma vulcanizzata	9091
Giunto a flangia per ricambio anello elastico senza smontaggio e spostamento macchine collegate	9093
Giunto a incastro con anello a camme	9080
Giunto a incastro con anello elastico	9079
Giunto a induzione a poli interni	9251
Giunto a induzione con anello collettore	9252
Giunto a innesto frontale	9112
Giunto a lamelle ad azionamento elettromagnetico senza anello collettore, dischi sottoposti a flusso magnetico	9168
Giunto a lamelle radiali	9068
Giunto a manicotto con ghiera di bloccaggio	9003
Giunto a manicotto per rapido montaggio	9484
Giunto a membrana in acciaio e snodo semplice	9053
Giunto a membrana in plastica	9054
Giunto a molla ad elica	9066
Giunto a molla ad elica ottenuto da un sol pezzo	9067
Giunto a molla serpentina continua	9069
Giunto a molle serpentine separate	9070
Giunto a perni di rottura	9191
Giunto a perni e pioli	9071
Giunto a perni e pioli elastici con limitazione del giuoco assiale	9074
Giunto a perni e pioli elastici con puleggia di frenatura	9072
Giunto a perni e pioli innestabile da fermo	9075
Giunto a piastra d'acciaio con manicotto intermedio	9050
Giunto a polvere a disco di trascinamento	9187
Giunto a polvere con palette	9185
Giunto a polvere con ruote a pale e sfere	9186
Giunto a pressione d'olio	9004
Giunto articolato	9049
Giunto a settori frontali	9014
Giunto a tasselli a compressione per l'assorbimento delle vibrazioni torsionali	9083
Giunto a tasselli cilindrici	9084
Giunto a tasselli sollecitati a compressione	9082
Giunto a tasselli sollecitati al taglio	9081
Giunto cardanico	9015
Giunto con anelli ad espansione	9005
Giunto con banda metallica	9060
Giunto con collare a flangia per accoppiamento di due alberi	9088
Giunto con collare di gomma e serraggio a viti	9087
Giunto con collare in due pezzi vulcanizzati	9092
Giunto con collare in gomma senza protezione d'arresto	9090
Giunto con disco flessibile (disco non metallico)	9073
Giunto con disco vulcanizzato esecuzione doppia	9095
Giunto con innesto a denti ad azionamento elettromagnetico con anello collettore	9169

Giunto con innesto a denti comandato a pressione	9151
Giunto con intermediario elastico vulcanizzato	9096
Giunto con molla curva	9062
Giunto con molle ad elica a più strati	9065
Giunto con molle a elica tangenziali	9063
Giunto con molle a staffa tangenziali	9064
Giunto con rulli bombati	9045
Giunto con sfere di disinnesto	9192
Giunto d'avviamento con o senza regolazione del momento torcente	9203
Giunto d'avviamento, con puleggia a gole strette con o senza regolazione del momento torcente	9204
Giunto di oldham	9048
Giunto elastico con cuscino d'aria	9098
Giunto elettromagnetico a disco singolo con traferro ed anello collettore	9156
Giunto elettromagnetico a disco singolo con traferro senza anello collettore	9157
Giunto elettromagnetico monodisco con traferro ed anello collettore	9158
Giunto frontale azionato da fermo	9111
Giunto idrodinamico a riempimento costante	9236
Giunto idrodinamico a riempimento variabile	9237
Giunto idrodinamico con giunto elastico e puleggia freno	9240
Giunto idrodinamico con regolazione delle pale	9238
Giunto idrodinamico per accoppiamento con flangia	9239
Giunto limitatore a doppio pattino conico di slittamento	9198
Giunto limitatore di coppia a guarnizione circolare	9199
Giunto monodisco a magneti permanenti	9257
Giunto monogiro	9230
Giunto omocinetico scorrevole	9326
Giunto rigido a flange	9002
Giunto snodato allungabile (cardanico)	9020
Giunto snodato omocinetico	9021
Giunto unidirezionale a settori frontali	9227
Giunto universale a sfera	9018
Giunto universale doppio	9017
Giunto universale omocinetico	9022
Giunto universale semplice	9016
Giunto vulcanizzato	9100
Gomma	9519
Gradiente di pressione	9917
Grasso	9529
Guarnizione	9329
Guarnizione in materiale organico	9516
Guarnizione piatta	9455
Guarnizione in carta	9515
Guida di bloccaggio	9643
Guida di bloccaggio esterna	9646
Guida di bloccaggio interna	9647
Indicatore	9477
Ingrassatore a sfera	9346
Innesti	9105
Innesti ad azionato meccanico	9107
Innesti ad azionamento separato	9106
Innesti ad isteresi magnetica	9259
Innesti comandati idraulicamente	9136
Innesti-frizioni azionati a pressione	9135
Innesti-frizioni comandati pneumaticamente	9137
Innesto a denti ad azionamento elettromagnetico senza anello collettore	9170
Innesto a denti a molla ad azionamento elettromagnetico con anello collettore	9171
Innesto a denti a molla ad azionamento elettromagnetico senza anello collettore	9173
Innesto a lamelle ad azionamento elettromagnetico con anello collettore, lamelle attraversate dal flusso magnetico	9167
Innesto a lamelle a dischi ad azionamento eletromagnetico senza anello collettore, lamelle non sottoposte a flusso magnetico	9164
Innesto centrifugo a settori ancorati	9182
Innesto centrifugo a sfere	9184
Innesto centrifugo con molle di richiamo	9183
Innesto centrifugo con settori liberi	9181
Innesto centrifugo (giunti azionati dalla velocità di rotazione)	9180
Innesto elettromagnetico a polvere	9174
Innesto-frizione ad azionamento meccanico ad espansione polare	9130
Innesto frontale a correnti parassite a magnete permanente	9256
Innesto frontale ad isteresi a magnete permanente	9255

Innesto frontale a magneti permanenti	9254
Intervallo di lubrificazione	9530
Interruttore termico	9475
Lamelle esterne	9367
Lamelle interne	9368
Larghezza superficie attrito	9893
Lavoro di frizione all'ora	9828
Lavoro di frizione riferito a volume	9827
Lavoro di innesto	9820
Lavoro di innesto ammissibile	9823
Lavoro di innesto ammissibile ad ogni inserimento	9824
Lavoro di innesto dinamico	9822
Lavoro di innesto riferito a superficie all'ora	9826
Lavoro di innesto riferito a superficie	9825
Lavoro di innesto statico	9821
Lega di rame	9517
Leva	9378
Leva angolare	9408
Leva del cambio	9439
Leva giunto	9390
Limitatore di coppia a denti frontali	9202
Limitatore di coppia a dischi	9196
Limitatore di coppia a doppia superficie di attrito	9195
Limitatore di coppia a doppio cono	9200
Limitatore di coppia a doppio cono per accoppiamento con flangia	9201
Limitatore di coppia a lamelle	9197
Limitatore di velocitá	9205
Linea centrale-Mezzeria	9600
Lubrificante	9524
Lunghezza cassa	9635
Lunghezza di istallazione	9633
Lunghezza elemento di arresto	9630
Lunghezza mozzo	9634
Manicotto cilindrico a collare	9488
Manicotto del disco	9381
Manicotto del mozzo	9344
Manicotto di innesto	9389
Manicotto di innesto con cuscinetto	9400
Manicotto plastica	9332
Manicotta tenuta	9342
Materiali	9500
Materiale di riempimento	9421
Membrana	9307
Membrana a cartuccia	9306
Molla	9441
Molla a compressione	9374
Molla a tazza	9398
Molla da trazione	9465
Momento di arresto ammortizzazione torsione	9730
Momento di carico	9723
Momento di frizione ammortizzatore torsione	9731
Momento di inerzia	9735
Momento di inerzia lato entrata	9737
Momento di inerzia lato uscita	9738
Momento di inerzia sul lato dell'accoppiamento	9739
Momento di inerzia superficie	9736
Momento di innesto	9717
Momento di sincronizzazione	9719
Momento di trasmissione	9725
Momento d'uscita	9721
Momento medio torcente di innesto	9718
Momento resistente	9740
Momento torcente	9701
Momento torcente di accelerazione	9714
Momento torcente di decelerazione	9715
Momento torcente di frizione	9728
Momento torcente di prova	9706
Momento torcente di punta entrata	9703
Momento torcente di punta lato carico	9709
Momento torcente di rottura	9729
Momento torcente di inversione	9726
Momento torcente di slittamento	9724
Momento torcente d'urto	9712
Momento torcente massimo	9705
Momento torcente nominale	9704
Momento torcente nominale entrata	9702
Momento torcente nominale lato carico	9708
Momento torcente oscillante	9727
Momento torcente regolabile in entrata	9710
Momento torcente regolabile in uscita	9711
Momento torcente residuo/Momento torcento a vuoto	9716
Momento torcente trasmissibile	9720
Momento torcente variabile	9713
Momento torcente vibratorio	9707
Mozzo	9405
Mozzo a frizione	9193
Mozzo di trascinamento	9423
Mozzo di trasmissione	9467
Mozzo flangia	9401
Mozzo giunto	9331
Noce	9321
Numero di giri	9750
Numero di giri a vuoto	9757

Numero di giri massimo	9755	Ritardo di risposta all'innesto	9800
Numero di giri minimo	9756	Rivestimento di frizione	9469
Numero di giri relativo	9754	Rivestimento giunto	9407
Numero di innesti all'ora	9810	Rondella	9453
Numero giri di sincronismo	9753	Rosetta di sicurezza con linguetta	9434
Numero giri in entrata	9751	Rosetta elastica spaccata	9402
Numero di giri in uscita	9752	Rullo	9393
Numero superfici attrito	9921	Ruota libera	9450
Nylon	9521	Ruota libera con corpi di contatto con fasature sincrone	9226
Olio	9525	Ruota libera a corpi di contatto eccentrici a distacco centrifugo	
Olio debolmente additivato	9527		
Olio fortemente additivato	9528		9224/9225
Olio non additivato	9526	Ruota libera a corpi di contatto eccentrici a fasature sincrone	9222/9223
Pacchetto lamelle	9305	Ruota libera a corpi di contatto eccentrici senza fasature sincrone	9221
Pacchetto lamelle a biscotto	9304		
Paraolio	9341	Ruota libera ad astuccio con rulli ammortizzati singolarmente in gabbia	9214
Parete di separazione	9463		
Perno profilato	9318		
Perno snodato con flangia	9334	Ruota libera ad astuccio con supporto	9215
Piastra di base	9316		
Pistone	9404	Ruota libera a denti d'arresto	9228
Plastica	9520	Ruota libera a rulli con gabbia di contenimento	9216
Polimeri	9518		
Posizione intermedia	9470	Ruota libera a rulli senza molleggio singolo	9217
Potenza	9780		
Potenza di attrito	9781	Ruota libera con corpi di contatto senza molleggio singolo	9218
Potenza di attrito riferita a volume	9783		
		Ruota libera con corpi di contatto a molleggio singolo e cuscinetti a sfera integrato	9219
Potenza di attrito specifica superficiale	9782		
Potenza massima di ammortizzazione	9784	Ruota libera reversibile	9229
Pressione di innesto	9916	Ruote libere	9210
Pressione su superficie attrito	9915	Ruote libere con corpi di contatto a fasature sincrone, combinate con gabbie a sfere e a rulli integrati su entrambi i lati	9220
Prigioniero	9456		
Pulleggia a gole trapezoidali	9482		
Quantità totale olio refrigerante	9877		
		Scatola mozzo	9369
Raccordo orientabile	9458	Semigiunto	9300
Raggio	9611	Senza gioco	9641
Raggio curvatura	9612	Sfera	9322
Raggio equivalente di curvatura	9613	Spazio per apertua	9636
Raggio d'attrito medio	9901	Spazio per chiusura	9638
Rapporto del diametro della superficie di attrito	9897	Spessore delle lamelle	9902
		Spessore elemento di arresto	9631
Rigidezza angolare dinamica	9847	Spia di livello olio	9461
Rigidezza angolare statica	9846	Spina cilindrica	9419/9392
Rigidezza radiale dinamica	9845	Spina conica, con intagli longitudinali	9420
Rigidezza radiale statica	9844		
Rigidità assiale dinamica	9843	Spina di sicurezza	9352
Rigidità assiale statica	9842	Spina elastica	9428/9391
Rigidità torsionale dinamica	9841	Spirale logaritmica	9614
Rigidità torsionale statica	9840	Spostamento angolare albero	9835
Riscaldamento a vuoto	9913	Spostamento angolare (disassamento)	9832

Spostamento assiale	9830	Trascinatore a tubo	9337
Spostamento assiale albero	9833	Tubo collegamento	9335
Spostamento radiale	9831	Turbo giunto a denti	9037
Spostamento radiale albero	9834		
Superficie del pistone	9890	Usura superficie attrito	9920
Superficie attrito	9891		
Superficie attrito totale	9892	Valvola di sfiato	9343
Superficie di bloccaggio	9644	Valvola di sovra pressione	9347
Supporto	9366	Velocità angolare	9790
		Velocità angolare di sincronismo	9794
Tappo filettato	9377	Velocità angolare lato condotto	9792
Tappo fusibile di sicurezza	9473	Velocità angolare lato motore	9791
Targa di identificazione	9459	Velocità angolare massima	9795
Tasselli di spinta	9359	Velocità angolare relativa	9793
Temperatura olio refrigerante all'entrata	9911	Velocità di scorrimento su ruota centrale	9923
Temperatura olio refrigerante allo scarico	9910	Velocità di slittamento	9922
		Ventilazione per giunto	9918
Temperatura superficie attrito	9914	Ventilazione per superficie attrito	9919
Tempo di annullamento della coppia	9804	Viscosità cinematica	9883
Tempo di apertura	9808	Viscosità dinamica	9882
Tempo di inserimento	9802	Vite	9311
Tempo di risposta al disinnesto	9803	Vite a testa cilindrica	9427
Tempo frizione inserita	9807	Vite a testa esagonale	9426
Terminologia	9700	Vite di regolazione	9376
Termoindurente	9508	Vite di spurgo dell'aria	9478
Tirante a vite	9418	Vite di tenuta	9476
Traferro	9639	Vite esagonale	9466
Trascinatore ad albero	9348	Vite filettata senza testa	9303
Trascinatore albero	9350	Vite prigioniera	9362
Trascinatore flangia	9336	Vite riempimento olio	9479

Voorwoord

De Beroepsverenigingen van Europese fabrikanten van tandwielen en transmisie-organen hebben in 1969 een Komitee opgericht genaamd "Europees Komitee van Verenigingen van Fabrikanten van Tandwielen en Transmissie-organen", in 't kort "EUROTRANS".

Dit Komitee heeft tot doel:

a) de gemeenschappelijke technisch-commerciële vakproblemen te bestuderen;
b) de gemeenschappelijke belangen bij internationale organisaties te behartigen;
c) het specifieke vak op international vlak te bevorderen.

Het Komitee is een feitelijke vereniging, zonder rechtspersoonlijkheid noch winstoogmerk.

Volgende verenigingen zijn lid van EUROTRANS:

Fachgemeinschaft Antriebstechnik im VDMA
Lyoner Straße 18, D-6000 Frankfurt/Main 71,

Servicio Tecnico Comercial de Constructores de Bienes de Equipo (SERCOBE) –
Grupo de Transmision Mecanica
Jorge Juan, 47, E-Madrid-1,

UNITRAM – Union Nationale des Industries de Transmissions Mécaniques
39/41, rue Louis Blanc, F-92400 Courbevoie

FABRIMETAL – groupe 11/1 Section "Engrenages, appareils et organes de transmission"
21 rue des Drapiers, B-1050 Bruxelles

BGA – British Gear Association
St James's House, Frederick Road, Edgbaston, Birmingham B15 1JJ,

ASSIOT – Associazione Italiana Costruttori Organi di Trasmissione e Ingranaggi
Via Moscova 46/5, I-20121 Milano,

FME – Federatie Metaal-en Elektrotechnische Industrie
Postbus 190, NL-2700 AD Zoetermeer,

TGS – Transmissionsgruppen i Sverige, c/o Grossistförbundet. Svensk Handel,
Box 5512, S-114 85 Stockholm

Suomen Metalliteollisuuden Keskusliitto, Voimansiirtoryhmä
Eteläranta 10, SF-00130 Helsinki 13.

Het verheugt EUROTRANS met deze publikatie het laatste deel van een vijfdelig glossarium in acht talen (Duits, Spaans, Frans, Engels, Italiaans, Nederlands, Zweeds en Fins) i.v.m. de terminologie over tandwielen, tandwielkasten en transmissie-organen ter beschikking te kunnen stellen.

Het vijfde deel van dit glossarium werd samengesteld door een werkgroep van EUROTRANS, met de medewerking van ingenieurs en vertalers uit Duitsland, Spanje, Frankrijk, Groot-Brittanië, Italië, Nederland, België, Zweden en Finland. Het zal ertoe bijdragen de uitwisseling van informatie te vergemakkelijken, en zal de vaklui, die zich met gelijkaardige taken in hun respectieve landen bezighouden, helpen elkaar beter te verstaan en beter te leren kennen.

NL

Inleiding

Het onderhaving dokument bestaat uit:

acht alfabetische ééntalige trefwoordenlijsten aangevuld met synoniemen in het Duits, Spaans, Frans, Engels, Italiaans, Nederlands, Zweeds en Fins.

In elk vak bevinden zich, naast de tekening, de termen in deze acht talen. Elk vak begint met een rangnummer.

Wanneer men een term kent in één van de talen van het glossarium, kan men volstaan met de trefwoordenlijst te raadplegen in de betreffende taal en het nummer te noteren dat ernaast vermeld staat. Aan de hand van dit nummer zoekt men de overeenkomstige lijn in de synoptische tabel en zo vindt men de tekening en het ekwivalent van de term in de verschillende talen.

Men gaat op dezelfde wijze te werk bij synoniemen die met een asterisk aangeduid zijn. Indien bij een bepaald woord meer dan één nummer staat, dan kieze men het ekwivalent dat in het zinsverband past.

Voorbeeld: "Tandkoppelingen"

Zoek deze term in the Nederlandse trefwoordenlijst. U vindt het nummer 9023.

Zoek dit nummer in het glossarium: na de desbetreffende tekening vindt U als ekwivalent:

Duits	– Zahnkupplungen
Spaans	– Acoplamientos dentado
Frans	– Accouplement à denture
Engels	– Gear couplings
Italiaans	– Giunti a denti
Nederlands	– Tandkoppelingen
Zweeds	– Tandkopplingar
Fins	– Hammaskytkimet

De trefwoordenlijst van tandwielen is terug te vinden in deel 1, de termen over tandwielkasten en komponenten in deel 2, en de snelheidsvariatoren en komponenten in deel 3, tandwielfabricage en kwaliteitscontrole in deel 4.

Trefwoordenlijst aangevuld met synoniemen

Synoniemen = *

Aanloopfaktor	9849
Aanslagring	9365
Anloopkoppeling als V-riemschijf met of zonder koppelbegrenzing	9204
Aanloopkoppeling met of zonder koppelbegrenzing	9203
Aanspreekhoek van de torsiedemper	9628
Aanspreekkoppel van de torsiedemper	9730
Aanspreekkracht van de wrijvingsvlakken	9763
Aantal schakelingen per uur	9810
Aantal wrijvingsvlakken	9921
Afdichtingsbus	9342
Afsluitkap	9330
Afstandsbus	9425
Afstandsring	9424
Afstelelement	9399
Afstrijker*	9341
Aluminium	9511
Ankerschijf	9415
As	9314
Asafdichting	9483
Asbest	9523
Asdiameter	9606
Astap	9318
Axiaal-kracht	9770
Axiale afwijking	9830
Axiale asafwijking van de lagers	9833
Axiale drukschijf	9302
Axiale tandkoppeling	9010
Axiale veerstijfheid, dynamisch	9843
Axiale veerstijfheid, statisch	9842
Balg	9324
Bandkoppeling mit flens en breekpen	9089
Bandkoppeling met flens zonder breekpen	9090
Bandkoppelingen	9086
Bediende koppelingen	9106
Bekrachtigde koppelingen*	9106
Beproevingskoppel*	9706
Beugel met flens	9336
Beugel met tapeind	9337
Beugelveer-koppeling	9064
Bevestigingsring	9310
Binnendiameter	9603
Binnendiameter van de plunjer (of zuiger)	9899
Binnendiameter van de wrijvingsvlakken	9895
Binnenlamel	9368
Binnenrembaan	9647
Binnenring	9396/9447
Bladveerkoppeling	9068
Blokkeering	9395
Blokkenhelft	9357
Blokkoppeling met elastische torsiedempers	9083
Blokkoppeling met gevulkaniseerde tussenring	9096
Blokkoppeling met rollendempers	9084
Bodemplaat	9316
Breedte van de wrijvingsvlakken	9893
Breekpen	9352
Breekpenkoppeling	9191
Buigelastische blokkoppeling	9081
Buitendiameter	9602
Buitendiameter van de plunjer (of zuiger)	9898
Buitendiameter van de wrijvingsvlakken	9894
Buitenlamel	9367
Buitenrembaan	9646
Buitenring	9448
Buitenschijf	9397
Bus	9414
Centrifugaal-kogelkoppeling	9184
Centrifugaal-kogelkoppeling met schoepwiel	9186
Centrifugaal-koppeling met losse remschoenen	9181
Centrifugaal-koppeling met scharnierende remschoenen	9182
Centrifugaal-koppeling met verende remschoenen	9183
Centrifugaal-koppelingen	9180
Centrifugaal-kracht	9766
Centrifugaal-massa	9468
Centrifugaal-poederkoppeling met axiale schoepen	9185
Centrifugaal-poederkoppeling met rotor	9187
Cilinder	9454
Cilinderkopschroef	9427
Cilindermoer mit zaagsnede	9375

Cilindrische pen	9419	Dubbele scharnierkoppeling	9017
Cyclustijd	9809	Dubbele tandkoppeling met tussenas	9034
		Dubbelkonische veiligheids-	
Deelhoek	9624	koppeling	9200
Deksel	9452	Dubbelkonische veiligheidskoppeling	
Demper	9360	voor schijfmontage	9201
Demping	9884	Duromeer	9508
Diameter	9601	Duur van ontkoppeling	9811
Diameter van olietoevoer	9900	Dynamische schakelarbeid	9822
Dichting	9329	Dynamische torsiever-stijfheid	9841
Dikte van het klemelement	9631	Dynamische viskositeit (of absolute)	9882
Door drukmiddel bediende dubbel-		Dynamische wrijvingskoëfficiënt	9861
kegelkoppeling	9148		
Door drukmiddel bediende dubbel-		Eén-omwentelingskoppeling	9230
kegelkoppeling voor flensas	9149	Eénrijig radiaal kogellager	9431
Door drukmiddel bediende koppeling		Eindbegrenzing	9406
met rem verbonden	9147	Ekwivalente kromtestraal	9613
Door drukmiddel bediende koppe-		Elastisch kruisstuk (of sterstuk)	9356
lingen	9135	Elastische koppelingen	9057
Door drukmiddel bediende lamellen-		Elastische ring	9364
koppeling met axiaal toevoer	9138	Elastische schijfkoppeling	9094
Door drukmiddel bediende lamellen-		Elastomeer	9507
koppeling met bandkoppeling		Elektromagnetisch bediende koppe-	
verbonden	9146	lingen*	9155
Door drukmiddel bediende lamellen-		Elektromagnetische hysteresis-	
koppeling met drukveerrem	9140	koppeling	9259
Door drukmiddel bediende lamellen-		Elektromagnetische hysteresis-rem	9260
koppeling met radiaal toevoer	9139	Elektromagnetische koppelingen	9155
Door drukmiddel bediende plaat-		Elektromagnetische lamellen-koppeling	
koppeling met balg	9143	met sleepring, door flux door-	
Door drukmiddel bediende plaat-		stroomd	9167
koppeling met cilinders roterend		Elektromagnetische lamellen-koppeling	
verbonden	9144	met sleepring, niet door flux	
Door drukmiddel bediende plaat-		doorstroomd	9163
koppeling met konstante cilinder-		Elektromagnetische plaatkoppeling	
vulling	9145	met sleepring en regelbare	
Door drukmiddel bediende rem door		luchtspleet	9158
veerdruklamellen	9141	Elektromagnetische poederkoppeling	9174
Door drukmiddel bediende tand-		Elektromagnetische schijfkoppeling	
koppeling	9151	met sleepring	9156
Door drukmiddel bediende trommel-		Elektromagnetische schijfkoppeling	
koppeling met balg	9150	met sleepringrem en regelbare	
Draadgat	9480	luchtspleet	9159
Draagstuk	9366	Elektromagnetische spelingvrije	
Draaistijve koppelingen*	9013	veerdruk-rem	9176
Drijvende flens	9354	Elektromagnetische tandkoppeling	
Drijvende naaf	9467	met sleepring	9169
Druk op de wrijvingslakken	9915	Elektromagnetische veerdruk-	
Drukbout	9418	tandkoppeling met sleepring	9171
Drukgradient	9917	Enkele scharnierkoppeling	9016
Drukring	9388	Enkelvoudige kunststof boog-	
Drukschijf	9386	tandkoppeling	9025
Drukveer	9374	Enkelvoudige kunststof flens-boog-	
Dubbele boogtandkoppeling	9028	tandkoppeling	9026
Dubbele boogtandkoppeling met		Enkelvoudige tandkoppeling	9024
kunststof huls	9029	Evolvente-tandkrans	9353

Flens	9460	Hydrodynamische koppeling met	
Flensbandkoppeling voor demontage		elastische koppeling en remschijf	9240
zonder machineverplaatsing	9093	Hydrodynamische koppeling met	
Flensdiameter	9604	konstante vulling	9236
Flensnaaf	9401	Hydrodynamische koppeling met	
Flexible koppelingen*	9013	schepbuisregeling*	9238
Fosforbrons	9510	Hydrodynamische koppeling met	
Frekwentiefaktor	9848	schoepregeling	9238
		Hydrodynamische koppeling met	
Gebogen bladveer-koppeling	9062	veranderlijke vulling	9237
Gebogen hefboom	9408	Hydrodynamische koppeling voor	
Geflensde koppelas	9355	flensbevestiging	9239
Gegroefde as	9325	Hydrodynamische koppelingen	9235
Gemiddeld schakelkoppel	9718		
Gemiddeld toerental	9756	Inbouwhoogte	9632
Gemiddelde diameter van de		Inbouwlengte	9633
wrijvingsvlakken	9896	Indikator	9477
Gemiddelde wrijvingsstraal	9901	Induktiekoppeling met inwendige	
Gevulkaniseerde dubbel-band-		polen	9251
koppeling met flens	9092	Induktiekoppeling met sleepringen	9252
Gevulkaniseerde dubbel-schijf-		Ingaand toerental	9751
koppeling	9095	Ingaande hoeksnelheid	9791
Gevulkaniseerde enkel-band-		Ingangskoppel	9725
koppeling met flens	9091	Ingangstemperatur van koelolie	9911
Gevulkaniseerde tonkoppeling		Inrolhoek	9619
(verbonden type)	9100	Inschakelweg	9638
Gietstaal	9501	Instelhoek (Standhoek)	9625
Glasvezel-versterkt kunststof			
lamellen-koppeling	9054	Kap	9327
Gleufmoer	9433	Kardanassen	9019
Glijbus	9381	Kardanastap met flens	9334
Glijdende beugelas	9350	Kenmerkenplaat	9459
Glijhoek	9618	Kiepkoppel	9726
Glijsnelheid	9922	Kinematische viskositeit	9883
Glijsnelheid aan middelste wrijvings-		Klauwkoppeling met centreerbus	9014
wiel	9923	Klauwkoppeling met elastisch	
Grijs gietijzer met lamellair		tussenstuk	9079
grafiet*	9503	Klauwkoppeling met nokkenring	9080
		Klauwkoppeling met schroefvormige	
Hartlijn (of centraal)	9600	klauwen	9112
Hefboom	9378	Klauwkoppeling, in stilstand	
Hevelpin	9379	schakelbaar	9111
Hoek	9615	Klauwkoppelingen	9078
Hoekafwijking	9832	Klemelement	9442
Hoekafwijking van de lagers	9835	Klemelementkooi	9440
Hoeksnelheid	9790	Klemhoek	9620
Hoekveerstijfheid, dynamisch	9847	Klemkoppelbus	9007
Hoekveerstijfheid, statisch	9846	Klemring-koppeling	9006
Hoekverstelling	9629	Klemschijf	9371
Homokinetische koppeling	9022	Klemveerkoppeling	9129
Homokinetische schuifbare koppeling	9326	Koeloliestroom op de wrijvings-	
Hulphoek	9623	vlakken	9879
Hulskoppeling met spanbussen	9009	Koeloliestroom per koppeling	9878
Hulskoppeling met spanmoeren	9003	Kogel	9322
Hulskoppeling met spanringen	9005	Kogelkooi (-houder)	9320
Hydraulisch bediende koppelingen	9136		

NL

Kogellagerschakelring	9400	Lengte van het klemelement	9630
Kogelnaaf	9321	Licht gedoopte olie	9527
Kogelscharnier-koppeling	9018	Lipborgplaat	9434
Kogelveiligheidskoppeling	9192	Logaritmische spiraal	9614
Kolomschroef	9303	Luchtkoeling per koppeling	9918
Koncentrische schroefveer-koppeling	9065	Luchtkoeling per wrijvingsvlak	9919
Konische drukschijf	9409	Luchtspleet	9639
Konische gegroefde pen	9420	Luchtveerkoppeling	9098
Konische klembus (in naaf geduwd)	9486		
Konische klembus (naar naaf aangetrokken)	9485	Magnetische koppelingen	9250
Konische klemring-koppeling	9008	Massatraagheidsmoment	9735
Konische mofkoppeling*	9008	Massaversnellingskracht	9775
Konstruktiestaal	9505	Materiaal	9500
Kontinu wisselend koppel	9707	Maximaal dempingsvermogen	9784
Kooibreedte	9635	Maximaal koppel	9705
Koperlegering	9517	Maximale diameter	9605
Koppel	9701	Maximale hoeksnelheid	9795
Koppel bij breuk	9729	Maximale roldiameter	9607
Koppel onder stotende belasting	9712	Maximum toerental	9755
Koppeldiagram	9732	Mechanisch bediende koppelingen*	9107
Koppeling met doorlepende veer	9060	Mechanisch bediende lamellenkoppeling	9123
Koppeling met gedeelde band aan flens verschroefd	9088	Mechanisch bediende lamellenkoppeling met tandwielkast voor verbrandingsmotoren	9125
Koppeling met verschroefde band	9087		
Koppelingsflens	9351		
Koppelingshefboom	9390	Mechanisch bediende lamellenkoppeling voor verbrandingsmotoren	9124
Koppelingshelft	9300		
Koppelingshuis	9369		
Koppelingsmantel	9407	Mechanisch bediende plaatkoppeling	9113
Koppelingsnaaf	9331	Mechanisch bediende plaatkoppeling met luchtkoeling	9116
Koppelingspijp	9335		
Koppelingsring	9363/9328	Mechanisch bediende plaatkoppeling met oliekoeling	9118
Koppelingstijd	9802		
Koppelstijging	9734	Mechanisch bediende plaatkoppeling met superelastische bandkoppeling	9115
Koppelverloop	9733		
Kraagpen*	9462	Mechanisch bediende plaatkoppeling met V-riemschijf	9114
Kracht	9760		
Krachtrichting	9776	Mechanisch bediende plaatkoppeling met waterkoeling	9117
Kromtestraal	9612		
Kruisscharnier-koppeling	9015	Mechanisch schakelbare dubbel-kegelkoppeling voor flensmontage	9128
Kruisstuk	9338		
Kruisstukblok	9348	Mechanisch schakelbare inwendige dubbel-kegelkoppeling	9126
Kunststof	9520		
Kunststof tandkoppeling met één flexible naaf*	9025	Mechanisch schakelbare koppelingen	9107
Kunststofbus	9332	Mechanisch schakelbare trommelkoppeling	9130
		Mechanisch schakelbare uitwendige dubbel-kegelkoppeling	9127
Lagerbus	9340	Meenemernaaf	9423
Lagerring	9349	Meethoek	9617
Lamellair gietijzer	9503	Membraam	9307
Lamellen-slipkoppeling	9197	Membraam met uitsparing	9306
Lamellensterkte (dikte)	9902	Metaallamellen-koppeling	9052
Lastmoment	9723	Metaallamellen-koppeling met tussenstuk	9050
Leder	9522		

Metaallamellen-koppeling met tweedelige tussenstuk	9051
Middellijn*	9601
Middelpuntlijn*	9600
Middelvliegende kracht*	9766
Naaf	9405
Naafhuls	9344
Naaflengte	9634
Naaldlager	9432
Niet-schakelbare koppelingen	9000
Nodulair gietijzer	9504
Nodulair gietijzer met sferoïdaal grafiet*	9504
Nokkenmoer	9382
Nokkenpen	9384
Nokkenring	9309
Nokkenschijf	9383
Nominaal ingaand koppel	9702
Nominaal koppel	9704
Nominaal koppel van de last	9708
Nominaal uitgaand koppel	9703
Normaal koppel	9722
Normaal-kracht	9768
Nullastkoppel	9716
Nullasttoerental	9757
Nullastverwarming	9913
Nylon	9521
O-ring	9403
Oldam-koppeling voor laag toerental	9048
Olie	9525
Olie-aanwijzer*	9477
Oliedruk-mofkoppeling	9004
Oliepeilglas	9461
Omkeerbare vrijloopkoppeling	9231
Omschakelbare vrijloop (met reaktiestang)	9229
Omspannenhoek	9627
Omtrekskracht*	9769
Ongedoopte olie	9526
Ontkoppelkracht	9762
Ontkoppeltijd	9805
Ontluchtingsschroef	9478
Ontluchtingsventiel	9343
Open veerring	9402
Openingstijd	9808
Oplegkracht	9771
Opsluitring	9361
Opsluitschijf	9481
Opsluitschroef	9476
Opspanbeugel	9319
Organische bekleding	9516
Oscillerend koppel*	9727
Over te brengen koppel	9720
Overdrukventiel	9347
Overgangsschakel-frekwentie per uur	9871
Pakket drukelementen	9359
Papierbekleding	9515
Parallelogram-koppeling	9049
Pasbout	9311
Pen	9392
Pennenhelft	9358
Pennenkoppeling	9071
Pennenkoppeling met axiale begrenzing	9074
Pennenkoppeling met lamellen-koppeling	9076
Pennenkoppeling met remschijf	9072
Pennenkoppeling met torsie-elastische tussenring	9073
Pennenkoppeling, in stilstand schakelbaar	9075
Permanent hysteresis magnetische koppeling	9255
Permanent magnetische koppeling	9254
Permanent magnetische schijf-koppeling	9257
Permanent magnetische tand-koppeling	9258
Permanent magnetische wervel-stroomkoppeling	9256
Piekkoppel van de last	9709
Plaatslipkoppeling	9195
Plunjer (Zuiger)	9404
Plunjerkracht	9765
Pneumatisch bediende koppelingen	9137
Pneumatisch bediende lamellen-koppeling voor verbrandings-motoren	9142
Polymeer	9518
Pompwiel	9472
Radiaal-kracht	9773
Radiale afdichtring	9430
Radiale afwijking	9831
Radiale asafwijking van de lagers	9834
Radiale asdichting	9345
Radiale veerstijfheid, dynamisch	9845
Radiale veerstijfheid, statisch	9844
Reaktiekracht van de veren	9764
Reaktietijd bij ontkoppeling	9803
Reaktievertraging bij koppeling	9800
Rechte klembus met spiebaan en kraag	9488
Regelbaar ingaand koppel	9710
Regelbaar uitgaand koppel	9711
Relatief toerental	9754
Relatieve hoeksnelheid	9793
Rembaan	9643

NL

Remkurve	9645	Schroefveer-koppeling, veer in naaf	
Remrichting	9642	verzonken	9066
Remschijf	9313	Schuifbus	9416
Remvlak	9644	Set (integrale) ringlamellen	9305
Resonantiefaktor	9852	Set segmentlamellen-ringen	9304
Ring	9422	Sinterbrons	9512
Ringtrekveer	9465	Sinterijzer	9513
Ringveer	9441	Sinterkeramiek	9514
Rol	9393	Sleepkooiring	9443
Rolketting-koppeling	9046	Sleepringloos elektromagnetische	
Rollager	9449	lamellen-koppeling, door flux	
Rollen-vrijloopkooi	9211	doorstroomd	9168
Rollenkoppeling	9045	Sleepringloos elektromagnetische	
Rotatiediameter	9608	lamellen-koppeling, niet door flux	
Rubber	9519	doorstroomd	9164
Rubberband-koppelingen *	9086	Sleepringloos elektromagnetische	
		lamellen-veerdrukrem, niet door	
Schaalkoppeling *	9007	flux doorstroomd (wisselstroom)	9166
Schakelarbeid	9820	Sleepringloos elektromagnetische	
Schakelarbeid aan de vlakken	9825	plaatrem met veerdruk	9160
Schakelarbeid aan de vlakken		Sleepringloos elektromagnetische	
per uur	9826	schijfkoppeling	9157
Schakelarm	9437	Sleepringloos elektromagnetische	
Schakelas	9438	tandkoppeling	9170
Schakelbare klauw-veiligheids-		Sleepringloos elektromagnetische	
koppeling	9202	veerdruk-tandkoppeling	9173
Schakelbare koppelingen	9105	Sleepringloos en zelfinstellend	
Schakelbare membraan-		2-polig elektromagnetische schijf-	
veerkoppeling	9120	koppeling	9161
Schakelbare plaatkoppeling met		Sleepringloos en zelfinstellend	
torsiedempers	9122	4-polig elektromagnetische schijf-	
Schakelbare schroefveer-koppeling	9121	koppeling (voor flensas)	9162
Schakelbus	9389	Sleepringloze wervelstroom-	
Schakeldruk	9916	koppeling	9253
Schakelfrekwentie per uur	9870	Slijtage van wrijvingsvlakken	9920
Schakelhefboom	9439	Slip-veiligheidskoppeling	9196
Schakelhoek	9621	Slipkoppel	9724
Schakelkoppel	9717	Slipkoppeling met cilindrische	
Schakelkoppelingen voor voertuigen	9119	remschoen	9199
Schakelkracht	9761	Slipkoppeling met dubbelkonische	
Schakelringpen	9464	remschoenen	9198
Schakelstang *	9437	Slipnaaf	9193
Schakelweg	9648	Sliptijd	9806
Scharnieras met synchronisatie	9021	Sluitingstijd	9807
Schijf	9453	Smeerinterval	9530
Schoepenwiel	9474	Smeermiddel	9524
Schommelend koppel	9727	Smeernippel	9346
Schotelveer	9398	Smeltveiligheidschroef	9473
Schouderbus	9457	Snelheisbegrenzende koppeling	9205
Schouderpen	9462	Spanring	9339
Schraper	9341	Spanstift	9428/9391
Schroefdop	9377	Specifieke warmtekapaciteit	
Schroefdop voor olievulling	9479	van olie	9875
Schroefring	9372	Specifieke warmtekapaciteit	
Schroefstift	9456	van staal	9876
Schroefveer-koppeling uit eén stuk	9067	Speling	9640

Spelingvrij	9641	Tapeind	9362
Spie	9380	Telescopische kardaans	9020
Spoel	9417	Temperatuur van de wrijvings-	
Spoelbehuizing	9413	vlakken	9914
Staal	9509	Temperatuurfaktor	9850
Stalen membraan-koppeling in flens		Temperatuursverhoging	9912
uitvoering	9053	Terminologie	9700
Statische schakelarbeid	9821	Termische schakelaar	9475
Statische torsieveer-stijfheid	9840	Termoverharder*	9508
Statische wrijvingskoëfficient	9862	Testkoppel	9706
Steekcirkel-diameter van de gaten	9609	Tijd van de koppeldaling	9804
Stelmoer	9376/9370	Tijd van de koppelstijging	9801
Stelring	9387	Toelaatbare schakelarbeid	9823
Sterk gedoopte olie	9528	Toelaatbare schakelarbeid bij	
Steunring	9394	éénmaal schakelen	9824
Stootfaktor	9853	Toerental	9750
Straal	9611	Toerentalfaktor	9851
Synchrone hoeksnelheid	9794	Torsie-elastische blokkoppeling	9082
Synchronisatiekoppel	9719	Torsiehoek*	9626
Synchroon toerental	9753	Torsiekoppeling met schroefveer	9063
		Torsiestijve koppelingen	9013
Tandketting-koppeling	9047	Totaal wrijvingsvlak	9892
Tandkoppeling met breekpen-		Totale hoeveelheid koelolie	9877
koppeling	9036	Traagheidsmoment van de vlakken	9736
Tandkoppeling met centrale mof	9031	Traagheidsmoment, ingangszijde	9737
Tandkoppeling met dubbel-flexibele		Traagheidsmoment, koppelinszijde	9739
naaf*	9028	Traagheidsmoment, uitgangszijde	9738
Tandkoppeling met één flexibele		Transport-beveiling	9435
naaf*	9024	Turbo-tandkoppeling	9037
Tandkoppeling metééndelige mof	9032	Tussenas	9333
Tandkoppeling met elektrisch		Tussenlaag	9470
isolerend tussenschijf	9042	Tussenschijf	9308
Tandkoppeling met kunststof flens*	9026	Tussenstuk	9315
Tandkoppeling met kunststof huls-		Tussenwand	9463
verbinding en twee flexibele			
naven*	9029	Uitgaand toerental	9752
Tandkoppeling met kunststofhuls,		Uitgaande hoeksnelheid	9792
in stilstand schakelbaar	9110	Uitgangskoppel	9721
Tandkoppeling met mofverbinding*	9031	Uitgangstemperatuur van koelolie	9910
Tandkoppeling met opgebouwd		Uitschakelweg	9636
tussenstuk	9030	Uitwendig lichaam	9412
Tandkoppeling met remtrommel	9035		
Tandkoppeling met snelle ont-		V-riemschijf	9482
koppeling	9043	Vaste flenskoppeling	9002
Tandkoppeling met tweedelige mof	9033	Vaste koppelingen	9001
Tandkoppeling met verschuifbare		Veer-voorspanningskracht	9774
naaf	9041	Veerborgring	9429
Tandkoppeling voor vertikale op-		Veerhouderschijf	9373
stelling	9038	Veerkoppeling met doorlopende veer	9069
Tandkoppeling voor walswerk-		Veerkoppeling met meerdere veren	9070
motoren	9040	Veerkoppelingen	9058
Tandkoppeling, in stilstand		Veerkracht	9767
schakelbaar	9039	Veiligheidskoppelingen	9190
Tandkoppelingen	9023	Verdraaibare verbinding	9458
Tandkrans	9385	Verdraaiingshoek	9616
Tangentiaal-kracht	9769	Veredeld gietstaal	9502

NL

Veredeld staal	9506	Vrijloopklauwkoppeling	9227
Verende pen*	9391	Vrijloopkooi met nokken op de	
Vergrotingsfaktor	9854	buitenring en individueel-veerdruk	
Verhouding van de wrijvingsvlak-		klemrollen	9212
diameters	9897	Vrijloopkooi met nokken op de	
Vermogen	9780	binnenring en individueel-veerdruk	
Versnellingskoppel	9714	klemrollen	9213
Vertragingskoppel	9715	Vrijloopkoppeling met palrad	9228
Verzonken schroef	9466	Vrijloopkoppelingen	9210
Vet	9529	Vulling	9421
Vlakke afdichting	9455		
Vóórspanningsveer (3-dimensioneel)	9446		
Vouwbalg*	9324	Warmteafvoer-koëfficient,	
Vrijloop	9450	open schakkeling	9880
Vrijloop met centrifugaal-naar		Warmteafvoer-koëfficient,	
binnenwerkende klemelementen	9224	gesloten schakkeling	9881
Vrijloop met centrifugaal-naar		Weerstandsmoment	9740
buitenwerkende klemelementen	9225	Wentellager	9411
Vrijloop met individueel-veerdruk		Werkluchtspleet	9637
klemelementen met dubbele kooi	9226	Wisselend koppel	9713
Vrijloop met individueel-veerdruk		Wrijvingsarbeid per uur	9828
klemelementen met kooi	9223	Wrijvingsarbeid voor het volume	9827
Vrijloop met individueel-veerdruk		Wrijvingsbekleding	9469
klemelementen zonder kooi	9222	Wrijvingsdiameter	9610
Vrijloop met individueel-veerdruk		Wrijvingshoek	9626
klemelement en lagering	9219	Wrijvingskoëfficient	9860
Vrijloop met individueel-veerdruk		Wrijvingskoppel	9728
klemelementkooi en zijdelings-		Wrijvingskoppel van torsiedemper	9731
radiale lagers	9220	Wrijvingskracht	9772
Vrijloop met klemrollen zonder		Wrijvingsring	9410
veerdruk	9217	Wrijvingsvermogen	9781
Vrijloop met kollektief-veerdruk		Wrijvingsvermogen aan de vlakken	9782
klemrollenkooi	9216	Wrijvingsvermogen door het volume	9783
Vrijloop met ringveerdruk klem-		Wrijvingsvlak	9891
elementen zonder kooi	9221		
Vrijloop-krans met kollektief-			
veerdruk klemelementen	9218	Zeskantbout	9426
Vrijloophuls-koppeling met individueel-		Zeskantmoer	9301
veerdruk klemrollenkooi	9214	Zuigerkracht*	9765
Vrijloophuls-koppeling met tonlagers		Zuigeroppervlak	9890
aan beide zijden	9215	Zwemhoek	9622

Förord

De europeiska kuggväxel och transmissionsdelstillverkarnas fackförbund grundade år 1969 en kommitté under namnet "Den europeiska fackförbundskommitten för kuggväxel och transmissionsdelstillverkare", kort kallad EUROTRANS.

Kommittén har som uppgift:

a) att studera gemensamma ekonomiska och tekniska fackproblem
b) att företräda gemensamma intressen gentemot internationella organisationer
c) att befrämja fackområdet på ett internationellt plan

Kommittén är en sammanslutning utan juridisk person och utan avseende på vinst.

Medlemsförbunden inom EUROTRANS är:

Fachgemeinschaft Antriebstechnik im VDMA
Lyoner Straße 18, D-6000 Frankfurt/Main 71,

Servicio Tecnico Comercial de Constructores de Bienes de Equipo (SERCOBE) – Grupo de Transmision Mecanica
Jorge Juan, 47, E-Madrid-1,

UNITRAM – Union Nationale des Industries de Transmissions Mécaniques
39/41, rue Louis Blanc, F-92400 Courbevoie

FABRIMETAL – groupe 11/1 Section "Engrenages, appareils et organes de transmission"
21 rue des Drapiers, B-1050 Bruxelles

BGA – British Gear Association
St James's House, Frederick Road, Edgbaston, Birmingham B15 1JJ,

ASSIOT – Associazione Italiana Costruttori Organi di Trasmissione e Ingranaggi
Via Moscova 46/5, I-20121 Milano,

FME – Federatie Metaal-en Elektrotechnische Industrie
Postbus 190, NL-2700 AD Zoetermeer,

TGS – Transmissionsgruppen i Sverige, c/o Grossistförbundet. Svensk Handel,
Box 5512, S-114 85 Stockholm

Suomen Metalliteollisuuden Keskusliitto, Voimansiirtoryhmä
Eteläranta 10, SF-00130 Helsinki 13.

EUROTRANS har med detta verk nöjet att presentera den femte delen i en ordboksserie om sammanlagt fem band på åtta språk (tyska, spanska, franska, engelska, italienska, holländska, svenska och finska) ägnade åt kugghjul, växlar och transmissionselement.

Detta band har utarbetats av en arbetsgrupp inom EUROTRANS i samarbete med ingenjörer och översättare från Tyskland, Spanien, Frankrike, England, Italien, Holland, Belgien, Sverige och Finland. Det skall underlätta det ömsesidiga internationella informationsutbytet inom kuggväxelområdet samt erbjuda möjlighet för personer inom samma fack att bättre förstå och lära känna varandra.

S

Inledning

Föreliggande verk omfattar

åtta alfabetiska register inklusive synonymer på tyska, spanska, franska, engelska, italienska, holländska, svenska och finska.

I ordboken finner man vid bilden av begreppet termen på de åtta språken. Varje bild har sitt kodnummer i kanten.

Om man till ett uppslagsord, som är givet på ett av de åtta språken i ordlistan, söker efter översättningen på något av de andra sju språken, så behöver man endast ta reda på kodnumret i registret. Man finner då översättningen under detta nummer i ordboken.

Samma förfarande gäller synonymer vilka är markerade med en *. Om ett ord har flera nummer i det alfabetiska registret, så får sammanhanget avgöra översättningen.

Exempel: "Tandkopplingar"

Sök upp ordet i det svenska registret och Ni finner nr 9023.

Sök nu upp nr 9023 i ordboken och Ni återfinner avbildningen liksom även termen på:

tyska	– Zahnkupplungen
spanska	– Acoplamientos dentado
franska	– Accouplement à denture
engelska	– Gear couplings
italienska	– Giunti a denti
holländska	– Tandkoppelingen
svenska	– Tandkopplingar
finska	– Hammaskytkimet

Termer för kugghjul återfinnes i band 1 och för kuggväxlar med komponenter i band 2. Termer för variatorer återfinnes i band 3. Termer för produktion och kontroll av kugghjul återfinnes i band 4.

S

Alfabetisk ordlista med synonymer

Synonymer = *

Accelerationsmoment	9714	Backspärr med klämkroppar och	
Aluminium	9511	gemensam fjäder, utan hållare	9221
Ankarskiva	9415	Backspärr med klämkroppar och	
Antal friktionsytor	9921	fjäderpåverkade rullar samt	
Antal inkopplingar per h	9810	sidoordnad lagring	9220
Arbetsluftspalt	9637	Backspärrar	9210
Arm	9378	Begränsningsring	9365
Armbult *	9379	Bladfjäderkoppling *	9068
Asbest	9523	Bomaxel *	9325
Avluftningsskruv	9478	Bomaxel med gaffel *	9350
Avstrykare	9341	Bottenplatta	9316
Avståndsstyrda kopplingar	9106	Bromstrumma	9313
Axel	9314	Brottmoment	9729
Axeldiameter	9606	Brytpinne	9352
Axeldistans i vinkel	9835	Brytpinnekoppling	9191
Axeltapp	9318	Bryttid *	9805
Axeltätring	9483	Buffert	9360
Axialfjäderstyvhet, dynamisk	9843	Bygelfjäderkoppling	9064
Axialfjäderstyvhet, statisk	9842	Byggstål *	9505
Axialförsättning	9830	Bussning	9414
Axialkraft	9770	Bågfjäderkoppling	9062
Axialskruvfjäderkoppling med 2 nav och fjäder	9066	Bälg	9324
Axialtryckskiva *	9302	Centrifugalkoppling med drag-	
Axiell axeldistans	9833	fjädrar	9183
Axiell tandkoppling	9010	Centrifugalkoppling med kulor	9184
Axiellt axelavstånd *	9833	Centrifugalkoppling med ledade	
Axiellt förskjutbar drivknut för konstant vinkelhastighet (homokinetisk)	9326	backar	9182
		Centrifugalkoppling med lösa backar	9181
		Centrifugalkopplingar	9180
		Centrifugalkraft	9766
		Centrifugalvikt	9468
Backspärr med fjäderpåverkade klämkroppar, inre centrifugalkraftupphävande och en hållare	9224	Centrumlinje	9600
		Cylinder	9454
		Cylindrisk pinne	9419
Backspärr med fjäderpåverkade klämkroppar, yttre centrifugalkraftupphävande och en hållare	9225	Cylindriskt flänsnav med kilspår	9488
Backspärr med fjäderpåverkade klämkroppar och inbyggd lagring	9219	Dammskydd *	9324
		Delvinkel	9624
Backspärr med fjäderpåverkade klämkroppar och en hållare	9223	Diameter	9601
		Distansbussning	9425
Backspärr med fjäderpåverkade klämkroppar och två hållare	9226	Distansring	9424
		Dragfjäder	9465
Backspärr med fjäderpåverkade klämkroppar utan hållare	9222	Drivande nav	9467
		Dubbel korslänk	9017
Backspärr med klinka	9228	Drivande fläns	9354
Backspärr med klämkroppar, hållare och gemensam fjäder	9218	Dubbel tandkoppling med hylsa av konstmaterial	9029

Dubbel vulkaniserad flänsringkoppling	9092
Dynamisk vridfjäderstyvhet	9841
Dynamisk viskositet	9882
Dynamiskt kopplingsarbete	9822
Dämpare*	9360
Dämpning	9884
Effekt	9780
Ekvivalent krökningsradie*	9613
Ekvivalent kurvradie	9613
Elastisk ring	9364
Elastiska kopplingar	9057
Elastiskt kors	9356
Elastomer	9507
Elektromagnetisk hysteresisbroms	9260
Elektromagnetisk hysteresiskoppling	9259
Eletromagnetiskt styrd fjädertrycksbroms utan spel och släpring	9176
Elektromagnetisk (växelström) fjädertrycksbroms utan släpring och ej magnetiskt genomflutna lameller	9166
Elektromagnetisk styrd kopplingbromskombination med en yta, luftspalt och släpring	9159
Elektromagnetisk styrd lamellbroms med fjädertryck, luftspalt och utan släpring	9160
Elektromagnetiskt styrd lamellkoppling med en yta, luftspalt och släpring	9156
Elektromagnetiskt styrd lamellkoppling med en yta, luftspalt och utan släpring	9157
Elektromagnetisk styrd lamellkoppling med luftspalt och släpring	9158
Elektromagnetiskt styrd lamellkoppling med släpring och magnetiskt genomflutna lameller	9167
Elektromagnetiskt styrd lamellkoppling med släpring och ej magnetiskt genomflutna lameller	9163
Elektromagnetiskt styrd lamellkoppling utan släpring och med magnetiskt genomflutna lameller	9168
Elektromagnetiskt styrd lamellkoppling utan släpring och med ej magnetiskt genomflutna lameller	9164
Elektromagnetiskt styrd magnetpulverkoppling	9174
Elektromagnetiskt styrd tandkoppling med fjädertryck och släpring	9171
Elektromagnetiskt styrd tandkoppling med fjädertryck och utan släpring	9173
Elektromagnetiskt styrd tandkoppling med släpring	9169
Elektromagnetiskt styrd tandkoppling utan släpring	9170
Elektromagnetisk styrd 2-polig koppling med en yta, utan luftspalt och släpring	9161
Elektromagnetisk styrd 4-polig koppling med en yta, utan luftspalt och släpring	9162
Elektromagnetiskt styrda kopplingar	9155
Enkel flänstandkoppling av konstmaterial	9026
Enkel korslänk	9016
Enkel membrankoppling	9052
Enkel membrankoppling med medbringare	9053
Enkel tandkoppling	9024
Enkel tandkoppling av konstmaterial	9025
Enradigt spårkullager	9431
Envarvskoppling	9230
Evolventtandad ring	9353
Fasta kopplingar	9001
Fett	9529
Fjäderbandkoppling	9060
Fjäderbladkoppling	9068
Fjäderbricka	9402
Fjäderhållarskiva	9373
Fjäderkoppling med enkla fjädrar	9070
Fjäderkopplingar	9058
Fjäderkraft	9767
Fjäderns återställningskraft	9764
Fjäderns återgångskraft*	9764
Fjäderpinne	9391
Fjädringskraft	9774
Fjäderkraft för inkoppling*	9774
Fjädertrycksbroms med tryckmediumstyrd frikoppling	9141
Flerlagrad skruvfjäderkoppling	9065
Fläns	9460
Flänsdiameter	9604
Flänsnav	9401
Fosforbrons	9510
Frekvensfaktor	9848
Frihjul	9450
Frihjul*	9210
Frikopplande axialklokoppling	9202
Friktionsarbete per h	9828
Friktionsbelägg	9469
Friktionsdiameter	9610
Friktionseffekt	9781
Friktionskoefficient	9860
Friktionskraft	9772

S

Friktionsmoment	9728	Honhalva	9357
Friktionsring	9410	Hydrauliskt styrda kopplingar	9136
Friktionstal*	9860	Hydrodynamisk koppling för fläns-	
Friktionsvinkel	9626	montering	9239
Friktionsyta	9891	Hydrodynamisk koppling med elastisk	
Friktionsytans anpressningskraft*	9763	koppling och bromstrumma	9240
Friktionsytans bredd	9893	Hydrodynamisk koppling med	
Friktionsytans diameter-		konstant fyllning	9236
förhållande	9897	Hydrodynamisk koppling med	
Friktionsytans förslitning	9920	reglerbar fyllning	9237
Friktionsytans innerdiameter	9895	Hydrodynamisk koppling med skovel-	
Friktionsytans medeldiameter	9896	reglering	9238
Friktionsytans temperatur	9914	Hydrodynamiska kopplingar	9235
Friktionsytans tryck	9915	Hylsa*	9340
Friktionsytans tryckkraft	9763	Hylsa av konstmaterial	9332
Friktionsytans ytterdiameter	9894	Hylsbackspärr med fjäderpåverkade	
Friktionsytberoende kyloljemängd	9879	rullar och med hållare	9214
Funktionstid vid inkoppling*	9802	Hylsbackspärr med sidoordnad	
Funktionstid vid urkoppling	9803	lagring	9215
Fyllmassa*	9421	Hylskoppling med förskruvning	9003
Fäste	9366	Hylskoppling med hydraulisk	
Förbindingsrör	9335	montering	9004
Fördröjning vid inkoppling	9800	Hylskoppling med konisk spännsats	9009
Fördröjningsmoment	9715	Hylskoppling med mekanisk kom-	
Förstoringsfaktor	9854	pression	9006
Försänkt skruv	9466	Hylskoppling med spännringar	9005
Förvridningsvinkel	9616	Hålcirkeldiameter	9609
		Hållarbredd	9635
Gaffel med rör	9337	Hållare för backspärr med inner-	
Gjutjärn med lamellgrafit	9503	stjärna och fjäderpåverkade	
Gjutmassa	9421	rullar	9213
Gjutstål*	9501	Hållare för rullbackspärr	9211
Glidhastighet	9922	Hållare för rullbackspärr med	
Glidhastighet vid medeldiametern	9923	separata fjädrar och ytterstjärna	9212
Glidlagrad hylsa	9381	Hållarring	9361
Glidfriktionskoefficient	9861		
Gummi	9519	Icke urkopplingsbara kopplingar	9000
Gummiringkoppling	9087	Inbyggnadshöjd	9632
Gummiringkoppling med axiellt		Inbyggnadslängd	9633
utbytbara ringar	9093	Indikator	9477
Gummiringkoppling med enkel ring		Induktionskoppling med inre pol-	
och medbringarfläns	9088	kroppar	9251
Gummiringkoppling med medbringar-		Induktionskoppling med släpring	9252
säkring	9089	Ingående kyloljetemperatur	9911
Gummiringkoppling utan medbringar-		Ingående moment	9725
säkring	9090	Ingående varvtal	9751
Gummiringkopplingar	9086	Ingående vinkelhastighet	9791
Gummiskivkoppling	9073	Inkopplingskraft	9761
Gängad ring	9372	Inkopplingstid	9807
Gängat stift	9456	Inkopplingsväg	9638
Gänginsats*	9480	Innerdiameter	9603
		Innerlamell	9368
Hastighetsbegränsare*	9205	Innerring	9447
Hastighetsvakt	9205	Inre klämbana	9647
Hanhalva	9358	Inrullningsvinkel	9619
Hjälpvinkel	9623	Insatsgänga	9480

Justeringselement	9399	Konisk räfflad pinne	9420
Justeringsring	9387	Konstruktionsstål	9505
Järnsinter	9513	Kontinuerligt växlande vridmoment	9707
		Kopparlegering	9517
Kabelmassa*	9421	Koppling med skovelhjul och kulor	9186
Kappa	9327	Kopplingsarbete	9820
Kardanaxel med konstant vinkel-		Kopplingsfläns	9351
hastighet*	9021	Kopplingsfrekvens per h	9870
Kardanaxel med längdutjämning	9020	Kopplingshalva	9300
Kardanaxlar	9019	Kopplingshylsa	9310, 9389
Kardanfläns med gaffel	9336	Kopplingskombination pinn-membran-	
Kardanknut	9348	koppling	9076
Kardanknut med fläns	9334	Kopplingslänk	9390
Kedjekoppling med rullkedja	9046	Kopplingsmoment	9717
Kedjekoppling med tandkedja	9047	Kopplingsnav	9331
Kil	9380	Kopplingsring	9328, 9363, 9416
Kilremskiva	9482	Kopplingsringpinne	9464
Kinematisk viskositet	9883	Kopplingstrumma	9407
Kippmoment*	9726	Kopplingstryck	9916
Klobackspärr	9227	Kopplingsvinkel	9621
Klodel*	9358	Kopplingsväg	9648
Klokoppling, elastisk torsions-		Korslänkkoppling	9015
dämpning	9083	Korsskivekoppling	9048
Klokoppling, styrd i stillestånd	9111	Krafter	9760
Klokoppling med elastiskt kors	9079	Kraftriktning	9776
Klokoppling med elastik ring	9080	Kragbult	9462
Klokoppling med styrhylsa	9014	Kragbussning	9457
Klokopplingar	9078	Krökningsradie*	9612
Klospiralkoppling	9112	Kuggkrans*	9385
Klotskoppling, kutstyp*	9081	Kula	9322
Klotskoppling, skjuvtyp	9081	Kulhållare	9320
Klotskoppling, kompressionstyp	9082	Kulkoppling med konstant vinkel-	
Klotskoppling med kompressions-		hastighet	9021, 9022
kutsar*	9082	Kullagrad kopplingshylsa	9400
Klotskoppling med rullar	9084	Kullänk	9018
Klämbana	9643	Kulnav	9321
Klämkil*	9442	Kulsäteskoppling	9192
Klämkilhållare*	9440	Kurvradie	9612
Klämkropp	9442	Kyloljemängd per koppling	9878
Klämkroppshållare	9440		
Klämkroppslängd	9630	Lagerhylsa	9340
Klämkroppstjocklek	9631	Lamellkoppling med kylflänsar*	9116
Klämkurva	9645	Lamellkoppling med oljekylning*	9118
Klämriktning	9642	Lamellkoppling med torsions-	
Klämskiva	9371	dämpning	9122
Klämvinkel	9620	Lamellslirkoppling	9195
Klämyta	9644	Lamelltjocklek	9902
Knutkors	9338	Lastfordonskopplingar	9119
Kolv	9404	Lastmoment	9723
Kolvens innerdiameter	9899	Lastmomentspärr	9231
Kolvens ytterdiameter	9898	Lock	9452
Kolvkraft	9765	Logaritmisk spiral	9614
Kolvyta	9890	Luftfjäderkoppling	9098
Konisk klämbussning med		Luftkyld lamellkoppling	9116
dragskruvar	9485	Luftningsventil	9343
Konisk klämbussning med halvgängor	9486	Luftspalt	9639

S

Låsbleck	9395	Membranpaket	9306
Låsbleck med vikarm	9434	Min. varvtal	9756
Låsring	9339, 9429	Moment*	9701
Låsskiva*	9371	Momentets minskningstid	9804
Låsskruv	9476	Momentets stegringstid	9801
Läder	9522	Motståndsmoment	9740
Länkarmkoppling	9049	Märkmoment*	9704, 9722
Länkbult	9379	Märkmoment, ingående sida	9702
Länklamellpaket	9304	Märkskylt	9459
		Mätvinkel	9617
Magnetiska kopplingar	9250		
Manöverarm	9437	Nav	9405
Manöveraxel	9438	Navhus	9369
Manöverspak	9439	Navhylsa	9344
Massaccelerationskraft	9775	Navlängd	9634
Masströghetsmoment	9735	Nockring	9309
Material	9500	Nominellt moment	9704
Max. diameter	9605	Nominellt moment, utgående sida	9708
Max. dämpningseffekt	9784	Normalkraft	9768
Max. rulldiameter	9607	Normalmoment	9722
Max. varvtal	9755	Nylon	9521
Max. vinkelhastighet	9795	Nållager	9432
Max. vridmoment	9705		
Meanderfjäderlindning	9446	Oldham koppling*	9048
Medelfriktionsradie	9901	Olja	9525
Medbringarnav	9423	Olja med liten tillsatsmängd	9527
Medium kopplingsmoment	9718	Olja med stor tillsatsmängd	9528
Mekaniskt styrd dubbelkonkoppling	9126, 9127	Olja utan tillsats	9526
		Oljans specifika värmekapacitet	9875
Mekaniskt styrd dubbelkonkoppling för flänsmontering	9128	Oljekyld lamellkoppling	9118
		Oljeplugg	9479
Mekaniskt styrd dubbellamellkoppling med högelastisk gummiringkoppling	9115	Oljeståndsglas	9461
		Oljetillförselns diameter	9900
		Omfattningsvinkel	9627
Mekaniskt styrd dubbellamellkoppling med kilremskiva	9114	O-Ring	9403
		Organiskt belägg	9516
Mekaniskt styrd lamellkoppling	9123		
Mekaniskt styrd lamellkoppling för förbränningsmotorer	9124	Pappersbelägg	9515
		Passkruv	9311
		Pendelvridmoment	9727
Mekaniskt styrd lamellkoppling med kuggväxel för förbränningsmotorer	9125	Permanentmagnetisk hystereiskoppling	9255
Mekaniskt styrd trumkoppling	9130	Permanentmagnetisk koppling	9254
Mekaniskt styrda kopplingar	9107	Permanentmagnetisk koppling med en yta	9257
Mellanaxel	9333		
Mellanflänsaxel	9355	Permanentmagnetisk tandkoppling	9258
Mellanlägg	9470	Permanentmagnetisk virvelströmskoppling	9256
Mellanskiva	9308, 9396		
Mellanstycke	9315	Pinne	9392
Membran	9307	Pinnkoppling	9071
Membrankoppling med delad mellanhylsa	9051	Pinnkoppling med begränsat axialspel	9074
		Pinnkoppling med bromstrumma	9072
Membrankoppling med glasfiberförstärkta medbringare	9054	Pinnkoppling styrd i stillestånd	9075
Membrankoppling med mellanhylsa	9050	Pinnskruv	9362
Membranfjäderkoppling	9120	Plantätning	9455

S

Plast	9520
Pneumatiskt styrd lamellkoppling för förbränningsmotorer	9142
Pneumatiskt styrda kopplingar	9137
Provningsmoment*	9706
Polymer	9518
Pulverkoppling med medbringarskiva	9187
Pulverkoppling med vingar	9185
Pumphjul	9472
Påfyllningsplugg*	9479
Radial axeltätring	9345
Radialfjäderstyvhet, dynamisk	9845
Radialfjäderstyvhet, statisk	9844
Radialförsättning	9831
Radialkraft	9773
Radialtätring	9430
Radie	9611
Radiell axeldistans	9834
Reaktionstid vid inkoppling*	9800, 9802
Relativ vinkelhastighet	9793
Relativt varvtal	9754
Resonansfaktor	9852
Restmoment*	9716
Ring	9422
Ringfjäder	9441
Ringlamellpaket	9305
Rotationsdiameter	9608
Rullager	9449
Rullbackspärr med hållare och gemensam fjäder	9216
Rullbackspärr utan fjädrar	9217
Rulle	9393
Rullkropp	9349
Rullningslager	9411
Rulltandkoppling	9045
Rund mutter med 4 spår	9433
Rörligt förbindningsstycke	9458
Seghärdat stålgöt	9502
Seghärdningsstål	9506
Segjärn	9504
Sexkantmutter	9301
Sexkantplugg	9377
Sexkantskruv	9426
Sinterbrons	9512
Sintrad keramik	9514
Skiva	9453
Skivkoppling	9002, 9094
Skovelhjul	9474
Skruvfjäderkoppling	9121
Skruvfjäderkoppling tillverkad i ett stycke	9067
Skålkoppling	9007
Skålkoppling med koniska ringar	9008
Skårad skiva	9383
Skårbult	9384
Skårmutter	9382
Slirande kropphållare	9443
Slirkoppling med lameller	9196
Slirkoppling med flera lameller	9197
Slirkoppling med raka backar	9199
Slirkoppling med innerkoniska backar	9200
Slirkoppling med innerkoniska backar för flänsmontering	9201
Slirkoppling med ytterkoniska backar	9198
Slirmoment	9724
Slirnav	9193
Slirningsvinkel	9618
Slirring*	9416
Slirtid	9806
Slutningstid*	9807
Släpvinkel*	9618
Smältsäkringsskruv	9473
Smörjintervall	9530
Smörjmedel	9524
Smörjnippel	9346
Snabbkopplande tandkoppling	9043
Spakstyrd koppling	9113
Spel	9640
Spelfri	9641
Spetsmoment, ingående sida	9703
Spetsmoment, utgående sida	9709
Spiralklokoppling*	9112
Splinesaxel	9325
Splinesaxel med gaffel	9350
Spole	9417
Spolkropp	9413
Spårmutter	9375
Spårskruv med cylindriskt huvud	9427
Spårskruv utan huvud	9303
Spännband	9319
Startfaktor	9849
Startkoppling med kilremskiva, med eller utan momentinställning	9204
Startkoppling med eller utan momentinställning	9203
Statisk friktionskoefficient	9862
Statisk vridfjäderstyvhet	9840
Statistiskt kopplingsarbete	9821
Stopp	9406
Stoppring*	9365
Styrpinne	9428
Stål	9509
Stålbandkoppling	9069
Stålets specifika värmekapacitet	9876
Stålfjäderbandkoppling	9129
Stålgjutgods	9501
Stålgöt	9501
Ställmutter	9370

S

Ställmutterskruv	9376	Tröghetsmoment på kopplings-	
Ställvinkel	9625	sidan	9739
Stödskiva	9394	Tryckbult	9418
Stötfaktor	9853	Tryckelementpaket	9359
Stötvridmoment	9712	Tryckelementsats*	9359
Svängvinkel	9622	Tryckfjäder	9374
Synkron vinkelhastighet	9794	Tryckgradient	9917
Synkroniseringsmoment	9719	Tryckmediumstyrd dubbellamellkopp-	
Synkronvarvtal	9753	ling med cylinder och kolv	9144
Säkerhetskopplingar*	9190	Tryckmediumstyrd fjädertrycks-	
		broms	9140
Tallriksfjäder	9398	Tryckmediumstyrd flerlamell-	
Tallriksskiva	9409	koppling med bälg	9143
Tandad krans	9385	Tryckmediumstyrd fläns-	
Tandkoppling med bromstrumma	9035	konkoppling	9149
Tandkoppling med brytpinne	9036	Tryckmediumstyrd konkoppling	9148
Tandkoppling med delad hylsa	9033	Tryckmediumstyrd koppling-	
Tandkoppling med glidande nav	9041	bromskombination	9147
Tandkoppling med hylsa	9031	Tryckmediumstyrd lamellkoppling	9145
Tandkoppling med hylsa av konst-		Tryckmediumstyrd lamellkopp-	
material, styrd i stillestånd	9110	ling i kombination med gummi-	
Tandkoppling med isolerande		ringkoppling	9146
skiva	9042	Tryckmediumstyrd lamellkoppling	
Tandkoppling med mellanaxel	9034	med axiellt tillflöde	9138
Tandkoppling med mellanstycke	9030	Tryckmediumstyrd lamellkoppling	
Tandkoppling med odelad hylsa	9032	med radiellt tillflöde	9139
Tandkoppling dubbelkardanisk	9028	Tryckmediumstyrd tandkoppling	9151
Tandkoppling styrd i stillestånd	9039	Tryckmediumstyrd trumkoppling	9150
Tandkopplingar	9023	Tryckmediumstyrda kopplingar	9135
Tangentialkraft	9769	Tryckplatta	9302
Tangentialskruvfjäderkoppling	9063	Tryckring	9388
Temperaturfaktor	9850	Tryckring*	9416
Temperaturhöjning	9912	Tryckskiva	9386
Terminologi	9700	Tröghetsmoment, ingående sida	9737
Termisk brytare	9475	Tröghetsmoment, utgående sida	9738
Termoplast	9508	Tröghetsmoment på kopplings-	
Testmoment	9706	sidorna	9739
Thermosetting*	9508	Turbo-tandkoppling	9037
Tid för arbetscykel	9809	Tvåvägs backspärr	9229
Tid för inkoppling	9802	Tätring*	9345
Tillåtet kopplingsarbete	9823	Tätning	9329
Tillåtet kopplingsarbete vid		Tätningshylsa	9342
enstaka inkoppling	9824	Tätningskappa*	9330
Tomgångsmoment	9716	Tätningskapsel	9330
Tomgångsuppvärmning	9913		
Tomgångsvarvtal	9757		
Toppmoment	9726	Upplagskraft	9771
Torsionsdämpare –		Urkopplad tid	9811
anslagsmoment	9730	Urkopplingsväg	9636
Torsionsdämpare –		Urkopplingsbara kopplingar	9105
anslagsvinkel	9628	Urkopplingskraft	9762
Torsionsdämpare –		Urkopplingstid	9805
friktionsmoment	9731	Utgående kyloljetemperatur	9910
Total friktionsyta	9892	Utgående moment	9721
Total kyloljemängd	9877	Utgående varvtal	9752
Transportsäkring	9435	Utgående vinkelhastighet	9792

Valsverkskoppling	9040	Värmeövergångstal,	
Varvtal	9750	kopplingen inkopplad	9881
Varvtalsfaktor	9851	Värmeövergångstal,	
Vattenkyld lamellkoppling	9117	kopplingen urkopplad	9880
Ventilation per friktionsyta	9919	Växlande vridmoment	9713
Ventilation per koppling	9918		
Vertikal tandkoppling	9038	Ytberoende friktionseffekt	9782
Vilofriktionskoefficient*	9862	Ytberoende kopplingsarbete	9825
Vinkel	9615	Ytberoende kopplingsarbete	
Vinkelfjäderstyvhet, dynamisk	9847	per h	9826
Vinkelfjäderstyvhet, statisk	9846	Ytterdiameter	9602
Vinkelförställning	9629	Ytterkropp	9412
Vinkelförsättning	9832	Ytterlamell	9367, 9397
Vinkelhastighet	9790	Ytterring	9448
Vinkellänk	9408	Yttre klämbana	9646
Virvelströmskoppling utan släpring	9253	Yttröghetsmoment	9736
Volymberoende friktionseffekt	9783		
Volymberoende friktionsarbete	9827	Ändskiva	9481
Vridmoment	9701		
Vridmomentdiagram	9732	Ökande moment, ingående sida	9710
Vridmomentförlopp	9733	Ökande moment, utgående sida	9711
Vridmomentstegring	9734	Ökningsfaktor*	9854
Vridstyva kopplingar	9013	Öppningstid	9808
Vulkad blockgummikoppling	9096	Överförbart vridmoment	9720
Vulkad dubbel skivkoppling	9095	Övergående kopplingsfrekvens	
Vulkad koppling	9100	per h	9871
Vulkaniserad flänsringkoppling	9091	Överlastbegränsande kopplingar	9190
Vägg	9463	Övertrycksventil	9347

S

Esipuhe

Euroopassa toimivat hammasvaihteiden ja voimansiirtoalan muiden laitteiden valmistajien toimialaryhmät perustivat v. 1969 komitean nimeltään "Hammasvaihteiden ja voimansiirtoalan muiden laitteiden valmistajien Euroopankomitea", lyhyesti EUROTRANS.

Tämän komitean tavoitteena on:

a) toimialan yhteisten taloudellisten ja teknisten kysymysten tutkiminen
b) yhteisten etujen valvominen kansainvälisissä organisaatioissa
c) toimialan kehittäminen kansainvälisellä tasolla

EUROTRANS-komitea ei ole oikeuskelpoinen eikä toimi ansiotarkoituksessa.

EUROTRANS in jäsenyhdistykset ovat:

Fachgemeinschaft Antriebstechnik im VDMA
Lyoner Straße 18, D-6000 Frankfurt/Main 71,

Servicio Tecnico Comercial de Constructores de Bienes de Equipo (SERCOBE) –
Grupo de Transmision Mecanica
Jorge Juan, 47, E-Madrid-1,

UNITRAM – Union Nationale des Industries de Transmissions Mécaniques
39/41, rue Louis Blanc, F-92400 Courbevoie

FABRIMETAL – groupe 11/1 Section "Engrenages, appareils et organes de transmission"
21 rue des Drapiers, B-1050 Bruxelles

BGA – British Gear Association
St James's House, Frederick Road, Edgbaston, Birmingham B15 1JJ,

ASSIOT – Associazione Italiana Costruttori Organi di Trasmissione e Ingranaggi
Via Moscova 46/5, I-20121 Milano,

FME – Federatie Metaal-en Elektrotechnische Industrie
Postbus 190, NL-2700 AD Zoetermeer,

TGS – Transmissionsgruppen i Sverige, c/o Grossistförbundet. Svensk Handel,
Box 5512, S-11485 Stockholm

Metalliteollisuuden Keskusliitto, Voimansiirtoryhmä
Eteläranta 10, SF-00130 Helsinki 13.

EUROTRANS on nyt saanut valmiiksi viidennen osan viisiosaisesta kahdeksankielisestä (saksa, espanja, ranska, englanti, italia, hollanti, ruotsi ja suomi) hammaspyöriä, hammasvaihteita ja muita voimansiirtolaitteita koskevasta sanakirjasta.

Tämän sanakirjan on laatinut EUROTRANS-työryhmä. Työryhmän ovat muodostaneet edustajat Saksasta, Espanjasta, Ranskasta, Englannista, Italiasta, Hollannista, Belgiasta, Ruotsista ja Suomesta. Kirja tulee helpottamaan keskinäistä kansainvälistä kanssakäyntiä hammaspyöräalalla ja tarjoamaan kaikissa näissä maissa alalla toimiville, samanlaisia tehtäviä hoitaville henkilöille mahdollisuuden oppia ymmärtämään toisiaan paremmin.

Johdanto

Tämä sanakirja on jaettu kahteen osaan:

Ensimmäisessä osassa on termien aakkosellinen hakemisto, myös synonyymit, kahdeksalla kielellä (saksa, espanja, ranska, englanti, italia, hollanti, ruotsi ja suomi).

Sanakirjassa on jokaisen kuvan jälkeen termi kahdeksalla kielellä. Jokainen otsake alkaa koodinumerolla.

Etsittäessä jollekin hakusanalle vastinetta muilla sanakirjan kielillä katsotaan hakusanan koodinumero kyseisestä hakemistosta. Tämän numeron avulla löytyy käännös sanastosta.

Sama menettelytapa pätee synonyymeihin, jotka on merkitty tähdellä *. Jos jonkin sanan kohdalla aakkosellisessa hakemistossa on useampia numeroita, se käännetään eri tavoin asiayhteydestä riippuen.

Esimerkki: "Hammaskytkimet"

Etsitään sana suomalaisesta hakemistosta. Sanan jälkeen on merkitty koodinumero 9023.

Nyt etsitään sanastosta numero 9023. Kuvan jälkeen ovat termit:

saksaksi	– Zahnkupplungen
espanjaksi	– Acoplamientos dentado
ranskaksi	– Accouplement à denture
englanniksi	– Gear couplings
italiaksi	– Giunti a denti
hollanniksi	– Tandkoppelingen
ruotsiksi	– Tandkopplingar
suomeksi	– Hammaskytkimet

Osassa 1 ovat hammaspyörien termit. Osassa 2 ovat hammasvaihteiden termit komponentteineen. Osassa 3 ovat variaattoreiden termit komponentteineen. Osassa 4 ovat hammaspyörien valmistuksen ja tarkastuksen termit.

Termien aakkosellinen hakemisto – vakiotermit ja niiden synonyymit

Synonyymit on merkitty tähdellä = *

Akseli	9314	Hammaskytkin pystyakselia varten	9038
Akseli, nivel-, jossa pituustasaus*	9020	Hammaskytkin, aksiaalinen*	9010
Akseli, vakionopeusnivel-*	9021	Hammaskytkin, holkkirakenne	9031
Akselien aksiaalisiirtymä	9833	Hammaskytkin, jossa eristyslevy	9032
Akselien radiaalisiirtymä	9834	Hammaskytkin, jossa jaettu holkki	9033
Akselin halkaisija	9806	Hammaskytkin, jossa jakamaton holkki	9032
Akselin kulmapoikkeama	9835		
Akselin myötäpyörittäjä	9350	Hammaskytkin, jossa jarrurumpu	9035
Akselin säteistiivisite	9345	Hammaskytkin, jossa keinoaineholkki, kaksi kosketusta	9029
Akselit, nivel-*	9019		
Akselitappi ja nivelrunko	9318	Hammaskytkin, jossa keinoaineholkki, kytkettävissä pysähdyksissä	9110
Akselitiiviste	9483		
Aksiaalinen hammaskytkin	9010	Hammaskytkin, jossa murtotapit	9036
Aksiaalinen jousijäykkyys, dynaaminen	9843	Hammaskytkin, jossa pidennetty aksiaaliliike	9041
Aksiaalinen jousijäykkyys, staattinen	9842	Hammaskytkin, jossa väliakseli	9034
		Hammaskytkin, jossa välikappale	9030
Aksiaalipoikkeama	9830	Hammaskytkin, kaksi kosketusta	9028
Aksiaalivoima	9770	Hammaskytkin, kestomagneettinen*	9258
Alumiini	9511	Hammaskytkin, laippa-, muovinen*	9026
Ankkurointilevy	9415	Hammaskytkin, muovinen*	9025
Apukulma	9623	Hammaskytkin, painetoiminen*	9151
Asbesti	9523	Hammaskytkin, pysähdyksissä irrotettava*	9039
Asettumiskulma	9625		
Asetusmutteri	9370, 9376	Hammaskytkin, suuren pyörimisnopeuden*	9037
Asetusrengas	9387		
Aukioloaika	9808	Hammaskytkin, sähkömagneettinen ja jousikuormitteinen, jossa liukurengas*	9171
Autojen pääkytkin	9119		
		Hammaskytkin, sähkömagneettinen ja liukurenkaaton*	9172
Dieselmoottorien lamellikytkin*	9124		
Dieselmootorien lamellikytkin, jossa välitys*	9125	Hammaskytkin, sähkömagneettinen, jossa liukurengas*	9169
Dieselmoottorien pneumaattinen lamellikytkin*	9142	Hammaskytkin, sähkömagneettinen, liukurenkaaton ja jousikuormitteinen*	9173
Dynaaminen kytkentätyö	9822		
Dynaaminen viskositeetti	9882		
Dynaaminen vääntöjäykkyys	9841	Hammaskytkin, turbo-*	9037
		Hammaskytkin, yksi kosketus	9024
Elastomeeri	9507	Heilahduskulma	9622
Erilliset lamellit	9304	Heilurivääntömomentti	9727
Eristysmassa	9421	Hidastuvuusvääntömomentti	9715
Evolventtihampainen rengas	9353	Hihnakytkin, joustava*	9061
		Hitausmomentti, käytettävä puoli	9738
Fosforipronssi	9510	Hitausmomentti, käyttävä puoli	9737
		Holkki	9344, 9414
Halkaisija	9601	Holkkikytkin, kartio-*	9008
Hammaskehä	9385	Holkkikytkin, kierrelukittu*	9012
Hammaskytkimet	9023	Holkkikytkin, paineöljyasennettava*	9004

Holkkikytkin, paisuntarenkailla asennettava*	9005	Jousien palautusvoima	9764
Holkkikytkin, puristusrenkaalla asennettava*	9006	Jousikuormitteinen lamellijarru, jossa painetoiminen irroitus	9140
Holkkirakenteinen hammaskytkin*	9031	Jousikuormitteinen lamellijarru, jossa painetoiminen irrotus	9141
Holkkivapaakytkin, jossa molemmin puolin laakerit	9215	Jousikuormitteinen, painetoiminen lamellijarru*	9140
Holkkivapaakytkin, jossa rullapitimeen jousitetut rullat	9214	Jousikytkin	9058
		Jousikytkin (lattajouset)	9068
Huohotinruuvi	9478	Jousikytkin, erilliset jouset	9070
Huoltokytkin, säppi-*	9228	Jousikytkin, jalka-*	9064
Hydraulitoimiset kytkimet	9136	Jousikytkin, jatkuva kampa	9069
Hydrodynaaminen kytkin, jossa elastinen kytkin ja jarrurumpu	9240	Jousikytkin, kaareva-*	9062
		Jousikytkin, kierre-*	9063
Hydrodynaaminen kytkin, jossa kauhasäätö	9238	Jousikytkin, kierre-, jousi kiinnitetty erillisiin napoihin*	9066
Hydrodynaaminen kytkin, jossa laippakiinnitys	9239	Jousikytkin, kierre-, monikerroksinen*	9065
Hydrodynaaminen kytkin, jossa muuttuva täytös	9237	Jousikytkin, kierre-, valmistettu yhdestä kappaleesta*	9067
Hydrodynaaminen kytkin, jossa vakiotäytös	9236	Jousisokka	9391, 9428
		Jousivoima	9767
Hydrodynaamiset kytkimet	9235	Joustava hihnakytkin	9060
Hystereesijarru, sähkömagneettinen*	9260	Joustava rengas	9364
		Joustava ristikappale	9356
Hystereesikytkin, kestomagneettinen*	9255	Joustavat kytkimet	9057
		Joustolaattakytkin*	9069
Hystereesikytkin, sähkömagneettinen*	9259	Joustovoima alussa	9774
		Jäähdytysöljyn määrä kytkintä kohti	9878
Ilmajousikytkin	9098	Jäähdytysöljyn poistolämpötila	9910
Ilmajäähdytteinen mekaanisesti ohjattu kaksilevykytkin	9116	Jäähdytysöljyn tulolämpötila	9911
Ilmaventtiili	9343	Kaarevuussäde	9612
Ilmaväli	9639	Kaarijousikytkin	9062
Induktiokytkin, jossa sisäkelat	9251	Kaksilevyjarru, sähkömagneettinen ja jousikuormitteinen, jossa ilmaväli ja liukurengas*	9160
Induktiokytkin, liukurengas-*	9252		
Irroitusaika	9805, 9811		
Irroitusmatka	9636	Kaksilevykytkin, jossa vääntövaimennus	9122
Irroitusvoima	9762		
Irrotettava vapaakytkin	9229	Kaksilevykytkin, mekaanisesti ohjattu öljyjäädytteinen*	9118
Irrotuskytkimet	9105		
Jaettu kytkin	9007	Kaksilevykytkin, mekaanisesti ohjattu vesijäädytteinen*	9117
Jakokulma	9624	Kaksilevykytkin, painetoiminen*	9145
Jalkajousikytkin	9064	Kaksilevykytkin, sähkömagneettinen, jossa ilmaväli ja liukurengas*	9158
Jarru, välyksetön, jousikuormitteinen, sähkömagneettinen*	9176		
Jarrulevy	9313	Kaksoiskartio- ylikuormitusliukukytkin	9198, 9200
Jauhekytkin, jossa myötäpyöritys-levyt	9187	Kaksoiskartio-ylikuormituskukytkin, jossa laippakiinnitys	9201
Jauhekytkin, jossa siipipyörä ja kuulat	9186	Kaksoisnivelkytkin	9017
Jauhekytkin, jossa siivet	9185	Kannatin	9366
		Kansi	9452
Jousen tukilevy	9373	Kartiokytkin, painetoiminen	9149
Jousialuslaatta	9402	Kartiomainen asennusholkki	9485, 9486

Kartiomainen asennusholkki, jossa kaulus	9487	Kitkapinnan lämpötila	9914
		Kitkapinnan paine	9915
Kartiomainen uritettu sokka	9420	Kitkapinnan sisähalkaisija	9895
Keinoainehammaskytkin	9025	Kitkapinnan tuuletus	9919
Keinoaineholkki	9332	Kitkapinnan ulkohalkaisija	9894
Keinoainelaippahammaskytkin	9026	Kitkapinta	9469
Kela	9417	Kitkapinta-ala	9891
Kelan runko	9413	Kitkapintahalkaisijasuhde	9897
Keskilinja	9600	Kitkapintojen lukumäärä	9921
Keskimääräinen kitkapinnan halkaisija	9896	Kitkapintojen puristusvoima	9763
		Kitkarengas	9410
Keskimääräinen kitkasäde	9901	Kitkateho	9781
Keskimääräinen kytkentämomentti	9718	Kitkateho pintayksikköä kohti	9782
Keskipakokytkimet	9180	Kitkateho tilavuusyksikköä kohti	9783
Keskipakokytkin, jossa kuulat	9184	Kitkatyö tuntia kohti	9828
Keskipakokytkin, jossa ripustetut kengät	9182	Kitkavoima	9772
		Koestusmomentti	9706
		Koiraspuolikas	9358
Keskipakokytkin, jossa vapaasti asettuvat kengät	9181	Kokonaisöljymäärä	9877
		Kokonaiskitkapinta-ala	9892
Keskipakokytkin, jossa vetojouset	9183	Korvaava kaarevuussäde	9613
Keskipakomassa	9468	Kosketuskulma	9627
Keskipakovoima	9766		
Kestomagneettinen hammaskytkin	9258	Kuituvahvistettu keinoainelamellikytkin	9054
Kestomagneettinen hystereesikytkin	9255		
Kestomagneettinen kytkin	9254	Kuljetusvarmistus	9435
Kestomagneettinen pyörrevirtakytkin	9256	Kulma	9615
Kestomagneettinen yksilevykytkin	9257	Kulma-asetus	9629
Kestomuovi	9508	Kulmajousijäykkyys, dynaaminen	9847
Ketjukytkin (hammasketju)	9047	Kulmajousijäykkyys, staattinen	9846
Ketjukytkin (rullaketju)	9046	Kulmanopeus	9790
Kierreholkki	9480	Kulmapoikkeama	9832
Kierrejousen muoto	9446	Kulmavipu	9408
Kierrejousikytkin	9063, 9121, 9129	Kumi	9519
Kierrejousikytkin, jousi kiinnitetty erillisiin napoihin	9066	Kumikappalekytkin, vulkanoitu*	9096
		Kumirengaskytkimet	9086
Kierrejousikytkin, monikerroksinen*	9065	Kumirengaskytkin ilman murtovarmistusta	9090
Kierrejousikytkin, valmistettu yhdestä kappaleesta	9067	Kumirengaskytkin, jaettu kumi	9089
		Kumirengaskytkin, ruuvikiinnitys	9087
Kierrelukittu holkkikytkin	9003	Kumirengaskytkin, yhtenäinen kumi suurennetulla kiinnityslaipalla	9088
Kierresokka	9456		
Kierteitetty rengas	9372	Kumisuojus	9324
Kiertymiskulma	9616	Kuormamomentin salpa	9231
Kiihdytysvääntömomentti	9714	Kuorman huippuvääntömomentti	9709
Kiila	9380	Kuorman momentti	9723
Kiilahihnapyörä	9482	Kuorman nimellisvääntömomentti	9708
Kiilaurallinen laipallinen napa	9488	Kupariseostus	9517
Kiinteät kytkimet	9001	Kutistusrenkailla varustettu kartioholkkikytkin	9008
Kinemaattinen viskositeetti	9883		
Kippimomentti	9726	Kuula	9322
Kiristyskulma	9620	Kuulalaakeroitu kytkentäholkki	9400
Kitkahalkaisija	9610	Kuulalovikytkin	9192
Kitkakerroin	9860	Kuulanapa	9321
Kitkakulma	9626	Kuulapidin	9320
Kitkamomentti	9728	Kuusiomutteri	9301
Kitkapinnan kuluminen	9920	Kuusioruuvi	9426
Kitkapinnan leveys	9893		

Kuusiotulppa	9377	Kytkin, hammas-, jossa keinoaine-	
Kytkentä	9437	holkki, kytkettävissä pysähdyk-	
Kytkentäaika	9802	sissä*	9110
Kytkentäakseli	9438	Kytkin, hammas-, jossa murtotapit*	9036
Kytkentäholkki	9389	Kytkin, hammas-, jossa välikakseli*	9034
Kytkentäkulma	9621	Kytkin, hammas-, jossa välikappale*	9030
Kytkentäluku tunnissa	9810	Kytkin, hammas-, kaksi kosketusta*	9028
Kytkentämatka	9638, 9648	Kytkin, hammas-, muovinen*	9025
Kytkentämomentti	9717	Kytkin, hammas-, nestetoiminen*	9151
Kytkentäpaine	9916	Kytkin, hammas-, pystyakselia	
Kytkentärengas	9416, 9464	varten*	9038
Kytkentätiheys	9870	Kytkin, hammas-, pysähdyksissä	
Kytkentätyö	9820	irrotettava*	9039
Kytkentätyö pinta- alayksikköä		Kytkin, hammas-, suuren pyörimis-	
kohti	9825	nopeuden*	9037
Kytkentätyö tuntia ja pinta-		Kytkin, hammas-, yksi kosketus*	9024
alayksikköä kohti	9826	Kytkin, hihna-, joustava*	9061
Kytkentäviive	9800	Kytkin, holkki-, kierrelukittu*	9003
Kytkentävipu	9390, 9439	Kytkin, holkki-, paineöljyasennet-	
Kytkentävoima	9761	tava*	9004
Kytkimen runko	9407	Kytkin, holkki-, paisuntarenkailla	
Kytkimen tuuletus	9918	asennettava*	9005
Kytkimet	9000	Kytkin, holkki-, puristusrenkaalla	
Kytkimet, hammas-*	9023	asennettava*	9006
Kytkimet, hydraulitoimiset*	9136	Kytkin, hydrodynaaminen*	9235
Kytkimet, irrotus-*	9105	Kytkin, hydrodynaaminen, jossa	
Kytkimet, joustavat*	9057	elastinen kytkin ja jarrurumpu*	9240
Kytkimet, keskipako-*	9180	Kytkin, hydrodynaaminen, jossa	
Kytkimet, kiinteät*	9001	kauhasäätö*	9238
Kytkimet, kumirengas-*	9086	Kytkin, hydrodynaaminen, jossa	
Kytkimet, magneetti-*	9250	laippakiinnitys*	9239
Kytkimet, mekaanisesti toimivat*	9107	Kytkin, hydrodynaaminen, jossa	
Kytkimet, nestetoimiset*	9135	muuttuva täytös*	9237
Kytkimet, paineilmatoimiset*	9137	Kytkin, hydrodynaaminen, jossa	
Kytkimet, sähkömagneettiset*	9155	vakiotäytös*	9236
Kytkimet, vapaa-*	9210	Kytkin, hystereesi-, kestomag-	
Kytkimet, varmuus-*	9190	neettinen*	9255
Kytkimet, vierasohjatut*	9106	Kytkin, ilmajousi-*	9098
Kytkimet, vääntöjäykät*	9013	Kytkin, unduktio-, jossa sisäkelat*	9251
Kytkin-jarruyhdistelmä, nestetoi-		Kytkin, irrotettava vapaa-*	9229
minen*	9147	Kytkin, jaettu*	9007
Kytkin, ainetäytös-, jossa myö-		Kytkin, jalkajousi-*	9064
täpyörityslevyt*	9187	Kytkin, jossa asennusholkit*	9484
Kytkin, ainetäytös-, jossa siipipyörä		Kytkin, jousi-*	9058
ja kuulat*	9186	Kytkin, jousi- (lattajouset)*	9068
Kytkin, ainetäytös-, jossa siivet*	9185	Kytkin, jousi-, erilliset jouset*	9070
Kytkin, aksiaalinen hammas-*	9010	Kytkin, jousi-, jatkuva kampa*	9059
Kytkin, hammas-, holkkirakenne*	9031	Kytkin, joustolaatta-*	9069
Kytkin, hammas-, jossa jaettu		Kytkin, kaarevajousi-*	9062
holkki*	9033	Kytkin, kaksilevy, jossa kiilahih-	
Kytkin, hammas-, jossa jakamaton		napyörä*	9114
holkki*	9032	Kytkin, kaksilevy-, jossa vääntövai-	
Kytkin, hammas-, jossa		mennus*	9122
jarrurumpu*	9035	Kytkin, kaksilevy-, mekaanisesti oh	
Kytkin, hammas-, jossa keinoaine-		jattu öljyjäähdytteinen*	9118
holkki, kaksi kosketusta*	9029	Kytkin, kaksilevy-, nestetoiminen*	9145

Kytkin, kaksoiskartio-, jossa sisäpuolinen kartio*	9126
Kytkin, kaksoiskartio-, jossa ulkopuolinen kartio*	9127
Kytkin, kaksoiskartio-, varustettu laipalla*	9128
Kytkin, kaksoisnivel-*	9017
Kytkin, kartio-, nestetoiminen*	9149
Kytkin, kartioholkki-*	9008
Kytkin, keskipako-, jossa kuula*	9184
Kytkin, keskipako-, jossa ripustetut segmentit*	9182
Kytkin, keskipako-, jossa vapaasti asettuvat segmentit*	9181
Kytkin, keskipako-, jossa vetojouset*	9183
Kytkin, kestomagneettinen*	9254
Kytkin, ketju-, hammasketju*	9047
Kytkin, ketju-, rullaketju*	9046
Kytkin, kierrejousi-* 9063, 9121,	9129
Kytkin, kumikappale-, vulkanoitu*	9096
Kytkin, kumirengas-, ilman murtumavarmistusta*	9090
Kytkin, kumirengas-, jaettu kumi*	9089
Kytkin, kumirengas-, ruuvikiinnitys*	9087
Kytkin, kumirengas-, yhtenäinen kumi suurennetulla kiinnityslaipalla*	9088
Kytkin, kuulalovi*	9192
Kytkin, käynnistys-*	9204
Kytkin, laippa-*	9002
Kytkin, lamelli-*	9123
Kytkin, lamelli-, dieselmoottorien*	9124
Kytkin, lamelli-, painetoiminen, jossa aksiaalinen painesyöttö*	9138
Kytkin, levy-*	9094
Kytkin, levy-, käsivivulla toimiva*	9113
Kytkin, levy-, vulkanoitu, kaksoisrakenne*	9095
Kytkin, lieriö-, painetoiminen*	9150
Kytkin, liuku-, jossa suorat kengät*	9199
Kytkin, liukunapa-*	9194
Kytkin, liukurengas-induktio-*	9252
Kytkin, mekaanisesti ohjattu kaksilevy-, jossa joustava kumirengaskytkin*	9115
Kytkin, mekaanisesti ohjattu kaksilevy-, ilmajäähdytteinen*	9116
Kytkin, mekaanisesti ohjattu kaksilevy-, vesijäähdytteinen*	9117
Kytkin, membraanijousi-*	9120
Kytkin, monilevy-, painetoiminen*	9143
Kytkin, murtotappi-*	9191
Kytkin, nivel-*	9015
Kytkin, nivel-, pallotyyppinen*	9018
Kytkin, nivel-, yksinkertainen*	9016
Kytkin, nivellaippa-*	9049
Kytkin, paisuntakartioholkeilla varustettu*	9009
Kytkin, pyörrevirta-, kestomagneettinen*	9256
Kytkin, pyörrevirta-, liukurenkaaton*	9253
Kytkin, rulla-, pallomainen*	9045
Kytkin, sakara-,*	9111
Kytkin, sakara-, jossa joustava ristikappale*	9079
Kytkin, sakara-, jossa joustokappale puristuksessa*	9082
Kytkin, sakara-, jossa nokkarengas*	9080
Kytkin, sakara-, jossa puristusjoustavat vaimentimet*	9083
Kytkin, sakara-, jossa taipuisa justokappale*	9081
Kytkin, sakara-, ohjausholkilla varustettu*	9014
Kytkin, sakara-, vakiojäykkyys*	9084
Kytkin, sakara-vapaa-*	9227
Kytkin, spiraali-*	9112
Kytkin, säppi-huolto-*	9228
Kytkin, tappi-*	9071
Kytkin, tappi-, joka irrotettavissa pysähdyksissä*	9075
Kytkin, tappi-, jossa aksiaalivälyksen rajoitus*	9074
Kytkin, tappi-, jossa jarrurumpu*	9072
Kytkin, tappi-, jossa vääntöjoustava levy*	9073
Kytkin, tappi-teräslamelli-*	9076
Kytkin, teräslamelli-, jossa jaettu väliholkki*	9051
Kytkin, teräslamelli-, jossa väliholkki*	9050
Kytkin, teräslamelli-, yksinivelrakenne*	9052
Kytkin, teräsmembraani-, yksinivelrakenne*	9053
Kytkin, turbohammas-*	9037
Kytkin, tynnyri-, vulkanoitu tyyppi*	9100
Kytkin, vakionopeusnivel-*	9022
Kytkin, varmuussakara-*	9202
Kytkin, yksikierros-*	9230
Kytkin, Oldham-, hitaat pyörimisnopeudet*	9048
Kytkinlaippa	9351
Kytkinnapa	9331
Kytkinpuolen hitausmomentti	9739
Kytkinpuolikas	9300
Kytkinrengas	9363
Kytkinrunko	9369
Käsivivulla toimiva levykytkin	9113
Käynnistyskerroin	9849
Käynnistyskytkin, jossa on tai ei ole momentinasetusta	9203

SF

Käynnistyskytkin, jossa on tai ei ole momentinasetusta ja ulkopuoli toimii kiilahihnapyöränä	9204
Käynti-ilmaväli	9637
Käytettävän puolen herätevääntömomentti	9711
Käytettävän puolen kulmanopeus	9792
Käytettävän puolen pyörimisnopeus	9752
Käyttävä laippa	9354
Käyttäva momentti	9725
Käyttävä napa	9467
Käyttävän puolen herätevääntömomentti	9710
Käyttävän puolen huippumomentti	9703
Käyttävän puolen kulmanopeus	9791
Käyttävän puolen nimellismomentti	9702
Käyttävän puolen pyörimisnopeus	9751
Laahainpidin	9443
Laakeriholkki	9340
Laatta	9453
Laipalla varustettu kaksoiskartiokytkin*	9128
Laipallinen myötäpyörittäjä	9336
Laipallinen napa	9401
Laipallinen nivelkappale	9334
Laipallinen väliakseli	9355
Laipan halkaisija	9604
Laippa	9327, 9460
Laippahammaskytkin, muovinen	9026
Laippakumirengaskytkin, kumielementit vaihdettavissa koneita siirtämättä*	9093
Laippakumirengaskytkin, vulkanoitu, kaksoisrakenne*	9092
Laippakumirengaskytkin, vulkanoitu, yksinkertainen rakenne	9091
Laippakytkin	9002
Laippakytkin, nivel-*	9049
Laippatappi	9462
Lamelli-ylikuormitusliukukytkin	9195, 9196
Lamellijarru, jousikuormitteinen, jossa painetoiminen irrotus*	9141
Lamellijarru, painetoiminen, jousikuormitteinen*	9140
Lamellikytkin, dieselmoottorien*	9124
Lamellikytkin, dieselmoottorien pneumaattinen*	9142
Lamellikytkin, dieselmoottorien, jossa välitys*	9125
Lamellikytkin, muovi-, kuituvahvistettu*	9054
Lamellikytkin, painetoiminen, johon liitetty kumirengaskytkin*	9146
Lamellikytkin, painetoiminen, jossa aksiaalinen painesyöttö*	9138
Lamellikytkin, painetoiminen, jossa säteittäinen painesyöttö*	9139
Lamellikytkin, sähkömagneettinen ja liukurenkaaton, jossa lamellit magneettikentässä*	9168
Lamellikytkin, sähkömagneettinen, jossa liukurengas ja lamellit eivät magneettikentässä*	9164
Lamellikytkin, teräs-*	9076
Lamellikytkin, teräs-, jossa jaettu väliholkki*	9051
Lamellikytkin, teräs-, jossa väliholkki*	9050
Lamellikytkin, teräs-, yksinivelrakenne*	9052
Lamellin paksuus	9902
Lautasjousi	9398
Lautaslevy	9409
Lehtialuslaatta	9434
Lepokitkakerroin	9862
Letkun kiristin	9319
Levyjarru, sähkömagneettinen, liukurenkaaton ja jousikuormitteinen, jossa lamellit eivät magneettikentässä	9165
Levyjarru, sähkömagneettinen, liukurenkaaton ja jousikuormitteinen, jossa lamellit eivät AC-magneettikentässä	9166
Levykytkin	9094
Levykytkin, käsivivulla toimiva	9113
Levykytkin, sähkömagneettinen, jossa liukurengas ja lamellit magneettikentässä	9167
Levykytkin, vulkanoitu, kaksoisrakenne	9095
Lieriökantainen uraruuvi	9427
Lieriökytkin, nestetoiminen	9150
Lieriösokka	9392, 9419
Liitosholkki	9457
Liitosputki	9335
Liukuaika	9806
Liukuholkki	9381
Liukukitkakerroin	9861
Liukukytkin, kaksoiskartio-	9198, 9200
Liukukytkin, kaksoiskartio-, jossa laippakiinnitys	9201
Liukukytkin, levy-	9196
Liukukytkin, monilevy-	9197
Liukukytkin, yksilevy-	9195
Liukumomentti	9724
Liukunapakytkin	9193
Liukunopeus	9922
Liukunopeus keskimääräisellä kitkahalkaisijalla	9923
Liukurengas-induktiokytkin	9252

Liukurenkaaton pyörrevirtakytkin	9253	Miedosti seostettu öljy	9527
Logaritminen spiraali	9614	Minimipyörimisnopeus	9756
Luistokulma	9618	Mittakulma	9617
Lukitus	9406	Monikerroksinen kierrejousikytkin*	9065
Lukituskappale	9395, 9442	Monilamelli-ylikuormitusliukukytkin	9197
Lukituskappaleiden pidin	9440	Monilevykytkin, nestetoiminen*	9143
Lukituskäyrä	9645	Muovi	9520
Lukituslevy	9371	Muovilamellikytkin, kuituvavistettu*	9054
Lukituspinta	9644	Murtotappi	9352
Lukitusrengas	9339	Murtotappikytkin	9191
Lukitussuunta	9642	Murtumismomentti	9729
Lukitusura	9643	Myötäpyörittäjänapa	9423
Lukkokappaleen paksuus	9631	Männän pinta-ala	9890
Lukkokappaleen pituus	9630	Männän sisähalkaisija	9899
Lukkorengas	9310	Männän ulkohalkaisija	9898
Lämmönsiirtymiskerroin kytkin-auki	9880	Mäntä	9404
Lämmönsiirtymiskerroin kytkin-suljettu	9881	Mäntävoima	9765
Lämpötilakerroin	9850	Naaraspuolikas	9357
Lämpötilan nousu	9912	Nahka	9522
Lämpötilaosoitin	9477	Nailon	9521
		Napa	9405
		Navan pituus	9634
Magneettijauhekytkin, sähkömagneettinen*	9174	Neulalaakeri	9432
		Nimellismomentti	9722
Magneettikytkimet	9250	Nimellisvääntömomentti	9704
Maksimikulmanopeus	9795	Nivelakseli, jossa pituustasaus	9020
Maksimivaimennusteho	9784	Nivelakseli, vakionopeus-*	9021
Maksimivääntömomentti	9705	Nivelakselit	9019
Maksimipyörimisnopeus	9755	Nivelkytkin	9015
Massahitausmomentti	9735	Nivelkytkin, kaksois-*	9017
Massojen kiihdytysvoima	9775	Nivelkytkin, pallotyyppinen*	9018
Materiaali	9500	Nivelkytkin, vakionopeus-*	9022
Mekaanisesti ohjattu kaksilevykytkin, ilmajäähdytteinen*	9116	Nivelkytkin, yksinkertainen*	9016
		Nivellaippakytkin	9049
Mekaanisesti ohjattu kaksilevykytkin, jossa kiilahihnapyörä	9114	Nivelliitos	9348
		Nivelrunko	9328
Mekaanisesti ohjattu kaksilevykytkin, jossa joustava kumirengaskytkin	9115	Nokkarengas	9309
		Nopeasti irroitettava hammaskytkin	9033
Mekaanisesti ohjattu kaksoiskartiokytkin, jossa sisäpuolinen kartio	9126	Normaalivoima	9768
		Nostovivun tappi	9379
		Nuorrutusteräs	9506
Mekaanisesti ohjattu kaksoiskartiokytkin, jossa ulkopuolinen kartio	9127	Nuorrutusteräsvalu	9502
Mekaanisesti ohjattu kaksoiskartiokytkin laippa-asennusta varten	9128	O-rengas	9403
Mekaanisesti ohjattu lamellikytkin	9123	Ohjausholkilla varustettu sakarakytkin	9014
Mekaanisesti ohjattu polttomoottorien lamellikytkin	9124	Oldham-kytkin	9048
		Orgaaninen pinta	9516
Mekaanisesti ohjattu polttomoottorien lamellikytkin, jossa välitys	9125		
Mekaanisesti ohjattu rumpukytkin	9130	Paineöljyasennettava holkkikytkin	9004
Mekaanisesti toimivat kytkimet	9107	Painegradientti	9917
Membraanijousikytkin	9120	Paineilmatoimiset kytkimet	9137
Membraanikytkin, teräs-, yksinivelrakenne	9053	Painelevy	9302
		Painerengas	9388
Membraanilevypaketti	9306	Painetoiminen hammaskytkin	9151

SF

Painetoiminen kaksilevykytkin	9145	Radiaalinen akselin siirtymä*	9834
Painetoiminen kaksilevykytkin, pyörivä runko	9144	Radiaalinen jousijäykkyys, dynaaminen	9845
Painetoiminen kartiokytkin	9148, 9149	Radiaalinen jousijäykkyys,	
Painetoiminen kytkin-jarruyhdistelmä	9147	staattinen	9844
Painetoiminen lamellikytkin, johon liitetty kumirengaskytkin	9146	Rajoitinrengas	9365
		Rakennekorkeus	9632
Painetoiminen lamellikytkin, jossa aksiaalinen painesyöttö	9138	Rakennepituus	9633
		Rakenneteräs	9505
Painetoiminen lamellikytkin, jossa säteittäinen painesyöttö	9139	Rasva	9529
		Reikäpiirin halkaisija	9609
Painetoiminen lieriökytkin	9150	Rengas	9422
Painetoiminen monilevykytkin	9143	Rengasjousi	9441
Painetoimiset kytkimet	9135	Resonanssikerroin	9852
Paininpultti	9418	Risteilypoikkeama	9831
Paisuntakartioholkeilla varustettu kytkin	9009	Ristikappale	9338
		Rulla	9393
Paisuntarenkailla asennettava holkkikytkin	9005	Rullakytkin	9045
		Rullakytkin, pallomainen*	9045
Pallografiittivalurauta	9504	Rullalaakeri	9449
Pallotyyppinen nivelkytkin	9018	Rullavapaakytkin	9211
Paperipinta	9515	Rullavapaakytkin ilman rullien jousitusta	9217
Pidinrengas	9361		
Pidätinruuvi	9476	Rullavapaakytkin, jossa erillisjousitetut rullat ja ulkopinta vierintäpinta	9212
Pintahitausmomentti	9736		
Pitimen pituus	9635		
Pohjalevy	9316	Rullavapaakytkin, jossa erillisjousitetut rullat ja sisäpinta vierintäpinta	9213
Polttomoottorien paineilmatoiminen lamellikytkin	9142		
Polymeeri	9518	Rullavapaakytkin, jossa rullapitimeen yhteisesti jousitetut rullat	9216
Pulverikeraami	9514		
Pulveripronssi	9512		
Pulveriteräs	9513	Sakara-vapaakytkin	9227
Pumpun pyörä	9472	Sakarakytkimet	9078
Puristuskappaleiden paketti	9359	Sakarakytkin	9111
Puristuskierrejousi	9374	Sakarakytkin, jossa joustava ristikappale	9079
Puristuslevy	9386		
Puristusrenkaalla asennettava holkkikytkin	9006	Sakarakytkin, jossa joustokappale puristuksessa	9082
Puskuri	9360	Sakarakytkin, jossa nokkarengas	9080
Putkellinen myötäpyörittäjä	9337	Sakarakytkin, jossa puristusjoustavat vääntövaimentimet	9083
Pyörimisnopeuden rajoitin	9205		
Pyörimisnopeus	9750	Sakarakytkin, jossa taipuva joustokappale	9081
Pyörimisnopeuskerroin	9851		
Pyörintähalkaisija	9608	Sakarakytkin, ohjausholkilla varustettu	9014
Pyörivä liitin	9458		
Pyörrevirtakytkin, kestomagneettinen*	9256	Sakarakytkin, vakiojäykkyys	9084
		Sakaraylikuormitusliukukytkin	9202
Pyörrevirtakytkin, liukurenkaaton*	9253	Sallittu kytkentätyö	9823
Pysähdyksissä irrotettava hammaskytkin	9039	Sallittu kytkentätyö yhtä kytkentää kohti	9824
Pyyhkijä	9341	Salpa, kuormamomentin*	9231
Pääkytkin, autojen*	9119	Seostamaton öljy	9526
Päätylaippa	9330	Siipipyörä	9474
Päätylevy	9481	Siirrettävä vääntömomentti	9720
		Sisähalkaisija	9603

Sisäpuolinen lukitusura	9647
Sisäpuoliset lamellit	9368
Sisärengas	9396, 9447
Sivu-uramutteri	9433
Soviteruuvi	9311
Spiraalikytkin	9112
Staattinen kytkentätyö	9821
Staattinen vääntöjäykkyys	9840
Suhteellinen kulmanopeus	9793
Suhteellinen pyörimisnopeus	9754
Sulkuaika	9807
Suomugrafiittivalurauta	9503
Suuren pyörimisnopeuden hammaskytkin (turbohammaskytkin)	9037
Suurennuskerroin	9854
Suurin halkaisija	9605
Suurin rullahalkaisija	9607
Sylinteri	9454
Synkronikulmanopeus	9794
Synkronipyörimisnopeus	9753
Synkronointimomentti	9719
Sysäyskerroin	9853
Säde	9611
Sähkömagneettinen hammaskytkin, jossa liukurengas	9169
Sähkömagneettinen hystereesijarru	9260
Sähkömagneettinen hystereesikytkin	9259
Sähkömagneettinen kaksilevykytkin, jossa ilmaväli ja liukurengas	9158
Sähkömagneettinen magneettijauhekytkin	9174
Sähkömagneettinen yksilevykytkinjarruyhdistelmä, jossa ilmarako ja liukurengas	9159
Sähkömagneettinen yksilevykytkin, jossa ilmaväli ja liukurengas	9156
Sähkömagneettinen, jousikuormitteinen hammaskytkin, jossa liukurengas	9171
Sähkömagneettinen, liukurenkaallinen lamellikytkin, jossa lamellit välittömän magneettikentän ulkopuolella	9163
Sähkömagneettinen, liukurenkaallinen lamellikytkin, jossa lamellit magneettikentässä	9167
Sähkömagneettinen, liukurenkaaton hammaskytkin	9170
Sähkömagneettinen, liukurenkaaton lamellikytkin, jossa lamellit välittömän magneettikentän ulkopuolella	9164
Sähkömagneettinen, liukurenkaaton lamellikytkin, jossa lamellit magneettikentässä	9168
Sähkömagneettinen, liukurenkaaton yksilevykytkin, jossa ilmaväli	9157
Sähkömagneettinen, liukurenkaaton 2-napainen yksilevykytkin, jossa ei ole ilmaväliä	9161
Sähkömagneettinen, liukurenkaaton 4-napainen yksilevykytkin, jossa ei ole ilmaväliä	9162
Sähkömagneettinen, liukurenkaaton, jousikuormitteinen kaksilevyjarru, jossa ilmaväli ja liukurengas	9160
Sähkömagneettinen, liukurenkaaton, jousikuormitteinen levyjarru, jossa lamellit eivät AC-magneettikentässä	9166
Sähkömagneettinen, liukurenkaaton, jousikuormitteinen hammaskytkin	9173
Sähkömagneettiset kytkimet	9155
Säppi-pyörä-kytkin	9228
Säteistiiviste	9430
Säteisvoima	9773
Säätöelementti	9399
Tangentiaalivoima, kehävoima	9769
Tappi-teräslamellikytkin	9076
Tappikytkin	9071
Tappikytkin, joka irrotettavissa pysähdyksissä	9075
Tappikytkin, jossa aksiaalivälyksen rajoitus	9074
Tappikytkin, jossa jarrurumpu	9072
Tappikytkin, jossa vääntöjoustava levy	9073
Teho	9780
Terminologia	9700
Teräksen ominaislämpö	9876
Teräs	9509
Teräslamellikytkin, jossa jaettu väliholkki	9051
Teräslamellikytkin, jossa väliholkki	9050
Teräslamellikytkin, yksinivelrakenne	9052
Teräsmembraanikytkin, yksinivelrakenne	9053
Tiiviste	9329
Tiivistealuslevy	9455
Tiivisteholkki	9342
Tukilevy	9394
Tukivoima	9771
Turbohammaskytkin*	9037
Työjakso	9809
Tyhjäkäyntilämpeneminen	9913
Tyhjäkäyntimomentti	9716
Tyhjäkäyntipyörimisnopeus	9757
Tynnyrikytkin, vulkanoitu tyyppi	9100
Tyyppikilpi	9459
Ulkohalkaisija	9602
Ulkolevy	9397

Ulkopuolinen lukitusura	9646
Ulkopuoliset lamellit	9367
Ulkorengas	9448
Ulkorunko	9412
Uppokantaruuvi	9466
Ura-akseli	9325
Uramutteri	9375
Uravarsiruuvi	9303
Uritettu holkki	9384
Uritettu levy	9383
Uritettu mutteri	9382
Vaarnaruuvi	9362
Vaihtovääntömomentti	9707, 9713
Vaimennus	9884
Vakiokulmanopeuskytkimen siirrettävä vetonivel	9326
Vakionopeusnivelakseli	9021
Vakionopeusnivelkytkin	9022
Valssilaitoksen hammaskytkin	9040
Valuteräs	9501
Vapaakytkimet	9210
Vapaakytkin	9450
Vapaakytkin, holkki-, jossa molemmin puolin laakerit*	9215
Vapaakytkin, holkki-, jossa rullapitimeen jousitetut rullat*	9214
Vapaakytkin, irrotettava*	9229
Vapaakytkin, jossa erilliset pitimeen jousitetut rullat ja laakerointi	9219
Vapaakytkin, jossa erilliset pitimeen jousitetut rullat ja laakerointi	9220
Vapaakytkin, jossa erillisjousitetut lukkokappaleet ilman pidintä	9222
Vapaakytkin, jossa erillisjousitetut lukkokappaleet ja yksi pidin	9223
Vapaakytkin, jossa erillisjousitetut lukkokappaleet ja kaksi pidintä	9226
Vapaakytkin, jossa keskipakoirroitus, sisältä nostava	9224
Vapaakytkin, jossa keskipakoirroitus, ulkoa nostava	9225
Vapaakytkin, jossa yhteisesti jousitetut lukkokappaleet ja pidin	9218
Vapaakytkin, jossa yhteisesti jousitetut lukkokappaleet ilman pidintä	9221
Vapaakytkin, lukkokappale-, jossa erilliset pitimeen jousitetut rullat ja laakerointi*	9220
Vapaakytkin, lukkokappale-, jossa erillisjousitetut lukkokappaleet ilman pidintä*	9222
Vapaakytkin, lukkokappale-, jossa erillisjousitetut lukkokappaleet ja yksi pidin*	9225
Vapaakytkin, lukkokappale-, jossa erillisjousitetut lukkokappaleet, yksi pidin ja keskipakovoima sisäänpäin*	9225
Vapaakytkin, lukkokappale-, jossa erillisjousitetut lukkokappaleet ja kaksi pidintä*	9226
Vapaakytkin, lukkokappale-, jossa yhteisesti jousitetut lukkokappaleet ja pidin*	9218
Vapaakytkin, lukkokappale-, jossa yhteisesti jousitetut lukkokappaleet ilman pidintä*	9221
Vapaakytkin, rulla-	9211
Vapaakytkin, rulla-, ilman rullien jousitusta*	9217
Vapaakytkin, rulla-, jossa erillisjousitetut rullat ja ulkopinta vierintäpinta*	9212
Vapaakytkin, rulla-, jossa erillisjousitetut rullat ja sisäpinta vierintäpinta*	9213
Vapaakytkin, rulla-, jossa rullapitimeen yhteisesti jousitetut rullat	9216
Vapaakytkin, sakara-*	9227
Varmistin	9429
Varmuuskytkin, sakara-	9202
Vastamomentti	9740
Vesijäähdytteinen kaksilevykytkin, mekaanisesti ohjattu	9117
Vetokierrejousi	9465
Vierasohjatut kytkimet	9106
Vierintäelimet	9349
Vierintäkulma	9619
Vierintälaakeri	9411
Viive irroituksessa	9803
Vipu	9378
Voimakkaasti seostettu öljy	9528
Voiman suunta	9776
Voimat	9760
Voiteluaine	9524
Voitelunippa	9346
Voiteluväli	9530
Volyymikohtainen kitkatyö	9827
Vulkanoitu kumikappalekytkin	9096
Vulkanoitu laippakumirengaskytkin, kaksoisrakenne	9092
Vulkanoitu laippakumirengaskytkin, yksinkertainen rakenne	9091
Vulkanoitu levykytkin, kaksoisrakenne	9095
Väliakseli	9333
Väliholkki	9425
Välikappale	9315
Välilevy	9308
Välipala	9470

Välirengas	9424
Väliseinä	9463
Välyksetön	9641
Välyksetön, sähkömagneettinen, jousikuormitteinen jarru	9176
Välys	9640
Värähtelykerroin	9848
Vääntöjäykät kytkimet	9013
Vääntömomentin diagrammi	9732
Vääntömomentin kasvu	9734
Vääntömomentin muoto	9733
Vääntömomentin nousuaika	9801
Vääntömomentin päästöaika	9804
Vääntömomentti	9701
Vääntömomenttisysäys	9712
Vääntövaimentimen kitkamomentti	9731
Vääntövaimentimen rajoitinkulma	9628
Vääntövaimentimen vastamomentti	9730
Yhdestä kappaleesta valmistettu kierrejousikytkin*	9067
Yhtenäinen lamelli	9305
Yhtenäinen membraani	9307
Yksikierroskytkin	9230
Yksilevykytkin-jarruyhdistelmä, sähkömagneettinen, jossa ilmaväli ja liukurengas*	9159
Yksilevykytkin, kestomagneettinen*	9257
Yksilevykytkin, sähkömagneettinen ja liukurenkaaton, jossa ilmaväli*	9157
Yksilevykytkin, sähkömagneettinen ja liukurenkaaton, jossa ei ole ilmaväliä*	9161, 9162
Yksilevykytkin, sähkömagneettinen, jossa ilmaväli ja liukurengas*	9156
Yksinivelrakenteinen teräslamellikytkin*	9052
Yksinivelrakenteinen teräsmembraanikytkin*	9053
Yksinkertainen nivelkytkin	9016
Yksirivinen urakuulalaakeri	9431
Ylikuormituskytkimet	9190
Ylikuormitusliukukytkin, jossa suorat kengät	9199
Ylikuumenemiskytkin	9475
Ylikuumenemistulppa	9473
Ylikytkentätiheys	9871
Ylipaineventtiili	9347
Öljy	9525
Öljyjäähdytteinen kaksilevykytkin, mekaanisesti ohjattu	9118
Öljylasi	9461
Öljymäärä kitkapinnan yksikköä kohti	9879
Öljyn ominaislämpö	9875
Öljyn tulokanavan halkaisija	9900
Öljyntäyttöruuvi	9479

Glossar	D
Diccionario	E
Glossaire	F
Glossary	GB
Glossario	I
Glossarium	NL
Ordbok	S
Sanasto	SF

9000		D Nichtschaltbare Kupplungen E Acoplamientos permanentes F Accouplements permanents GB Couplings I Giunti NL Niet-schakelbare koppelingen S Icke urkopplingsbara kopplingar SF Kytkimet
9001		D Starre Kupplungen E Acoplamientos rígidos F Accouplements rigides GB Rigid couplings I Giunti rigidi NL Vaste koppelingen S Fasta kopplingar SF Kiinteät kytkimet
9002		D Scheibenkupplung E Acoplamiento rígido de plato F Accouplement à plateaux GB Rigid flanged coupling I Giunto rigido a flange NL Vaste flenskoppeling S Skivkoppling SF Laippakytkin
9003		D Hülsenkupplung mit Verschraubung E Acoplamientos de núcleo y con elementos de blocaje F Accouplement à manchon et collier de serrage GB Screw collar sleeve coupling I Giunto a manicotto con ghiera di bloccaggio NL Hulskoppeling met spanmoeren S Hylskoppling med förskruvning SF Kierrelukittu holkkikytkin
9004		D Drucköl-Hülsenkupplung E Acoplamiento a presión de aceite F Accouplement à pression d'huile GB Hydrostatic sleeve coupling I Giunto a pressione d'olio NL Oliedruk-mofkoppeling S Hylskoppling med hydraulisk montering SF Paineöljyasennettava holkkikytkin

9005		D E F GB I NL S SF	Hülsenkupplung mit Spannringen Acoplamiento por anillos de expansión Accouplement à bague de serrage Sleeve coupling with locking rings Giunto con anelli ad espansione Hulskoppeling met spanringen Hylskoppling med spännringar Paisuntarenkailla asennettava holkkikytkin
9006		D E F GB I NL S SF	Schrumpfscheiben-Hülsenkupplung Acoplamiento de compresión por biconos Accouplement à frettes Shrink disc coupling Giunto a compressione Klemring-koppeling Hylskoppling med mekanisk kompression Puristusrenkaalla asennettava holkkikytkin
9007		D E F GB I NL S SF	Schalenkupplung Acoplamiento rígido de caja con bulones Accouplement rigide à coquilles Split muff coupling Giunto a bulloni Klemkoppelbus Skålkoppling Jaettu kytkin
9008		D E F GB I NL S SF	Klemmring-Schalenkupplung Acoplamiento rígido de núcleo cónico a presión Accouplement rigide à manchon conique de serrage Taper sleeve coupling Giunto ad anelli Konische klemring-koppeling Skålkoppling med koniska ringar Kutistusrenkailla varustettu kartioholkkikytkin
9009		D E F GB I NL S SF	Spannsatz-Hülsenkupplung Acoplamiento con anillos de expansión cónicos Accouplement à deux bagues de serrage conique Sleeve coupling with tapered bushes Giunto a doppio manicotto conico Hulskoppeling met spanbussen Hylskoppling med konisk spännsats Paisuntakartioholkeilla varustettu kytkin

9010		D Stirnzahnkupplung E Acoplamiento de dentado frontal F Accouplement à denture frontale GB Face gear coupling I Giunto a denti frontali NL Axiale tandkoppeling S Axiell tandkoppling SF Aksiaalinen hammaskytkin
9013		D Drehstarre Kupplungen E Acoplamientos flexibles F Accouplements flexibles GB Torsionally rigid couplings I Giunti torsionalmente rigidi NL Torsiestijve koppelingen S Vridstyva kopplingar SF Vääntöjäykät kytkimet
9014		D Klauenkupplung mit Zentrierring E Acoplamiento de dientes almenados F Accouplement à crabots avec anneau de centrage GB Jaw coupling (with centralising collar) I Giunto a settori frontali NL Klauwkoppeling met centreerbus S Klokoppling med styrhylsa SF Ohjausholkilla varustettu sakarakytkin
9015		D Kreuzgelenkkupplung E Acoplamiento de cruceta F Accouplement à croisillon GB Universal joint coupling I Giunto cardanico NL Kruisscharnier-koppeling S Korslänkkoppling SF Nivelkytkin
9016		D Einfach-Kreuzgelenk E Junta universal F Joint universel GB Single universal joint coupling I Giunto universale semplice NL Enkele scharnierkoppeling S Enkel korslänk SF Yksinkertainen nivelkytkin

9017		D Doppel-Kreuzgelenk E Junta universal doble F Joint universel double GB Double universal joint coupling (internal link) I Giunto universale doppio NL Dubbele scharnierkoppeling S Dubbel korslänk SF Kaksoisnivelkytkin
9018		D Schleifengelenk E Junta Universal de esfera F Joint universel à sphere GB Universal joint ball type I Giunto universale a sfera NL Kogelscharnier-koppeling S Kullänk SF Pallotyyppinen nivelkytkin
9019		D Gelenkwellen E Doble cardán F Doubles cardans GB Cardan shafts I Giunti cardanici NL Kardanassen S Kardanaxlar SF Nivelakselit
9020		D Gelenkwelle mit Längenausgleich E Doble cardán telescópico F Joint universel double avec rallonge télescopique GB Cardan shaft with telescopic joint I Giunto snodato allungabile (cardanico) NL Telescopische kardaans S Kardanaxel med längdutjämning SF Nivelakseli, jossa pituustasaus

9021		D Gleichlauf-Gelenkwelle E Junta con juego limitado F Joint à débattement réduit GB Constant velocity joint low misalignment I Giunto snodato omocinetico NL Scharnieras met synchronisatie S Kulkoppling med konstant vinkelhastighet SF Vakionopeusnivelakseli
9022		D Gleichlauf-Festgelenk E Junta universal homocinética F Joint universel homocinétique GB Constant velocity joint coupling I Giunto universale omocinetico NL Homokinetische koppeling S Kulkoppling med konstant vinkelhastighet SF Vakionopeusnivelkytkin
9023		D Zahnkupplungen E Acoplamientos dentados F Accouplements à denture GB Gear couplings I Giunti a denti NL Tandkoppelingen S Tandkopplingar SF Hammaskytkimet
9024		D Einfach-Zahnkupplung E Acoplamiento dentado engrane simple F Accouplement à denture simple engagement GB Single gear coupling I Giunto a denti a singolo ingranamento NL Enkelvoudige tandkoppeling S Enkel tandkoppling SF Hammaskytkin, yksi kosketus

9025		D	Kunststoff-Steckkupplung, einfach kardanisch
		E	Acoplamiento dentado con mangon y corona de plastico
		F	Accouplement à denture simple engagement avec manchon et noyau en plastique
		GB	Plastic insertion coupling
		I	Giunto a denti bombati con manicotto e mozzo in plastica
		NL	Enkelvoudige kunststof boogtandkoppeling
		S	Enkel tandkoppling av konstmaterial
		SF	Keinoainehammaskytkin
9026		D	Kunststoff-Flanschkupplung, einfach kardanisch
		E	Acoplamiento dentado con núcleo de acero y brida de plastico
		F	Accouplement à denture avec flasque en plastique et noyau acier
		GB	Plastic flange single gear coupling
		I	Giunto a denti bombati in materia plastica
		NL	Enkelvoudige kunststof flens-boogtandkoppeling
		S	Enkel flänstandkoppling av konstmaterial
		SF	Keinoainelaippahammaskytkin
9028		D	Doppel-Zahnkupplung
		E	Acoplamiento dentado de doble engrane
		F	Accouplement à denture à double engagement
		GB	Double gear coupling
		I	Giunto a denti a doppio ingranamento
		NL	Dubbele boogtandkoppeling
		S	Tandkoppling dubbelkardanisk
		SF	Hammaskytkin, kaksi kosketusta
9029		D	Zahnkupplung mit Kunststoffhülse, doppelkardanisch
		E	Acoplamiento de mangones y carcasa de plastico
		F	Accouplement à denture et manchon plastique à double engagement
		GB	Gear coupling with plastic sleeve
		I	Giunto a denti a doppio ingranamento con manicotto in materiale sintetico
		NL	Dubble boogtandkoppeling met kunststof huls
		S	Dubbel tandkoppling med hylsa av konstmaterial
		SF	Hammaskytkin, j ossa keinoaineholkki, kaksi kosketusta

9030		D Zahnkupplung mit Zwischenstück E Acoplamiento dentado engrane con pieza de separación F Accouplement à denture avec pièce d'espacement GB Gear coupling with spacer I Giunto a denti con distanziatore NL Tandkoppeling met opgebouwd tussenstuk S Tandkoppling med mellanstycke SF Hammaskytkin, jossa välikappale
9031		D Zahnkupplung mit Hülse E Acoplamiento dentado con núcleo F Accouplement à denture à manchon GB Sleeve type gear coupling I Giunto a denti a manicotto NL Tandkoppeling met centrale mof S Tandkoppling med hylsa SF Hammaskytkin, holkkirakenne
9032		D Zahnkupplung mit ungeteiler Hülse E Acoplamiento dentado con carcasa entera F Accouplement à denture avec douille monobloc GB Gear coupling with a solid sleeve I Giunto a denti con manicotto unito NL Tandkoppeling met ééndelige mof S Tandkoppling med odelad hylsa SF Hammaskytkin, jossa jakamaton holkki
9033		D Zahnkupplung mit geteilter Hülse E Acoplamiento dentado con carcasa partida F Accouplement à denture avec douille en deux parties GB Gear coupling with a split sleeve I Giunto a denti con manicotto diviso NL Tandkoppeling met tweedelige mof S Tandkoppling med delad hylsa SF Hammaskytkin, jossa jaettu holkki

9034

D	Zahnkupplung mit Zwischenwelle
E	Acoplamiento dentado con eje intermedio
F	Accouplement à denture avec arbre intermediaire
GB	Gear coupling with intermediate shaft
I	Giunto a denti con albero intermedio
NL	Dubbele tandkoppeling met tussenas
S	Tandkoppling med mellanaxel
SF	Hammaskytkin, jossa väliakseli

9035

D	Zahnkupplung mit Bremsscheibe
E	Acoplamiento dentado con poléa freno
F	Accouplement à denture avec poulie de frein
GB	Gear coupling with a brake drum
I	Giunto a denti con puleggia freno
NL	Tandkoppeling met remtrommel
S	Tandkoppling med bromstrumma
SF	Hammaskytkin, jossa jarrurumpu

9036

D	Zahnkupplung mit Brechbolzenkupplung
E	Acoplamiento dentado con bulones de rotura
F	Accouplement à denture avec flasque à broches de cisaillement
GB	Gear coupling with shear pin coupling
I	Giunto a denti con spina tranciabile
NL	Tandkoppeling met breekpen-koppeling
S	Tandkoppling med brytpinne
SF	Hammaskytkin, jossa murtotapit

9037		D E F GB I NL S SF	Turbo-Zahnkupplung Turbo acoplamiento dentado para gran velocidad Accouplement à denture pour grande vitesse High speed gear coupling Turbo giunto a denti Turbo-tandkoppeling Turbo-tandkoppling Suuren pyörimisnopeuden hammaskytkin (Turbohammaskytkin)
9038		D E F GB I NL S SF	Zahnkupplung für senkrechten Einbau Acoplamiento dentado para montaje vertical Accouplement à denture pour montage vertical Gear coupling for vertical mounting Giunto a denti per installazione verticale Tandkoppeling voor vertikale opstelling Vertikal tandkoppling Hammaskytkin pystyakselia varten
9039		D E F GB I NL S SF	Zahnkupplung, im Stillstand schaltbar Acoplamiento dentado desembragable en paro Accouplement à denture avec crabots, débrayable à l'arrêt Gear coupling with dog clutch Giunto a denti innestabile da fermo Tandkoppeling, in stilstand schakelbaar Tandkoppling styrd i stillestånd Pysähdyksissä irrotettava hammaskytkin
9040		D E F GB I NL S SF	Walzwerk-Zahnkupplung Acoplamiento dentado con núcleo largo para laminador Accouplement à denture pour entrainement de laminoir Mill motor coupling Giunto a denti per laminatoio Tandkoppeling voor walswerkmotoren Valsverkskoppling Valssilaitoksen hammaskytkin

9041		D Zahnkupplung mit Gleithülse E Acoplamiento dentado deslizable F Accouplement à denture à moyeu coulissant GB Sliding hub gear coupling I Giunto a denti con mozzo scorrevole NL Tandkoppeling met verschuifbare naaf S Tandkoppling med glidande nav SF Hammaskytkin jossa pidennetty aksiaaliliike
9042		D Isolierte Zahnkupplung E Acoplamiento dentado con pieza isolar F Accouplement à denture à cloison d'isolation électrique GB Insulated gear coupling I Giunto a denti isolato elettricamente NL Tandkoppeling met elektrisch isolerend tussenschijf S Tandkoppling med isolerande skiva SF Hammaskytkin, jossa eristyslevy
9043		D Schnell lösbare Zahnkupplung E Acoplamiento dentado con eje de separación y secacople rapido F Accouplement à denture à desaccouplement rapide GB Quick disconnect gear coupling I Giunto a denti a smontaggio rapido NL Tandkoppeling met snelle ontkoppeling S Snabbkopplande tandkoppling SF Nopeasti irroitettava hammaskytkin
9045		D Tonnenkupplung E Acoplamiento de rodillos esféricos F Accouplement à rouleaux sphériques GB Spherical roller coupling I Giunto con rulli bombati NL Rollenkoppeling S Rulltandkoppling SF Rullakytkin

9046		D E F GB I NL S SF	Rollenketten-Kupplung Acoplamiento de cadena exterior (cadena de rodillos) Accouplement à chaîne à rouleaux Roller chain coupling Giunto a catena (catena a rulli) Rolketting-koppeling Kedjekoppling med rullkedja Ketjukytkin (rullaketju)
9047		D E F GB I NL S SF	Zahnketten-Kupplung Acoplamiento de cadena (cadena dentada) Accouplement à chaîne dentée Inverted tooth chain coupling Giunto a catena (catena a denti) Tandketting-koppeling Kedjekoppling med tandkedja Ketjukytkin (hammasketju)
9048		D E F GB I NL S SF	Kreuzscheiben-Kupplung Junta oldham para baja velocidad Joint de oldham pour vitesse lente Oldham coupling Giunto di oldham Oldham-koppeling voor laag toerental Korsskivekoppling Oldham-kytkin
9049		D E F GB I NL S SF	Parallelkurbel-Kupplung Acoplamiento articulado o de bielas Accouplement à bielles Link coupling Giunto articolato Parallelogram-koppeling Länkarmkoppling Nivellaippakytkin

9050		D Ganzstahl-Laschenkupplung mit Zwischenhülse E Acoplamiento de láminas con pieza intermedia F Accouplement à lamelles tout acier avec douille intermédiaire GB Steel shim coupling with connecting sleeve I Giunto a piastra d'acciaio con manicotto intermedio NL Metaallamellen-koppeling met tussenstuk S Membrankoppling med mellanhylsa SF Teräslamellikytkin, jossa väliholkki
9051		D Ganzstahl-Laschenkupplung mit geteilter Zwischenhülse E Acoplamiento de láminas con casquillo intermedio partido F Accouplement à lamelles tout acier avec douille intermédiaire en deux parties GB Steel shim coupling with a split connecting sleeve I Giunto a dischi d'acciaio con manicotto diviso NL Metaallamellen-koppeling met tweedelige tussenstuk S Membrankoppling med delad mellanhylsa SF Teräslamellikytkin, jossa jaettu väliholkki
9052		D Ganzstahl-Laschenkupplung, Eingelenk-Ausführung E Acoplamiento de láminas simple de acero F Accouplement à simples lamelles tout acier GB Steel shim coupling I Giunto a dischi d'acciaio con snodo NL Metaallamellen-koppeling S Enkel membrankoppling SF Teräslamellikytkin, yksinivelrakenne
9053		D Ganzstahl-Membrankupplung, Eingelenk-Ausführung E Acoplamiento de láminas simple de acero con brida F Accouplement à membranes tout acier avec flasque GB Steel membrane coupling I Giunto a membrana in acciaio e snodo semplice NL Stalen membraan-koppeling in flens uitvoering S Enkel membrankoppling med medbringare SF Teräsmembraanikytkin, yksinivelrakenne

9054		D Faserverstärkte Kunststoff-Lamellenkupplung E Acoplamiento con membrana de plastico reforzado F Accouplement à membranes en plastique renforcé GB Fibre-reinforced plastic membrane coupling I Giunto a membrana in plastica NL Glasvezel-versterkt kunststof lamellen-koppeling S Membrankoppling med glasfiberförstärkta medbringare SF Kuituvahvistettu keinoainelamellikytkin
9057		D Elastische Kupplungen E Acoplamientos elásticos F Accouplements élastiques GB Flexible couplings I Giunti elastici NL Elastische koppelingen S Elastiska kopplingar SF Joustavat kytkimet
9058		D Federkupplungen E Acoplamientos de muelles F Accouplements à ressorts GB Spring couplings I Giunti a molla NL Veerkoppelingen S Fjäderkopplingar SF Jousikytkin
9060		D Federbandkupplung E Acoplamiento de correa elástica radial F Accouplement à courroie métallique GB Spring coupling contiuous coil I Giunto con banda metallica NL Koppeling met doorlopende veer S Fjäderbandkoppling SF Joustava hihnakytkin

9062		D Federschlaufenkupplung E Acoplamiento de muelle en caja F Accouplement à ressorts en cuvette GB Curved spring coupling I Giunto con molla curva NL Gebogen bladveer-koppeling S Bågfjäderkoppling SF Kaarijousikytkin
9063		D Schraubenfederkupplung E Acoplamiento de muelles tangentes F Accouplement à ressorts tangents GB Coil spring coupling I Giunto con molle ad elica tangenziali NL Torsiekoppeling met schroefveer S Tangentialskruvfjäderkoppling SF Kierrejousikytkin
9064		D Bügelfederkupplung E Acoplamiento con muelle de herradura F Accouplement à ressorts en fer à cheval GB Stirrup spring coupling I Giunto con molle a staffa tangenziali NL Beugelveer-koppeling S Bygelfjäderkoppling SF Jalkajousikytkin
9065		D Mehrlagen-Schraubenfeder-Kupplung E Acoplamiento de muelle sin juego angular F Accouplement à ressorts sans jeu angulaire GB Multi-Layer coil spring coupling I Giunto con molle ad elica a più strati NL Koncentrische schroefveer-koppeling S Flerlagrad skruvfjäderkoppling SF Monikerroksinen kierrejousikytkin
9066		D Schraubenfederkupplung, Feder in Nabe aufgesteckt E Acoplamiento de muelle entre núcleos F Accouplement à ressort entre manchons GB Coil spring coupling I Giunto a molla ad elica NL Schroefveer-koppeling, veer in naaf verzonken S Axialskruvfjäderkoppling med 2 nav och fjäder SF Kierrejousikytkin, jousi kiinnitetty erillisiin napoihin

9067		D Schraubenfederkupplung, hergestellt aus einem Stück E Acoplamiento de muelle de una sola pieza F Accouplement monobloc à ressorts GB One piece coil spring coupling I Giunto a molla ad elica ottenuto da un sol pezzo NL Schroefveer-koppeling uit eén stuk S Skruvfjäderkoppling tillverkad i ett stycke SF Kierrejousikytkin, valmistettu yhdestä kappaleesta
9068		D Blattfederkupplung E Acoplamiento de muelle a láminas radiales F Accouplement à ressorts à lames radiales GB Spring coupling (leaf springs) I Giunto a lamelle radiali NL Bladveerkoppeling S Fjäderbladkoppling SF Jousikytkin (lattajouset)
9069		D Schlangenfederkupplung E Acoplamiento de muelle continuo F Accouplement double à ressort continu GB Spring coupling continuous coil I Giunto a molla serpentina continua NL Veerkoppeling met doorlopende veer S Stålbandkoppling SF Jousikytkin, jatkuva kampa
9070		D Einzelring-Federkupplung E Acoplamiento de muelles separados F Accouplement à ressorts séparés GB Spring coupling separate springs I Giunto a molle serpentine separate NL Veerkoppeling met meerdere veren S Fjäderkoppling med enkla fjädrar SF Jousikytkin, erilliset jouset

9071		D Bolzenkupplung E Acoplamiento de bulones de goma F Accouplement à broches GB Pin and buffer coupling I Giunto a perni e pioli NL Pennenkoppeling S Pinnkoppling SF Tappikytkin
9072		D Bolzenkupplung mit Bremsscheibe E Acoplamiento de bulones con poléa de freno F Accouplement à broches et poulie de frein GB Pin coupling with brake drum I Giunto a perni e pioli elastici con puleggia di frenatura NL Pennenkoppeling met remschijf S Pinnkoppling med bromstrumma SF Tappikytkin, jossa jarrurumpu
9073		D Bolzenkupplung mit drehelastischer Scheibe E Acoplamiento de disco flector F Accouplement à broches et disque non-métallique GB Disc pin coupling with elastomeric disc I Giunto con disco flessibile (disco non metallico) NL Pennenkoppeling met torsieelastische tussenring S Gummiskivkoppling SF Tappikytkin, jossa vääntöjoustava levy
9074		D Bolzenkupplung mit Axialspielbegrenzung E Acoplamiento de bulones con limitador de juego axial F Accouplement à broches à jeu axial réglable GB Pin coupling with axial play limiting device I Giunto a perni e pioli elastici con limitazione del giuoco assiale NL Pennenkoppeling met axiale begrenzing S Pinnkoppling med begränsat axialspel SF Tappikytkin, jossa aksiaalivälyksen rajoitus

9075		D Bolzenkupplung, im Stillstand schaltbar E Acoplamiento de bulones desembragable en paro F Accouplement à broches, débrayable à l'arrêt GB Pin and bush coupling with dog clutch I Giunto a perni e pioli innestabile da fermo NL Pennenkoppeling, in stilstand schakelbaar S Pinnkoppling styrd i stillestånd SF Tappikytkin, joka irrotettavissa pysähdyksissä
9076		D Kupplungskombination Bolzen-Laschenkupplung E Acoplamiento de bulones con acoplamiento de láminas F Accouplement à broches avec accouplement à membranes GB Combined pin and membrane coupling I Combinazione di giunti : giunto a perni e pioli e giunto in acciaio NL Pennenkoppeling met lamellen-koppeling S Kopplingskombination pinn-membrankoppling SF Tappi-teräslamellikytkin
9078		D Klauenkupplungen E Acoplamientos de tetones F Accouplements à tenons GB Spider couplings I Giunti a incastro frontale NL Klauwkoppelingen S Klokopplingar SF Sakarakytkimet
9079		D Klauenkupplung mit elastischem Kreuz E Acoplamiento de tetones con elemento elástico F Accouplement à tenons et élément élastique GB Spider coupling with elastomeric element I Giunto a incastro con anello elastico NL Klauwkoppeling met elastisch tussenstuk S Klokoppling med elastiskt kors SF Sakarakytkin, jossa joustava ristikappale

9080		D Klauenkupplung mit Nockenring E Acoplamiento de tetones con elemento elástico exterior (anillo exterior) F Accouplement à tenons avec anneau extérieur GB Spider coupling with compression element I Giunto a incastro con anello a camme NL Klauwkoppeling met nokkenring S Klokoppling med elastisk ring SF Sakarakytkin, jossa nokkarengas
9081		D Klauenkupplung mit Biegepuffern E Acoplamiento de bloques F Accouplement à tenons et blocs élastiques séparés GB Block coupling shear type I Giunto a tasselli sollecitati al taglio NL Buigelastische blokkoppeling S Klotskoppling, skjuvtyp SF Sakarakytkin, jossa taipuva joustokappale
9082		D Klauenkupplung mit Druckpuffern E Acoplamiento de núcleos comprimidos F Accouplement à tenons et blocs comprimés GB Block coupling compression type I Giunto a tasselli sollecitati a compressione NL Torsie-elastische blokkoppeling S Klotskoppling, kompressionstyp SF Sakarakytkin, jossa joustokappale puristuksessa
9083		D Klauenkupplung mit druckelastischen Torsionsdämpfern E Acoplamiento con tetones planos elásticos F Accouplement à tenons et tampons amortisseurs de torsion GB Spider coupling with compression torsional damper I Giunto a tasselli a compressione per l'assorbimento delle vibrazioni torsionali NL Blokkoppeling met elastische torsiedempers S Klokoppling, elastisk torsionsdämpning SF Sakarakytkin, jossa puristusjoustavat vääntövaimentimet

9084		D E F GB I NL S SF	Klauenkupplung mit Rollenpuffern Acoplamiento de barriletes elásticos Accouplement à rouleaux amortisseurs Block coupling constant stiffness type Giunto a tasselli cilindrici Blokkoppeling met rollendempers Klotskoppling med rullar Sakarakytkin, vakiojäykkyys
9086		D E F GB I NL S SF	Reifenkupplungen Acoplamientos de goma Accouplements à pneu Tyre couplings Giunti con collare in gomma Bandkoppelingen Gummiringkopplingar Kumirengaskytkimet
9087		D E F GB I NL S SF	Verschraubte Reifenkupplung Acoplamiento con banda elástica Accouplement à bandage boulonné Bolted tyre coupling Giunto con collare di gomma a serraggio a viti Koppeling met verschroefde band Gummiringkoppling Kumirengaskytkin, ruuvikiinnitys
9088		D E F GB I NL S SF	Verschraubte Flanschreifenkupplung, einfache Ausführung Acoplamiento de banda desplazada Accouplement à bandage décalé Tyre coupling one piece tyre with extended flange Giunto con collare a flangia per accoppiamento di due alberi Koppeling met gedeelde band aan flens verschroefd Gummiringkoppling med enkel ring och medbringarfläns Kumirengaskytkin, yhtenäinen kumi suurennetulla kiinnityslaipalla

9089		D Flanschreifenkupplung mit Durchschlagsicherung E Acoplamiento con banda elástica doble con brida intermedia F Accouplement à bandage avec flasque intermédiaire de sécurité GB Flanged tyre coupling with safety dogs I Giunto a flangia a doppio collare NL Bandkoppeling met flens en breekpen S Gummiringkoppling med medbringarsäkring SF Kumirengaskytkin, jaettu kumi
9090		D Flanschreifenkupplung ohne Durchschlagsicherung E Acoplamiento con banda elástica doble sin brida intermedia F Accouplement à bandage sans flasque intermédiaire de sécurité GB Flanged tyre coupling without safety dogs I Giunto con collare in gomma senza protezione d'arresto NL Bandkoppeling met flens zonder breekpen S Gummiringkoppling utan medbringarsäkring SF Kumirengaskytkin ilman murtovarmistusta
9091		D Vulkanisierte Flanschreifenkupplung, einfache Ausführung E Acoplamiento elástico monobloc con núcleo, brida y elemento elástico vulcanizado F Accouplement monobloc à moyeu et flasque et élemént élastique vulcanisé GB Vulcanised flange-type tyre coupling, simple design I Giunto a flangia in gomma vulcanizzata NL Gevulkaniseerde enkel-bandkoppeling met flens S Vulkaniserad flänsringkoppling SF Vulkanoitu laippakumirengaskytkin, yksinkertainen rakenne

9092		D	Vulkanisierte Flanschreifenkupplung, doppelte Ausführung
		E	Acoplamiento elástico doble con núcleo, brida y elementos elásticos vulcanizado
		F	Accouplement double à moyeu et flasque et élément élastique vulcanisé
		GB	Vulcanised flange-type tyre coupling, double design
		I	Giunto con collare in due pezzi vulcanizzati
		NL	Gevulkaniseerde dubbel-bandkoppeling met flens
		S	Dubbel vulkaniserad flänsringkoppling
		SF	Vulkanoitu laippakumirengaskytkin, kaksoisrakenne
9093		D	Flanschreifenkupplung für Elastikringwechsel ohne Ausbau und Verschieben der verbundenen Maschinen
		E	Acoplamiento elástico desmontable sin desplazamiento de piezas acopladas
		F	Accouplement à bandage avec flasque démontable sans déplacement des organes accouplés
		GB	Flange-type tyre coupling for flexible element change, without dismantling and displacement of connected machines
		I	Giunto a flangia per ricambio anello elastico senza smontaggio e spostamento macchine collegate
		NL	Flensbandkoppeling voor demontage zonder machineverplaatsing
		S	Gummiringkoppling med axiellt utbytbara ringar
		SF	Laippakumirengaskytkin, kumielementit vaihdettavissa koneita siirtämättä
9094		D	Scheibenkupplung
		E	Acoplamiento de disco elástico
		F	Accouplement à disque élastique
		GB	Bolted disc coupling
		I	Giunto a disco
		NL	Elastische schijfkoppeling
		S	Skivkoppling
		SF	Levykytkin

9095		D Vulkanisierte Scheibenkupplung, doppelte Ausführung E Acoplamiento de discos elásticos vulcanizada sobre los bridas F Accouplement à double disque élastique vulcanisé GB Bonded disc coupling I Giunto con disco vulcanizzato esecuzione doppia NL Gevulkaniseerde dubbel-schijfkoppeling S Vulkad dubbel skivkoppling SF Vulkanoitu levykytkin, kaksoisrakenne
9096		D Vulkanisierte Zwischenringkupplung E Acoplamiento de brazos vulcanizada F Accouplement à bras vulcanisés GB Bonded block coupling I Giunto con intermediario elastico vulcanizzato NL Blokkoppeling med gevulkaniseerde tussenring S Vulkad blockgummikoppling SF Vulkanoitu kumikappalekytkin

9098

D Luftfederkupplung
E Acoplamiento de cojin neumático
F Accouplement à coussin d'air
GB Air bag spring coupling
I Giunto elastico con cuscino d'aria
NL Luchtveerkoppeling
S Luftfjäderkoppling
SF Ilmajousikytkin

9100		D Vulkanisierte Stirnkupplung E Acoplamiento con elastómero adherido F Accouplement à joint vulcanisé collé GB Barrel coupling (bonded type) I Giunto vulcanizzato NL Gevulkaniseerde tonkoppeling (verbonden type) S Vulkad koppling SF Tynnyrikytkin, vulkanoitu tyyppi
9105		D Schaltbare Kupplungen E Acoplamientos embragable manualmente F Accouplements manoeuvrables GB Clutches I Innesti NL Schakelbare koppelingen S Urkopplingsbara kopplingar SF Irrotuskytkimet
9106		D Fremdbetätigte Schaltkupplungen E Acoplamiento-embrague F Embrayages GB Operating clutch couplings I Innesti ad azionamento separato NL Bediende koppelingen S Avståndsstyrda kopplingar SF Vierasohjatut kytkimet
9107		D Mechanisch betätigte Kupplungen E Embragues mecánicos F Embrayages à commande mécanique GB Mechanically operated clutches I Innesti ad aziona meccanico NL Mechanisch schakelbare koppelingen S Mekaniskt styrda kopplingar SF Mekaanisesti toimivat kytkimet

9110		D Zahnkupplung mit Kunststoffhülse,
		     im Stillstand schaltbar
		E Acoplamiento dentado de plástico con
		     nucleo desembragable en paro
		F Accouplement à denture à manchon plastique,
		     débrayable à l'arrêt
		GB Gear coupling with plastic sleeve
		I Giunto a denti con manicotto
		     disinseribile da fermo
		NL Tandkoppeling met kunststofhuls,
		     in stilstand schakelbaar
		S Tandkoppling med hylsa av konstmaterial,
		     styrd i stillestånd
		SF Hammaskytkin, jossa keinoaineholkki,
		     kytkettävissä pysähdyksissä

9111		D Klauenkupplung, im Stillstand schaltbar E Embrague mecánico de tetones rectos F Embrayage à crabots droits, débrayable à l'arret GB Mechanical jaw clutch I Giunto frontale azionato da fermo NL Klauwkoppeling, in stilstand schakelbaar S Klokoppling, styrd i stillestånd SF Sakarakytkin

9112		D Spiralklauenkupplung
		E Embrague mecánico de tetones de
		     un solo sentido de rotación
		F Embrayage à crabots à un seul
		     sens de rotation
		GB Mechanical jaw clutch spiral jaw
		I Giunto a innesto frontale
		NL Klauwkoppeling met schroefvormige klauwen
		S Klospiralkoppling
		SF Spiraalikytkin

9113

- D Mechanisch betätigte Zweiflächen-Kupplung
- E Embrague mecanico monodisco mando mecánico por palanca
- F Embrayage mécanique double disque (à commande à levier)
- GB Lever operated plate clutch coupling
- I Giunto a disco singolo con comando a leva
- NL Mechanisch bediende plaatkoppeling
- S Spakstyrd koppling
- SF Käsivivulla toimiva levykytkin

9114

- D Mechanisch betätigte Zweiflächen-Flanschkupplung in Verbindung mit Keilriemenscheibe
- E Embrague mando mecánico de doble disco con polea acanalada
- F Embrayage mécanique double disque et flasque avec poulie à gorges
- GB Mechanically operated, double-face flange-type coupling with a vee-belt pulley
- I Giunto a disco singolo ad innesto meccanico collegato ad una puleggia a gole
- NL Mechanisch bediende plaatkoppeling met V-riemschijf
- S Mekaniskt styrd dubbellamellkoppling med kilremskiva
- SF Mekaanisesti ohjattu kaksilevykytkin, jossa kiilahihnapyörä

9115		D	Mechanisch betätigte Zweiflächen-Kupplung mit hochelastischer Reifenkupplung
		E	Embrague mando mecánico combinado con acoplamiento elástico
		F	Embrayage mécanique double disque avec accouplement à bandage superélastique
		GB	Mechanically operated double-face coupling with highly elastic tyre coupling
		I	Giunto a disco singolo ad innesto meccanico con giunto elastico a colare in gomma
		NL	Mechanisch bediende plaatkoppeling met superelastische bandkoppeling
		S	Mekaniskt styrd dubbellamellkoppling med högelastisk gummiringkoppling
		SF	Mekaanisesti ohjattu kaksilevykytkin, jossa joustava kumirengaskytkin
9116		D	Mechanisch betätigte Zweiflächen-Kupplung mit Lüftkühlung
		E	Embrague mecánico monodisco refrigerado por aire
		F	Embrayage mécanique double disque refroidi à l'air
		GB	Plate clutch coupling with air cooling
		I	Giunto a disco singolo con raffreddamento ad aria
		NL	Mechanisch bediende plaatkoppeling met luchtkoeling
		S	Luftkyld lamellkoppling
		SF	Ilmajäähdytteinen mekaanisesti ohjattu kaksilevykytkin
9117		D	Mechanisch betätigte Zweiflächen-Kupplung mit Wasserkühlung
		E	Embrague mecánico monodisco refrigerado por agua
		F	Embrayage mécanique double disque refroidi à l'eau
		GB	Plate clutch coupling with water cooling
		I	Frizione meccanica monodisco innestabile con raffreddamento ad acqua
		NL	Mechanisch bediende plaatkoppeling met waterkoeling
		S	Vattenkyld lamellkoppling
		SF	Vesijäähdytteinen kaksilevykytkin, mekaanisesti ohjattu

9118		D E F GB I NL S SF	Mechanisch betätigte Zweiflächen- Kupplung mit Ölkühlung Embrague monodisco refrigerado por aceite Embrayage mécanique double disque refroidi à l'huile Plate clutch coupling with oil cooling Frizione monodisco con raffreddamento ad olio Mechanisch bediende plaatkoppeling met oliekoeling Oljekyld lamellkoppling Öljyjäähdytteinen kaksilevykytkin, mekaanisesti ohjattu
9119		D E F GB I NL S SF	Kraftfahrzeug-Kupplungen Embragues de automovil Embrayages d'automobile Automotive clutches Frizioni per autoveicoli Schakelkoppelingen voor voertuigen Lastfordonskopplingar Autojen pääkytkimet
9120		D E F GB I NL S SF	Membranfederkupplung Embrague automático por resorte y diafragma Embrayage commandé par ressortdiaphragme Diaphragm spring clutch Frizione a membrana elastica Schakelbare membraan-veerkoppeling Membranfjäderkoppling Membraanijousikytkin

9121		D Schraubenfederkupplung E Embrague automatico por muelles helicoidales F Embrayage commandé par ressorts hélicoïdaux GB Coil spring clutch I Frizione a molla elicoidale NL Schakelbare schroefveer-koppeling S Skruvfjäderkoppling SF Kierrejousikytkin
9122		D Zweiflächenkupplung mit Torsionsdämpfung E Embrague de disco con amortiguadores de muelles F Embrayage à disque avec amortisseurs GB Double face coupling with torsional damping I Frizione a disco singolo con assorbimento elastico torsionale NL Schakelbare plaatkoppeling met torsiedempers S Lamellkoppling med torsionsdämpning SF Kaksilevykytkin, jossa vääntövaimennus
9123		D Mechanisch betätigte Lamellenkupplung E Embrague mecanico de láminas multiples F Embrayage multidisque à commande mécanique GB Mechanically operated multi-disc clutch I Frizione a lamelle ad azionamento meccanico NL Mechanisch bediende lamellen-koppeling S Mekaniskt styrd lamellkoppling SF Mekaanisesti ohjattu lamellikytkin

9124

- D Mechanisch betätigte Lamellenkupplung für Verbrennungsmotoren
- E Embrague mécanico de láminas para motor termico
- F Embrayage mécanique multidisque pour moteur à combustion interne
- GB Mechanically operated multi-plate clutch for internal combustion
- I Frizione lamellare ad azionamento meccanico per motori a combustione
- NL Mechanisch bediende lamellenkoppeling voor verbrandingsmotoren
- S Mekaniskt styrd lamellkoppling för förbränningsmotorer
- SF Mekaanisesti, ohjattu polttomoottorien lamellikytkin

9125

- D Mechanisch betätigte Lamellenkupplung für Verbrennungsmotoren mit Übersetzungen
- E Embrague mécanico de láminas para motor termico con reductor
- F Embrayage mécanique multidisque avec réducteur pour moteur à combustion interne
- GB Mechanically operated multi-plate clutch for internal combustion engines with gear transmissions
- I Frizione lamellare ad azionamento meccanico per motori Diesel con riduttore
- NL Mechanisch bediende lamellenkoppeling met tandwielkast voor verbrandingsmotoren
- S Mekaniskt styrd lamellkoppling med kuggväxel för förbränningsmotorer
- SF Mekaanisesti ohjattu polttomoottorien lamellikytkin, jossa välitys

9126		D Mechanisch betätigte Doppelkegelkupplung E Embrague mécanico bicónico interior F Embrayage mécanique à cônes internes GB Conical clutch coupling internal I Frizione a doppio cono interno ad azionamento meccanico NL Mechanisch schakelbare inwendige dubbel-kegelkoppeling S Mekaniskt styrd dubbelkonkoppling SF Mekaanisesti ohjattu kaksoiskartiokytkin, jossa sisäpuolinen kartio
9127		D Mechanisch betätigte Doppelkonuskupplung E Embrague mécanico de sectores bicónicos externos F Embrayage mécanique à cônes externes GB Conical clutch coupling external I Frizione a doppio cono esterno ad azionamento meccanico NL Mechanisch schakelbare uitwendige dubbel-kegelkoppeling S Mekaniskt styrd dubbelkonkoppling SF Mekaanisesti ohjattu kaksoiskartiokytkin, jossa ulkopuolinen kartio

9128		D	Mechanisch betätigte Doppelkonuskupplung zum Anflanschen
		E	Embrague mecánico bicónico con polea ranurada
		F	Embrayage mécaniques à cônes externes pour montage flasqué
		GB	Mechanically operated double cone clutch for flange mounting
		I	Frizione a doppio cono esterno per accoppiamento con flangia
		NL	Mechanisch schakelbare dubbelkegelkoppeling voor flensmontage
		S	Mekaniskt styrd dubbelkonkoppling för flänsmontering
		SF	Mekaanisesti ohjattu kaksoiskartiokytkin, laippa-asennusta varten
9129		D	Schraubenband-Kupplung
		E	Embrague de resorte y garras
		F	Embrayage à ressorts et griffes
		GB	Wrapped spring clutch
		I	Frizione a molla
		NL	Klemveerkoppeling
		S	Stålfjäderbandkoppling
		SF	Kierrejousikytkin
9130		D	Mechanisch betätigte Trommelkupplung
		E	Embrague mecánico de tambor de fricción cilíndrico exterior
		F	Embrayage à commande mécanique avec friction cylindrique extérieure
		GB	Mechanically operated drum-type coupling
		I	Innesto-frizione ad azionamento meccanico ad espansione polare
		NL	Mechanisch schakelbare trommelkoppeling
		S	Mekaniskt styrd trumkoppling
		SF	Mekaanisesti ohjattu rumpukytkin

9135		D Druckmittel betätigte Kupplungen E Embragues a presión F Embrayages commandés par fluïde sous pression GB Pressure operated couplings I Innesti-frizioni azionati a pressione NL Door drukmiddel bediende koppelingen S Tryckmediumstyrda kopplingar SF Painetoimiset kytkimet
9136		D Hydraulisch betätigte Kupplungen E Embragues hidráulicos F Embrayages à commande hydraulique GB Hydraulically operated couplings I Innesti comandati idraulicamente NL Hydraulisch bediende koppelingen S Hydrauliskt styrda kopplingar SF Hydraulitoimiset kytkimet
9137		D Pneumatisch betätigte Kupplungen E Embragues neumáticos F Embrayages à commande pneumatique GB Pneumatically operated couplings I Innesti-frizioni comandati pneumaticamente NL Pneumatisch bediende koppelingen S Pneumatiskt styrda kopplingar SF Paineilmatoimiset kytkimet
9138		D Druckmittel betätigte Lamellenkupplung mit axialer Zuführung E Embrague de láminas axiales a presión F Embrayage multidisque à commande axiale par fluide sous pression GB Pressure operated multi-plate clutch with axial freedom diaphragm I Frizione lamellare a fluido con alimentazione assiale NL Door drukmiddel bediende lamellenkoppeling met axiaal toevoer S Tryckmediumstyrd lamellkoppling med axiellt tillflöde SF Painetoiminen lamellikytkin, jossa aksiaalinen painesyöttö

9139		D Druckmittel betätigte Lamellenkupplung mit radialer Zuführung E Embrague hidráulico a presión de láminas con alimentación radial fija incorporada F Embrayage multidisque à commande radiale par fluide sous pression GB Pressure operated multi-disc coupling with radial freedom I Frizioni lamellari a fluido con alimentazione radiale NL Door drukmiddel bediende lamellenkoppeling met radiaal toevoer S Tryckmediumstyrd lamellkoppling med radiellt tillflöde SF Painetoiminen lamellikytkin, jossa säteittäinen painesyöttö
9140		D Druckmittel betätigte Lamellenfederdruckbremse E Freno multidisco a presión por resortes y desacople hidráulico F Frein multidisques commandé par pression de ressorts et desserrage par fluide GB Pressure operated multi-disc coupling with spring brake I Freno a lamelle ad azionamento idraulico NL Door drukmiddel bediende lamellenkoppeling met drukveerrem S Tryckmediumstyrd fjädertrycksbroms SF Jousikuormitteinen lamellijarru, jossa painetoiminen irroitus

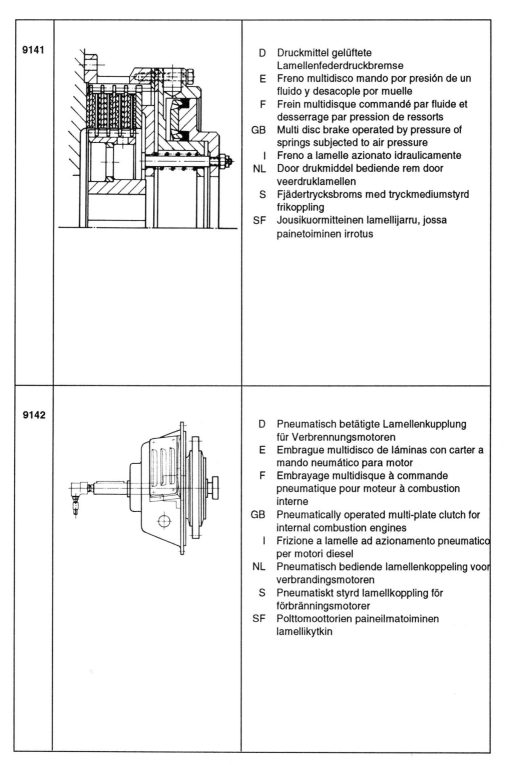

9141

- D Druckmittel gelüftete Lamellenfederdruckbremse
- E Freno multidisco mando por presión de un fluido y desacople por muelle
- F Frein multidisque commandé par fluide et desserrage par pression de ressorts
- GB Multi disc brake operated by pressure of springs subjected to air pressure
- I Freno a lamelle azionato idraulicamente
- NL Door drukmiddel bediende rem door veerdruklamellen
- S Fjädertrycksbroms med tryckmediumstyrd frikoppling
- SF Jousikuormitteinen lamellijarru, jossa painetoiminen irrotus

9142

- D Pneumatisch betätigte Lamellenkupplung für Verbrennungsmotoren
- E Embrague multidisco de láminas con carter a mando neumático para motor
- F Embrayage multidisque à commande pneumatique pour moteur à combustion interne
- GB Pneumatically operated multi-plate clutch for internal combustion engines
- I Frizione a lamelle ad azionamento pneumatico per motori diesel
- NL Pneumatisch bediende lamellenkoppeling voor verbrandingsmotoren
- S Pneumatiskt styrd lamellkoppling för förbränningsmotorer
- SF Polttomoottorien paineilmatoiminen lamellikytkin

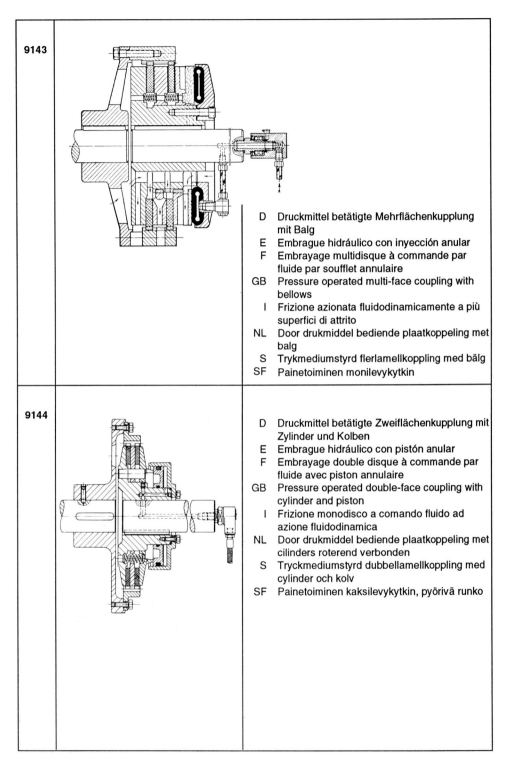

9143

- D Druckmittel betätigte Mehrflächenkupplung mit Balg
- E Embrague hidráulico con inyección anular
- F Embrayage multidisque à commande par fluide par soufflet annulaire
- GB Pressure operated multi-face coupling with bellows
- I Frizione azionata fluidodinamicamente a più superfici di attrito
- NL Door drukmiddel bediende plaatkoppeling met balg
- S Trykmediumstyrd flerlamellkoppling med bälg
- SF Painetoiminen monilevykytkin

9144

- D Druckmittel betätigte Zweiflächenkupplung mit Zylinder und Kolben
- E Embrague hidráulico con pistón anular
- F Embrayage double disque à commande par fluide avec piston annulaire
- GB Pressure operated double-face coupling with cylinder and piston
- I Frizione monodisco a comando fluido ad azione fluidodinamica
- NL Door drukmiddel bediende plaatkoppeling met cilinders roterend verbonden
- S Tryckmediumstyrd dubbellamellkoppling med cylinder och kolv
- SF Painetoiminen kaksilevykytkin, pyörivä runko

9145		D Druckmittel betätigte Zweiflächenkupplung E Embrague neumático con pistón anular F Embrayage double disque à commande par fluide avec piston annulaire et alimentation fixe GB Pneumatically operated multi-face coupling with integral fly wheel I Frizione monodisco a comando fluido NL Door drukmiddel bediende plaatkoppeling met konstante cilindervulling S Tryckmediumstyrd lamellkoppling SF Painetoiminen kaksilevykytkin
9146		D Druckmittel betätigte Lamellenkupplung in Verbindung mit Reifenkupplung E Embrague neumático con pistón anular combinado con acoplamiento elástico F Embrayage multidisque à commande par fluide et piston annulaire combiné avec accouplement à bandage GB Pressure operated multi-face coupling in conjunction with a tyre coupling I Frizione lamellare collegata ad un giunto con collare in gomma NL Door drukmiddel bediende lamellenkoppeling met bandkoppeling verbonden S Tryckmediumstyrd lamellkoppling i kombination med gummiringkoppling SF Painetoiminen lamellikytkin, johon liitetty kumirengaskytkin

9147		D Druckmittel betätigte Kupplungs-Bremskombination E Embrague - freno a mando neumático F Embrayage frein à commande par fluide GB Pressure operated coupling-brake combination I Combinazione freno-frizione pneumatica NL Door drukmiddel bediende koppeling met rem verbonden S Tryckmediumstyrd kopplingbromskombination SF Painetoiminen kytkin-jarruyhdistelmä
9148	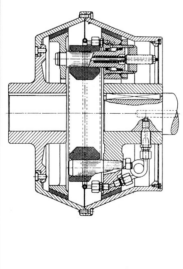	D Druckmittel betätigte Kegelkupplung E Embrague hidráulico bicónico F Embrayage à double cône à commande par fluide GB Pressure operated double cone clutch I Frizione ad azionamento pneumatico a doppio cono NL Door drukmiddel bediende dubbel-kegelkoppeling S Tryckmediumstyrd konkoppling SF Painetoiminen kartiokytkin

9149

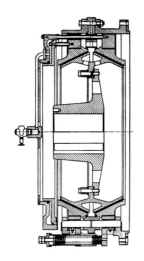

- D Druckmittel betätigte Flanschkegelkupplung
- E Embrague hidráulico bicónico para eje y brida
- F Embrayage à double cône et flasque à commande par fluide pour arbre et flasque
- GB Pressure operated flange cone clutch
- I Frizione a doppio cono ad azionamento idraulico
- NL Door drukmiddel bediende dubbelkegelkoppeling voor flensas
- S Tryckmediumstyrd flänskonkoppling
- SF Painetoiminen kartiokytkin

9150

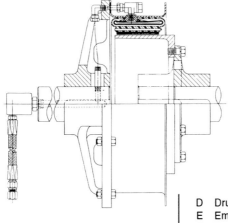

- D Druckmittel betätigte Trommelkupplung
- E Embrague neumático con inyección anular
- F Embrayage à commande par fluide a soufflet annulaire
- GB Pressure operated drum-type coupling
- I Frizione ad azionamento a ceppi pneumatica
- NL Door drukmiddel bediende trommelkoppeling met balg
- S Tryckmediumstyrd trumkoppling
- SF Painetoiminen lieriökytkin

9151		D Druckmittel betätigte Zahnkupplung E Embrague neumático a presión de dientes frontales F Embrayage à denture frontale à commande par fluide GB Pressure operated gear coupling I Giunto con innesto a denti comandato a pressione NL Door drukmiddel bediende tandkoppeling S Tryckmediumstyrd tandkoppling SF Painetoiminen hammaskytkin
9155		D Elektromagnetisch betätigte Kupplungen E Embrague electromagnetico electromagneticamente F Embrayages à commande électromagnétique GB Electro-magnetically operated clutch I Giunti ad azionamento elettromagnetico NL Elektromagnetische koppelingen S Elektromagnetiskt styrda kopplingar SF Sähkömagneettiset kytkimet
9156		D Elektromagnetisch betätigte Einflächenkupplung mit Luftspalt und Schleifring E Embrague electromagnético monodisco de bobina móvil F Embrayage monodisque à commande électromagnétique à bobine tournante GB Electro-magnetically operated single-face clutch with air gap and slip ring I Giunto elettromagnetico a disco singolo con traferro ed anello collettore NL Elektromagnetische schijfkoppeling met sleepring S Elektromagnetiskt styrd lamellkoppling med en yta, luftspalt och släpring SF Sähkömagneettinen yksilevykytkin, jossa ilmaväli ja liukurengas

9157

D Elektromagnetisch betätigte Einflächen-
kupplung mit Luftspalt, schleifringlos
E Embrague electromagnético monodisco de
bobina fija
F Embrayage monodisque à commande
électromagnétique à bobine fixe
GB Electro-magnetically operated single-face
clutch with air gap, but without a slip ring
I Giunto elettromagnetico a disco singolo con
traferro senza anello collettore
NL Sleepringloos elektromagnetische
schijfkoppeling
S Elektromagnetiskt styrd lamellkoppling med en
yta, luftspalt och utan släpring
SF Sähkömagneettinen liukurenkaaton
yksilevykytkin, jossa ilmaväli

9158

D Elektromagnetisch betätigte Zweiflächen-
kupplung mit Luftspalt und Schleifring
E Embrague electromagnético monodisco de
bobina móvil y entrehierros regulable
F Embrayage double disque à commande
électromagnétique à bobine tournante et
entrefer reglable
GB Electro-magnetically operated double-face
clutch with air gap and slip ring
I Giunto elettromagnetico monodisco con
traferro ed anello collettore
NL Elektromagnetische plaatkoppeling met
sleepring en regelbare luchtspleet
S Elektromagnetiskt styrd lamellkoppling med
luftspalt och släpring
SF Sähkömagneettinen kaksilevykytkin, jossa
ilmaväli ja liukurengas

9159

- D Elektromagnetisch betätigte Einflächen-Kupplungs-Bremskombination mit Luftspalt und Schleifring
- E Embrague electromagnético con freno monodisco
- F Embrayage frein monodisque à commande électromécanique à bobine tournante et entrefer réglable
- GB Electro-magnetically operated single-face clutch-brake combination with ait gap and slip ring
- I Combinazione freno-giunto monodisco elettromagnetico con traferro e anello collettore
- NL Elektromagnetische schijfkoppeling met sleepringrem en regelbare luchtspleet
- S Elektromagnetiskt styrd koppling-bromskombination med en yta, luftspalt och släpring
- SF Sähkömagneettinen yksilevykytkinjarruyhdistelmä, jossa ilmarako ja liukurengas

9160

- D Elektromagnetisch betätigte Zweiflächen-Federdruckbremse mit Luftspalt, schleifringlos
- E Freno monodisco frenado por presión de resortes y desfrenado electromagnetico
- F Frein monodisque à pression de ressorts et desserrage électromagnétique
- GB Electro-magnetically operated double-face compression spring brake with air gap, but without a slip ring
- I Freno a molle disinserite elettromagneticamente con traferro, senza anello collettore
- NL Sleepringloos elektromagnetische plaatrem met veerdruk
- S Elektromagnetiskt styrd lamellbroms med fjädertryck, luftspalt och utan släpring
- SF Sähkömagneettinen, liukurenkaaton, jousikuormitteinen kaksilevyjarru, jossa ilmaväli ja liukurengas

9161

- D Elektromagnetisch betätigte 2-polige Einflächenkupplung ohne Arbeitsluftspalt, schleifringlos
- E Freno electromagnetico monodisco de bobina fija sin reglaje de desgaste
- F Embrayage monodisque à commande électromagnétique bipolaire à bobine fixe, sans réglage d'usure
- GB Electro-magnetically operated 2-pole single-face clutch, without air gap and without slip ring
- I Giunto ad azionamento elettromagnetico senza traferro e senza anello collettore
- NL Sleepringloos en zelfinstellend 2-polig elektromagnetische schijfkoppeling
- S Elektromagnetiskt styrd 2-polig koppling med en yta, utan luftspalt och släpring
- SF Sähkömagneettinen, liukurenkaaton 2-napainen yksilevykytkin, jossa ei ole ilmaväliä

9162

- D Elektromagnetisch betätigte 4-polige Einflächenkupplung ohne Arbeitsluftspalt, schleifringlos
- E Embrague electromagnético monodisco de bobina fija sin reglaje de desgaste
- F Embrayage monodisque à commande électromagnétique quadripolaire à bobine fixe, sans réglage d'usure
- GB Electro-magnetically operated 4-pole single-face clutch, without working clearance and without a slip ring
- I Giunto ad azionamento elettromagnetico senza traferro ed anello collettore
- NL Sleepringloos en zelfinstellend 4-polig elektromagnetische schijfkoppeling (voor flensas)
- S Elektromagnetiskt styrd 4-polig koppling med en yta, utan luftspalt och släpring
- SF Sähkömagneettinen, liukurenkaaton 4-napainen yksilevykytkin, jossa ei ole ilmaväliä

9163

- D Elektromagnetisch betätigte Lamellen-kupplung mit Schleifring, Lamellen magnetisch nicht durchflutet
- E Embrague electromagnético de láminas de bobina móvil con reglaje de desgaste
- F Embrayage multidisque à commande électromagnétique à bobine tournante, avec réglage d'usure
- GB Electro-magnetically operated multi-disc coupling with a slip ring, with the magnetic flux not passing through the discs
- I Giunto a dischi ad azionamento elettromagnetico con anello collettore, dischi non attraversati dal flusso magnetico
- NL Elektromagnetische lamellen-koppeling met sleepring, niet door flux doorstroomd
- S Elektromagnetiskt styrd lamellkoppling med släpring och ej magnetiskt genomflutna lameller
- SF Sähkömagneettinen, liukurenkaallinen lamellikytkin, jossa lamellit välittömän magneettikentän ulkopuolella

9164

- D Elektromagnetisch betätigte Lamellen-kupplung, schleifringlos, Lamellen magnetisch nicht durchflutet
- E Embrague electromagnético de láminas de bobina fija con reglaje de desgaste
- F Embrayage multidisque à commande électromagnétique à bobine fixe, avec réglage d'usure
- GB Electro-magnetically operated multi-disc coupling without a slip ring, with the magnetic flux not passing through the discs
- I Innesto a lamelle a dischi ad azionamento elettromagnetico senza anello collettore, lamelle non sottoposte a flusso magnetico
- NL Sleepringloos elektromagnetische lamellen-koppeling, niet door flux doorstroomd
- S Elektromagnetiskt styrd lamellkoppling utan släpring och med ej magnetiskt genomflutna lameller
- SF Sähkömagneettinen liukurenkaaton lamellikytkin, jossa lamellit välittömän magneettikentän ulkopuolella

9165			
9166		D	Elektromagnetisch betätigte Lamellen-Federdruckbremse, schleifringlos, Lamellen magnetisch nicht durchflutet mit Wechselstrommagnet
		E	Freno multidisco de cierre por presión de resortes y apertura electromagnética (corriente alternativa) y freno por presión de resortes
		F	Frein multidisque par pression de ressorts et desserrage électromagnétique (courant alternatif)
		GB	Electro-magnetically operated multi-disc compression spring brake without a slip ring, with the magnetic flux not passing through the discs, with an alternating current magnet
		I	Freno a lamelle ad azionamento elettromagnetico senza anello collettore, dischi non sottoposti a flusso magnetico con magnete a corrente alternata
		NL	Sleepringloos elektromagnetische lamellen-veerdrukrem, niet door flux doorstroomd (wisselstroom)
		S	Elektromagnetisk (växelström) fjädertrycksbroms utan släpring och ej magnetiskt genomflutna lameller
		SF	Sähkömagneettinen, liukurenkaaton, jousikuormitteinen levyjarru, jossa lamellit eivät AC-magneettikentässä

9167

- **D** Elektromagnetisch betätigte Lamellenkupplung mit Schleifring, Lamellen magnetisch durchflutet
- **E** Embrague multidisco de mando electromagnético por bobina movil sin reglaje de desgaste
- **F** Embrayage multidisque à commande électromagnétique à bobine tournante, sans réglage d'usure
- **GB** Electro-magnetically operated multi-disc clutch with a slip ring, incorporating magnetically energized discs
- **I** Innesto a lamelle ad azionamento elettromagnetico con anello collettore, lamelle attraversate dal flusso magnetico
- **NL** Elektromagnetische lamellen-koppeling met sleepring, door flux doorstroomd
- **S** Elektromagnetiskt styrd lamellkoppling med släpring och magnetiskt genomflutna lameller
- **SF** Sähkömagneettinen, liukurenkaallinen lamellikytkin, jossa lamellit magneettikentässä

9168

- **D** Elektromagnetisch betätigte Lamellenkupplung, schleifringlos, Lamellen magnetisch durchflutet
- **E** Freno electromagnetico de láminas idem sin reglaje de desgaste
- **F** Embrayage multidisque à commande électromagnétique à bobine fixe, sans réglage d'usure
- **GB** Electro-magnetically operated multi-disc clutch without a slip ring, having magnetically energized discs
- **I** Giunto a lamelle ad azionamento elettromagnetico senza anello collettore, dischi sottoposti a flusso magnetico
- **NL** Sleepringloos elektromagnetische lamellen-koppeling, door flux doorstroomd
- **S** Elektromagnetiskt styrd lamellkoppling utan släpring och med magnetiskt genomflutna lameller
- **SF** Sähkömagneettinen, liukurenkaaton lamellikytkin, jossa lamellit magneettikentässä

9169		D	Elektromagnetisch betätigte Zahnkupplung mit Schleifring
		E	Acoplamiento electromagnético de dientes con bobina giratoria
		F	Embrayage à denture à commande électromagnétique à bobine tournante et desserrage par pression de ressorts
		GB	Electro-magnetically operated gear clutch with a slip ring
		I	Giunto con innesto a denti ad azionamento elettromagnetico con anello collettore
		NL	Elektromagnetische tandkoppeling met sleepring
		S	Elektromagnetiskt styrd tandkoppling med släpring
		SF	Sähkömagneettinen hammaskytkin, jossa liukurengas
9170		D	Elektromagnetisch betätigte Zahnkupplung, schleifringlos
		E	Acoplamiento electromagnético de dientes con bobina fija
		F	Embrayage à denture à commande électromagnétique à bobine fixe et desserrage par pression de ressorts
		GB	Electro-magnetically operated gear clutch without a slip ring
		I	Innesto a denti ad azionamento elettromagnetico senza anello collettore
		NL	Sleepringloos elektromagnetische tandkoppeling
		S	Elektromagnetiskt styrd tandkoppling utan släpring
		SF	Sähkömagneettinen, liukurenkaaton hammaskytkin

9171		D	Elektromagnetisch betätigte Federdruck-Zahnkupplung mit Schleifring
		E	Embrague electromagnético de dientes cierre por presión de resortes y desembrague electromagnético
		F	Embrayage à denture à pression de ressorts et desserrage électromagnétique à bobine tournante
		GB	Electro-magnetically operated compression spring gear clutch with a slip ring
		I	Innesto a denti a molla ad azionamento elettromagnetico con anello collettore
		NL	Elektromagnetische veerdruktandkoppeling met sleepring
		S	Elektromagnetiskt styrd tandkoppling med fjädertryck och slapring
		SF	Sähkömagneettinen, jousikuormitteinen hammaskytkin, jossa liukurengas
9173		D	Elektromagnetisch betätigte Federdruck-Zahnkupplung, schleifringlos
		E	Embrague electromagnético de dientes de bobina fija
		F	Embrayage à denture à pression de ressorts et desserrage électromagnétique à bobine fixe
		GB	Electro-magnetically operated compression spring gear clutch without a slip ring
		I	Innesto a denti a molla ad azionamento elettromagnetico senza anello collettore
		NL	Sleepringloos elektromagnetische veerdruk-tandkoppeling
		S	Elektromagnetiskt styrd tandkoppling med fjädertryck och utan släpring
		SF	Sähkömagneettinen, liukurenkaaton, jousikuormitteinen hammaskytkin

9174

- D Elektromagnetisch betätigte Pulvermagnetkupplung
- E Embrague electromagnetico de polvo de hierro
- F Embrayage électromagnétique à poudre
- GB Magnetic powder coupling
- I Innesto elettromagnetico a polvere
- NL Elektromagnetische poederkoppeling
- S Elektromagnetiskt styrd magnetpulverkoppling
- SF Sähkömagneettinen magneettijauhekytkin

9176

- D Elektromagnetisch betätigte spielfreie Federdruckbremse
- E Freno por presión de resortes sin juego
- F Frein à pression de ressorts sans jeu et desserrage électromagnétique à bobine tournante
- GB Electro-magnetically operated, backlash free spring pressure brake
- I Freno a molla senza gioco
- NL Elektromagnetische spelingvrije veerdruk-rem
- S Elektromagnetiskt styrd fjädertrycksbroms utan spel och släpring
- SF Välyksetön, sähkömagneettinen, jousikuormitteinen jarru

9180		D Fliehkraftkupplungen E Embrague centrífugo F Embrayages centrifuges GB Centrifugal clutches I Innesto centrifugo (giunti azionati dalla velocità di rotazione) NL Centrifugaal-koppelingen S Centrifugalkopplingar SF Keskipakokytkimet
9181		D Fliehkraftkupplung mit freien Segmenten E Embrague centrífugo de segmentos F Embrayage centrifuge à masselottes GB Centrifugal clutch coupling-free shoe I Innesto centrifugo con settori liberi NL Centrifugaal-koppeling met losse remschoenen S Centrifugalkoppling med lösa backar SF Keskipakokytkin, jossa vapaasti asettuvat kengät
9182		D Fliehkraftkupplung mit eingehängten Segmenten E Embrague centrífugo de segmentos articulados F Embrayage centrifuge à masselottes articulées GB Centrifugal clutch coupling-hinge shoe I Innesto centrifugo a settori ancorati NL Centrifugaal-koppeling met scharnierende remschoenen S Centrifugalkoppling med ledade backar SF Keskipakokytkin, jossa ripustetut kengät
9183		D Fliehkraftkupplung mit Zugfedern E Embrague centrífugo de segmentos y resortes F Embrayage à masselottes et ressorts de rappel GB Centrifugal clutch coupling-spring controlled I Innesto centrifugo con molle di richiamo NL Centrifugaal-koppeling met verende remschoenen S Centrifugalkoppling med dragfjädrar SF Keskipakokytkin, jossa vetojouset

9184		D Fliehkraftkupplung mit Kugeln E Embrague centrífugo de bolas F Embrayage centrifuge à billes GB Multi plate centrifugal clutch roller activated I Innesto centrifugo a sfere NL Centrifugaal-kogelkoppeling S Centrifugalkoppling med kulor SF Keskipakokytkin, jossa kuulat
9185		D Füllgut-Kupplung mit Flügel E Acoplamientos de paletas F Coupleur à poudre ou à billes et palettes GB Axial vane powder coupling I Giunto a polvere con palette NL Centrifugaal-poederkoppeling met axiale schoepen S Pulverkoppling med vingar SF Jauhekytkin, jossa siivet
9186		D Füllgut-Kupplung mit Schaufelrad und Kugeln E Acoplamiento de bolas a paleta F Coupleur à billes et aubes GB Powder coupling with vanes and balls I Giunto a polvere con ruote a pale e sfere NL Centrifugaal-kogelkoppeling met schoepwiel S Koppling med skovelhjul och kulor SF Jauhekytkin, jossa siipipyörä ja kuulat
9187		D Füllgut-Kupplung mit Mitnahmescheiben E Acoplamiento F Coupleur à poudre et rotor GB Circumferential vane powder coupling I Giunto a polvere a disco di trascinamento NL Centrifugaal poederkoppeling met rotor S Pulverkoppling med medbringarskiva SF Jauhekytkin, jossa myötäpyörityslevyt

9190		D Überlastkupplungen E Acoplamientos de seguridad F Accouplements de sécurité GB Safety couplings I Giunti di protezione al sovraccarico NL Veiligheidskoppelingen S Överlastbegränsande kopplingar SF Ylikuormituskytkimet
9191		D Brechbolzenkupplung E Acoplamiento de clavijas de rotura F Accouplement à broches de rupture GB Shear pin coupling I Giunto a perni di rottura NL Breekpenkoppeling S Brytpinnekoppling SF Murtotappikytkin
9192		D Kugelrutschkupplung E Acoplamiento de desenclavamiento a bolas F Accouplement à billes à déclenchement GB Ball dentent coupling I Giunto con sfere di disinnesto NL Kogelveiligheidskoppeling S Kulsäteskoppling SF Kuulalovikytkin
9193		D Rutschnabe E Limitador de par F Moyeu limiteur de couple à friction GB Torque limiting friction coupling I Mozzo a frizione NL Slipnaaf S Slirnav SF Liukunapakytkin

9195		D Zweiflächen-Überlastrutschkupplung E Acoplamiento limitador de par de disco único F Limiteur de couple par disque à friction GB Plate slipping clutch coupling I Limitatore di coppia a doppia superficie di attrito NL Plaatslipkoppeling S Lamellslirkoppling SF Lamelli-ylikuormitusliukukytkin
9196		D Scheiben-Überlastrutschkupplung E Acoplamiento limitador de par multidisco F Limiteur de couple multidisque GB Overload slipping clutch I Limitatore di coppia a dischi NL Slip-veiligheidskoppeling S Slirkoppling med lameller SF Lamelli-ylikuormitusliukukytkin
9197		D Lamellen-Überlastrutschkupplung E Acoplamiento limitador de par de discos múltiples F Limiteur de couple multidisque à friction GB Multi-disc slipping clutch coupling I Limitatore di coppia a lamelle NL Lamellen-slipkoppeling S Slirkoppling med flera lameller SF Monilamelli-ylikuormitusliukukytkin

9198

- D Doppelkegel-Überlastrutschkupplung
- E Acoplamiento limitador de par bicónico
- F Limiteur à double garniture de friction conique
- GB Conical shoe slipping clutch coupling
- I Giunto limitatore a doppio pattino conico di slittamento
- NL Slipkoppeling met dubbelkonische remschoenen
- S Slirkoppling med ytterkoniska backar
- SF Kaksoiskartio-ylikuormitusliukukytkin

9199

- D Zylinder-Überlastrutschkupplung
- E Acoplamiento limitador de par de sectores a fricción
- F Limiteur de couple à garniture de friction circulaire
- GB Cylindrical shoe slipping clutch coupling
- I Giunto limitatore di coppia a guarnizione circolare
- NL Slipkoppeling met cilindrische remschoenen
- S Slirkoppling med raka backar
- SF Ylikuormitusliukukytkin, jossa suorat kengät

9200		D E F GB I NL S SF	Doppelkonus-Überlastrutschkupplung Acoplamiento limitador de par bicónico Limiteur de couple à cône double Double cone overload slipping clutch Limitatore di coppia a doppio cono Dubbelkonische veiligheidskoppeling Slirkoppling med innerkoniska backar Kaksoiskartio-ylikuormitusliukukytkin
9201		D E F GB I NL S SF	Doppelkonus-Überlastrutschkupplung zum Anflanschen Acoplamiento limitador de par bicónicos, para montaje embridado Limiteur de couple à cône double pour montage flasqué Double cone overload slipping clutch for flange mounting Limitatore di coppia a doppio cono per accoppiamento con flangia Dubbelkonische veiligheidskoppeling voor schijfmontage Slirkoppling med innerkoniska backar för flänsmontering Kaksoiskartio-ylikuormitusliukukytkin jossa laippakiinnitys
9202		D E F GB I NL S SF	Klauen-Überlastrutschkupplung Acoplamiento de almenas planas Limiteur de couple à crabots Jaw-type overload slipping clutch Limitatore di coppa a denti frontali Schakelbare klauw-veiligheidskoppeling Frikopplande axialklokoppling Sakaraylikuormitusliukukytkin

9203		D	Anlaufkupplung mit oder ohne Drehmomenteinstellung
		E	Acoplamiento limitador de par de arranque regulable
		F	Limiteur de couple de démarrage réglable ou non
		GB	Starting coupling with or without a torque setting facility
		I	Giunto d'avviamento con o senza regolazione del momento torcente
		NL	Aanloopkoppeling met of zonder koppelbegrenzing
		S	Startkoppling med eller utan momentinställning
		SF	Käynnistyskytkin, jossa on tai ei ole momentinasetusta
9204		D	Anlaufkupplung, Kupplungsmantel als Schmalkeilriemenscheibe mit oder ohne Drehmomenteinstellung
		E	Acoplamiento limitador de par de arranque regulable ó no, con montaje de polea
		F	Limiteur de couple de démarrage réglable ou non, incorporé dans une poulie à gorges
		GB	Starting coupling, with wedge-belt pulley, with or without a torque setting facility
		I	Giunto d'avviamento, con puleggia a gole strette con o senza regolazione del momento torcente
		NL	Aanloopkoppeling als V-riemschijf met of zonder koppelbegrenzing
		S	Startkoppling med kilremskiva, med eller utan momentinställning
		SF	Käynnistyskytkin, jossa on tai ei ole momentinasetusta ja ulkopuoli toimii kiilahihnapyöränä
9205		D	Drehzahlbegrenzende Kupplung
		E	Limitador de velocidad (o de sobrevelocidad)
		F	Limiteur de vitesse (ou de survitesse)
		GB	Speed limiting governor
		I	Limitatore di velocitá
		NL	Snelheisbegrenzende koppeling
		S	Hastighetsvakt
		SF	Pyörimisnopeuden rajoitin

9210		D Freilaufkupplungen E Rueda libre F Roues libres GB Overrunning clutches I Ruote libere NL Vrijloopkoppelingen S Backspärrar SF Vapaakytkimet
9211		D Klemmrollenfreilaufkäfig E Rueda libre de rodillo F Cage pour roue libre à rouleaux GB Roller free wheel cage I Gabbia per i rulli della ruota libera NL Rollen-vrijloopkooi S Hållare för rullbackspärr SF Rullavapaakytkin
9212		D Klemmrollenfreilaufkäfig mit Außenstern und einzeln angefederten Klemmrollen E Rueda libre de rodillos con resortes de presión F Cage pour roue libre à rouleaux avec ressorts de poussée centrifuge individuelle GB Roller free wheel internal cam I Gabbia con rulli di contatto a molleggio singolo NL Vrijloopkooi met nokken op de buitenring en individueel-veerdruk klemrollen S Hållare för rullbackspärr med separata fjädrar och ytterstjärna SF Rullavapaakytkin, jossa erillisjousitetut rullat ja ulkopinta vierintäpinta

9213

- D Klemmrollenfreilaufkäfig mit Innenstern und einzeln angefederten Klemmrollen
- E Rueda libre de rodillos conducidos
- F Cage pour roue libre à rouleaux avec ressorts de poussée centripète individuelle
- GB Roller free wheel external cam
- I Gabbia per i rulli della ruota libera con stella interna e rulli ammortizzati singolarmente
- NL Vrijloopkooi met nokken op de binnenring en individueel-veerdruk klemrollen
- S Hållare för backspärr med innerstjärna och fjäderpåverkade rullar
- SF Rullavapaakytkin, jossa erillisjousitetut rullat ja sisäpinta vierintäpinta

9214

- D Hülsenfreilauf mit einzeln im Käfig angefederten Rollen
- E Rueda libre de rodillos sin aro interior con alojamiento-guía en la carcasa
- F Roue libre à rouleaux sans noyau avec guidage par cage
- GB Pressed sleeve roller free wheel
- I Ruota libera a astuccio con rulli ammortizzati singolarmente in gabbia
- NL Vrijloophuls-koppeling met individueel-veerdruk klemrollenkooi
- S Hylsbackspärr med fjäderpåverkade rullar och med hållare
- SF Holkkivapaakytkin, jossa rullapitimeen jousitetut rullat

9215		
		D Hülsenfreilauf mit integrierter beidseitiger Lagerung E Rueda libre de rodillos sin aro interior con coble rodamiento cilindrico de guía F Roue libre à rouleaux sans noyau avec guidage par double roulement à galets GB Pressed sleeve roller free wheel with integral bearings I Ruota libera a astuccio con supporto NL Vrijloophuls-koppeling met tonlagers aan beide zijden S Hylsbackspärr med sidoordnad lagring SF Holkkivapaakytkin, jossa molemmin puolin laakerit
9216	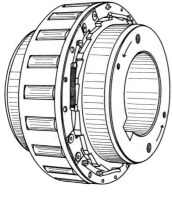	D Klemmrollenfreilauf mit gemeinsam angefederten Klemmrollen im Käfig E Rueda libre de rodillos guiados por carcasa sin tambor exterior F Roue libre à rouleaux guidés par cage sans tambour GB Roller free wheel with spring loaded roller cage I Ruota libera a rulli con gabbia di contenimento NL Vrijloop met kollektief-veerdruk klemrollenkooi S Rullbackspärr med hållare och gemensam fjäder SF Rullavapaakytkin, jossa rullapitimeen yhteisesti jousitetut rullat

9217		D	Klemmrollenfreilauf ohne angefederte Klemmrollen
		E	Rueda libre de rodillos locos
		F	Roue libre à rouleaux fous
		GB	Roller free wheel with spring loading
		I	Ruota libera a rulli senza molleggio singolo
		NL	Vrijloop met klemrollen zonder veerdruk
		S	Rullbackspärr utan fjädrar
		SF	Rullavapaakytkin ilman rullien jousitusta
9218		D	Klemmkörperfreilauf mit gemeinsam angefederten Klemmkörpern und Käfig
		E	Caja de rueda libre de caja-guia de empuje anular
		F	Roue libre avec cage de guidage de poussée annulaire
		GB	Sprag clutch with common spring loading
		I	Ruota libera con corpi di contatto senza molleggio singolo
		NL	Vrijloop-krans met kollektiefveerdruk klemelementen
		S	Backspärr med klämkroppar, hållare och gemensam fjäder
		SF	Vapaakytkin, jossa yhteisesti jousitetut lukkokappaleet ja pidin
9219		D	Klemmkörperfreilauf mit einzeln im Käfig angefederten Klemmkörpern und integrierter Lagerung
		E	Rueda libre con rodamiento incorporado
		F	Roue libre à roulement avec guidage par cage et roulement incorporé
		GB	Sprag clutch individually spring loaded with integral bearings
		I	Ruota libera con corpi di contatto a molleggio singolo e cuscinetti a sfera integrato
		NL	Vrijloop met individueel-veerdruk klemelement en lagering
		S	Backspärr med fjäderpåverkade klämkroppar och inbyggd lagring
		SF	Vapaakytkin, jossa erilliset pitimeen jousitetut rullat ja laakerointi

9220

- **D** Klemmkörperfreilauf mit einzeln im Käfig angefederten Klemmelementen und beidseitig integrierter Radiallagerung
- **E** Rueda libre de rodillos autocentrante
- **F** Roue libre à rouleaux autocentrés par roulements radiaux latéraux
- **GB** Sprag clutch individually spring loaded with dual bearings
- **I** Ruote libere con corpi di contatto a fasature sincrone, combinate con gabbie a sfere e a rulli integrati su entrambi i lati
- **NL** Vrijloop met individueel-veerdruk klemelementkooi en zijdelings-radiale lagers
- **S** Backspärr med klämkroppar och fjäderpåverkade rullar samt sidoordnad lagring
- **SF** Vapaakytkin, jossa erilliset pitimeen jousitetut rullat ja laakerointi

9221

- **D** Klemmkörperfreilauf mit gemeinsam angefederten Klemmkörpern ohne Käfig
- **E** Rueda libre sin caja con guia por resorte anular
- **F** Roue libre sans cage, avec guidage par ressort annulaire
- **GB** Sprag clutch without cage and common spring loading
- **I** Ruota libera a corpi di contatto eccentrici senza fasature sincrone
- **NL** Vrijloop met ringveerdruk klemelementen zonder kooi
- **S** Backspärr med klämkroppar och gemensam fjäder, utan hållare
- **SF** Vapaakytkin, jossa yhteisesti jousitetut lukkokappaleet ilman pidintä

9222

- D Klemmkörperfreilauf mit einzeln angefederten Klemmkörpern ohne Käfig
- E Rueda libre con elementos de bloqueo unidos por resortes
- F Roue libre à galets sans cage de maintien avec ressorts individuels
- GB Sprag clutch without cage with individual spring loading
- I Ruota libera a corpi di contatto eccentrici a fasature sincrone
- NL Vrijloop met individueel-veerdruk klemelementen zonder kooi
- S Backspärr med fjäderpåverkade klämkroppar utan hållare
- SF Vapaakytkin, jossa erillisjousitetut lukkokappaleet ilman pidintä

9223

- D Klemmkörperfreilauf mit einzeln angefederten Klemmkörpern mit einem Käfig
- E Rueda libre con elementos de bloqueo con resorte central
- F Roue libre à galets et cage avec maintien par ressort central (annulaire)
- GB Sprag clutch with cage and individual spring loading
- I Ruota libera a corpi di contatto eccentrici a fasatura sincrona
- NL Vrijloop met individueel-veerdruk klemelementen met kooi
- S Backspärr med fjäderpåverkade klämkroppar och en hållare
- SF Vapaakytkin, jossa erillisjousitetut lukkokappaleet ja yksi pidin

9224		D Fliehkraftabhebender Klemmkörperfreilauf, innen abhebend E Rueda libre de elevación centrifuga F Roue libre à rochets à effacement centrifuge intérieur avec cage de maintien GB Sprag clutch with centrifugal lift off and outer ring drive I Ruota libera a corpi di contatto eccentrici a distacco centrifugo NL Vrijloop met centrifugaal-naar binnenwerkende klemelementen S Backspärr med fjäderpåverkade klämkroppar, inre centrifugalkraftupphävande och en hållare SF Vapaakytkin, jossa keskipakoirroitus, sisältä nostava
9225		D Fliehkraftabhebender Klemmkörperfreilauf, außen abhebend E Rueda libre de elevación centrifuga con carcasa guia F Roue libre à rochets à effacement centrifuge extérieur avec cage de maintien GB Sprag clutch with centrifugal lift off and inner ring drive I Ruota libera a corpi di contatto eccentrici a distacco centrifugo NL Vrijloop met centrifugaal-naar buitenwerkende klemelementen S Backspärr med fjäderpåverkade klämkroppar, yttre centrifugalkraftupphävande och en hållare SF Vapaakytkin, jossa keskipakoirroitus, ulkoa nostava

9226		D	Klemmkörperfreilauf mit einzeln angefederten Klemmkörpern mit zwei Käfigen
		E	Rueda libre de doble carcasa con resorte central
		F	Roue libre à galets à double cage avec ressort central et poussée individuelle
		GB	Sprag clutch with dual cage
		I	Ruota libera con corpi di contatto con fasature sincrone
		NL	Vrijloop met individueel-veerdruk klemelementen met dubbele kooi
		S	Backspärr med fjäderpåverkade klämkroppar och två hållare
		SF	Vapaakytkin, jossa erillisjousitetut lukkokappaleet ja kaksi pidintä
9227		D	Klauen-Freilaufkupplung
		E	Acoplamiento de garras autodesembragable en una dirección
		F	Roue libre à crabots
		GB	Dog clutch
		I	Giunto unidirezionale a settori frontali
		NL	Vrijloopklauwkoppeling
		S	Klobackspärr
		SF	Sakara-vapaakytkin
9228		D	Klinken-Überholkupplung
		E	Antirretroceso de trinquete
		F	Anti-dévireur à rochets
		GB	Ratchet freewheel
		I	Ruota libera a denti d'arresto
		NL	Vrijloopkoppeling met palrad
		S	Backspärr med klinka
		SF	Säppi-pyörä-kytkin

9229

D	Umschaltbarer Freilauf
E	Rueda libre reversible (y brazo de reacción)
F	Roue libre réversible (et bras de réaction)
GB	Reversible ratchet
I	Ruota libera reversibile
NL	Omschakelbare vrijloop (met reaktiestang)
S	Tvåvägs backspärr
SF	Irrotettava vapaakytkin

9230

D	Eintourenkupplung
E	Rueda libre de una vuelta
F	Roue libre à un tour
GB	Single revolution coupling
I	Giunto monogiro
NL	Eén-omwentelingskoppeling
S	Envarvskoppling
SF	Yksikierroskytkin

9231
- D Lastmomentsperre
- E Irreversible
- F Anti-dévireur bidirectionnel
- GB Irreversible locks
- I Blocco della coppia di carico
- NL Omkeerbare vrijloopkoppeling
- S Lastmomentspärr
- SF Kuormamomentin salpa

9235
- D Hydrodynamische Kupplungen
- E Acoplamientos hidráulicos
- F Coupleurs hydrodynamiques
- GB Fluid couplings
- I Giunti idrodinamici
- NL Hydrodynamische koppelingen
- S Hydrodynamiska kopplingar
- SF Hydrodynaamiset kytkimet

9236
- D Hydrodynamische Kupplung mit konstanter Füllung
- E Acoplamiento hidráulico de llenado constante
- F Coupleur hydrodynamique à remplissage constant
- GB Constant quantity fluid coupling
- I Giunto idrodinamico a riempimento costante
- NL Hydrodynamische koppeling met konstante vulling
- S Hydrodynamisk koppling med konstant fyllning
- SF Hydrodynaaminen kytkin, jossa vakiotäytös

9237		D Hydrodynamische Kupplung mit veränderlicher Füllung E Acoplamiento hidráulico de llenado progresivo F Coupleur hydrodynamique à remplissage progressif GB Variable quantity fluid coupling I Giunto idrodinamico a riempimento variabile NL Hydrodynamische koppeling met veranderlijke vulling S Hydrodynamisk koppling med reglerbar fyllning SF Hydrodynaaminen kytkin, jossa muuttuva täytös
9238		D Hydrodynamische Kupplung mit Schaufelregelung E Acoplamiento hidráulico dinamico de achique controlado F Coupleur hydrodynamique à remplissage à écope GB Fluid coupling scoop control I Giunto idrodinamico con regolazione delle pale NL Hydrodynamische koppeling met schoepregeling S Hydrodynamisk koppling med skovelreglering SF Hydrodynaaminen kytkin, jossa kauhasäätö

9239	D Hydrodynamische Kupplung zum Anflanschen E Acoplamiento hidráulico para montaje a bridas F Coupleur hydrodynamique pour montage flasqué GB Hydrodynamic coupling for flange mounting I Giunto idrodinamico per accoppiamento con flangia NL Hydrodynamische koppeling voor flensbevestiging S Hydrodynamisk koppling för flänsmontering SF Hydrodynaaminen kytkin, jossa laippakiinnitys
9240	D Hydrodynamische Kupplung mit elastischer Kupplung und Bremsscheibe E Acoplamiento hidráulico con polea de freno F Coupleur hydrodynamique avec accouplement élastique et poulie-frein GB Fluid coupling with integral resilient coupling and brake I Giunto idrodinamico con giunto elastico e puleggia freno NL Hydrodynamische koppeling met elastische koppeling en remschijf S Hydrodynamisk koppling med elastisk koppling och bromsstrumma SF Hydrodynaaminen kytkin, jossa elastinen kytkin ja jarrurumpu

9250		D Magnetische Kupplungen E Acoplamientos magnéticos F Coupleurs magnétiques GB Magnetic couplings I Giunti magnetici NL Magnetische koppelingen S Magnetiska kopplingar SF Magneettikytkimet
9251		D Induktionskupplung mit Innenpolen E Acoplamiento de inducción con polos interiores F Coupleur à induction à pôles intérieurs GB Induction coupling with internal poles I Giunto a induzione a poli interni NL Induktiekoppeling met inwendige polen S Induktionskoppling med inre polkroppar SF Induktiokytkin, jossa sisäkelat
9252		D Schleifring-Induktionskupplung E Acoplamiento de inducción con imán interior F Coupleur à induction à collecteur GB Induction coupling with slip rings I Giunto a induzione con anello collettore NL Induktiekoppeling met sleepringen S Induktionskoppling med släpring SF Liukurengas-induktiokytkin
9253		D Schleifringlose Wirbelstromkupplung E Acoplamiento magnético de corrientes de foucault F Coupleur à courant de foucault sans collecteur GB Eddy-current coupling without sliprings I Giunto a correnti parassite senza anello collettore NL Sleepringloze wervelstroomkoppeling S Virvelströmskoppling utan släpring SF Liukurenkaaton pyörrevirtakytkin

9254		D Dauermagnetische Stirndrehkupplung E Acoplamiento de imanes permanentes F Coupleur à aimants permanents GB Permanent magnet coupling synchronous I Innesto frontale a magneti permanenti NL Permanent magnetische koppeling S Permanentmagnetisk koppling SF Kestomagneettinen kytkin
9255		D Dauermagnetische Hysteresekupplung E Acoplamiento de hysteresis F Coupleur à aimants permanents à hystérésis GB Permanent magnet hysteresis coupling I Innesto frontale ad isteresi a magnete permanente NL Permanent hysteresis magnetische koppeling S Permanentmagnetisk hysteresiskoppling SF Kestomagneettinen hystereesikytkin
9256		D Dauermagnetische Wirbelstromkupplung E Acoplamiento de corrientes magnéticas permanentes F Coupleur à aimants permanents à courant de foucault GB Permanent magnet eddy current coupling I Innesto frontale a correnti parassite a magnete permanente NL Permanent magnetische wervelstroomkoppeling S Permanentmagnetisk virvelströmskoppling SF Kestomagneettinen pyörrevirtakytkin
9257		D Dauermagnet-Einflächenkupplung E Acoplamiento magnetico de imanes permanentes F Embrayage monodisque à aimants permanents GB Permanent magnet single-face coupling I Giunto monodisco a magneti permanenti NL Permanent magnetische schijfkoppeling S Permanentmagnetisk koppling med en yta SF Kestomagneettinen yksilevykytkin

9258		D Dauermagnet-Zahnkupplung E Acoplamiento de dientes por imanes permanentes F Embrayage à denture à aimants permanents GB Permanent magnet gear coupling I Giunto a denti a magnete permanente NL Permanent magnetische tandkoppeling S Permanentmagnetisk tandkoppling SF Kestomagneettinen hammaskytkin
9259		D Elektromagnetische Hysteresekupplung E Embrague electromagnético de hysteresis F Embrayage électromagnétique à hystérésis GB Electro-magnetic hysteresis coupling I Innesti ad isteresi magnetica NL Elektromagnetische hysteresiskoppeling S Elektromagnetisk hysteresiskoppling SF Sähkömagneettinen hystereesikytkin
9260		D Elektromagnetische Hysteresebremse E Freno electromagnético de hysteresis F Frein électromagnétique à hystérésis GB Electro-magnetic hysteresis brake I Freni elettromagnetici ad isteresi NL Elektromagnetische hysteresis-rem S Elektromagnetisk hystersisbroms SF Sähkömagneettinen hystereesijarru

9300		D Kupplungshälfte E Semiacoplamiento F Demi-accouplement GB Coupling half I Semigiunto NL Koppelingshelft S Kopplingshalva SF Kytkinpuolikas
9301		D Sechskantmutter E Tuerca exagonal F Ecrou hexagonal GB Hexagon nut I Dado esagonale NL Zeskantmoer S Sexkantmutter SF Kuusiomutteri
9302		D Axialdruckscheibe E Disco fijación axial F Plateau de poussée axiale GB Thrust plate I Disco di spinta assiale NL Axiale drukschijf S Tryckplatta SF Painelevy
9303		D Schaftschraube E Tornillo sin cabeza ranurado F Vis sans tête, rainurée GB Slotted headless screw I Vite filettata senza testa NL Kolomschroef S Spårskruv utan huvud SF Uravarsiruuvi
9304		D Laschen-Lamellenpaket E Membrana segmentada F Jeu de membranes segmentées GB Seperate link shim pack I Pacchetto lamella a biscotto NL Set segmentlamellen-ringen S Länklamellpaket SF Erilliset lamellit

9305		D Ring-Lamellenpaket E Membrana F Jeu de membranes annulaires GB Ring shim pack I Pacchetto lamelle NL Set (integrale) ringlamellen S Ringlamellpaket SF Yhtenäinen lamelli
9306		D Speichen-Membrane E Membrana de discos F Membrane ajourée GB Spoked shim pack I Membrana a cartuccia NL Membraam met uitsparing S Membranpaket SF Membraanilevypaketti
9307		D Membrane E Membrana F Membrane GB Flexible disc membrane I Membrana NL Membraam S Membran SF Yhtenäinen membraani
9308		D Zwischenscheibe E Disco intermedio F Disque intermédiaire GB Intermediate disc I Disco intermedio NL Tussenschijf S Mellanskiva SF Välilevy
9309		D Nockenring E Disco excéntrico F Anneau à came GB Cam-ring I Anello eccentrico NL Nokkenring S Nockring SF Nokkarengas

9310		D Mitnehmerhülse E Anillo de retención F Pièce de fixation GB Coupling sleeve I Anello di ritegno NL Bevestigingsring S Kopplingshylsa SF Lukkorengas
9311		D Paßschraube E Tornillo ajustado F Vis ajustée GB Shouldered bolt I Vite NL Pasbout S Passkruv SF Soviteruuvi
9313		D Bremsscheibe E Polea de freno F Disque de frein GB Brake disc/brake drum I Disco del freno NL Remschijf S Bromstrumma SF Jarrulevy
9314		D Welle E Eje F Arbre GB Shaft I Albero NL As S Axel SF Akseli

9315		D Zwischenstück E Pieza intermedia F Pièce intermédiaire GB Adapter I Elemento intermedio NL Tussenstuk S Mellanstycke SF Välikappale
9316		D Bodenscheibe E Pie base F Pied de base GB Bottom plate I Piastra di base NL Bodemplaat S Bottenplatta SF Pohjalevy
9318		D Achszapfen E Pirote del árbol perno del eje F Fusée GB Bell (outer race) I Perno profilato NL Astap S Axeltapp SF Akselitappi ja nivelrunko
9319		D Schlauchbinder E Sujetador de manguera F Collier GB Retaining clip I Fascetta NL Opspanbeugel S Spännband SF Letkun kiristin

9320		D Kugelkäfig E Portabolas F Cage à billes GB Cage I Gabbia a sfere NL Kogelkooi (-houder) S Kulhållare SF Kuulapidin
9321		D Kugelnabe E Buje de las bolas F Noix GB Inner race I Noce NL Kogelnaaf S Kulnav SF Kuulanapa
9322		D Kugel E Bola F Bille GB Ball I Sfera NL Kogel S Kula SF Kuula
9324		D Faltenbalg E Fuelle F Soufflet GB Rubber boot I Cuffia NL Balg S Bälg SF Kumisuojus

9325		D E F GB I NL S SF	Profilwelle Eje estriado Arbre cannelé Splined drive shaft Albero scanalato Gegroefde as Splinesaxel Ura-akseli
9326		D E F GB I NL S SF	Gleichlauf-Verschiebegelenk Junta homocinética desplazable Joint coulissant Constant velocity plunging joint Giunto omocinetico scorrevole Homokinetische schuifbare koppeling Axiellt förskjutbar drivknut för konstant vinkelhastighet (homokinetisk) Vakiokulmanopeuskytkimen siirrettävä vetonivel
9327		D E F GB I NL S SF	Kappe Casquete Capot Cap Coperchio Kap Kappa Laippa
9328		D E F GB I NL S SF	Gelenkstück Junta anular Joint annulaire Outer race Flangia snodata Koppelingsring Kopplingsring Nivelrunko
9329		D E F GB I NL S SF	Dichtung Junta Etanchéité Seal Guarnizione Dichting Tätning Tiiviste

9330		D Verschlußkappe E Casquete de cierre F Capot de fermeture GB Closure cap I Coperchio di chiusura NL Afsluitkap S Tätningskapsel SF Päätylaippa
9331		D Kupplungsnabe E Núcleo de acoplamiento F Moyeu d'accouplement GB Coupling hub I Mozzo giunto NL Koppelingsnaaf S Kopplingsnav SF Kytkinnapa
9332		D Kunststoffhülse E Mangón plástico F Manchon plastique GB Plastic sleeve I Manicotto plastica NL Kunststofbus S Hylsa av konstmaterial SF Keinoaineholkki
9333		D Zwischenwelle E Eje intermedio F Arbre intermédiaire GB Intermediate shaft I Albero intermedio NL Tussenas S Mellanaxel SF Väliakseli

9334		D Zapfengelenk mit Flansch E Junta fija de cardán y brida F Bout d'arbre cardan et flasque GB Hookes joint with flange I Perno snodato con flangia NL Kardanastap met flens S Kardanknut med fläns SF Laipallinen nivelkappale
9335		D Verbindungsrohr E Tubo de conexión F Tube de connection GB Connection tube I Tubo collegamento NL Koppelingspijp S Förbindningsrör SF Liitosputki
9336		D Flanschmitnehmer E Conector de brida F Mâchoire à bride GB Flange yoke I Trascinatore flangia NL Beugel met flens S Kardanfläns med gaffel SF Laipallinen myötäpyörittäjä
9337		D Zapfenmitnehmer E Conector de tubo F Mâchoire bout mâle GB Tube yoke I Trascinatore a tubo NL Beugel met tapeind S Gaffel med rör SF Putkellinen myötäpyörittäjä
9338		D Zapfenkreuz E Cruceta F Croisillon GB Journal cross I Crociera NL Kruisstuk S Knutkors SF Ristikappale

9339		D Sprengring E Anillo elástico F Anneau de retenue GB Snap ring I Anello elastico NL Spanring S Låsring SF Lukitusrengas
9340		D Lagerbuchse E Mangón de rodamiento F Douille de roulement GB Bearing bush I Bussola NL Lagerbus S Lagerhylsa SF Laakeriholkki
9341		D Abstreifer E Cierre de aceite F Racloir GB Scraper seal I Paraolio NL Schraper S Avstrykare SF Pyyhkijä
9342		D Dichthülse E Camisa de cierre F Douille de joint GB Sealing sleeve I Manicotto tenuta NL Afdichtingsbus S Tätningshylsa SF Tiivisteholkki
9343		D Entlüftungsventil E Aireador F Reniflard GB Air relief valve I Valvola di sfiato NL Ontluchtingsventiel S Luftningsventil SF Ilmaventtiili

9344

- D Nabenhülse
- E Portanucleo
- F Douille de moyeu
- GB Hub sleeve
- I Manicotto del mozzo
- NL Naafhuls
- S Navhylsa
- SF Holkki

9345

- D Radial-Wellendichtring
- E Junta de eje radial
- F Joint d'arbre radial
- GB Rotary shaft seal
- I Anello tenuta albero radiale
- NL Radiale asdichting
- S Radial axeltätring
- SF Akselin säteistiiviste

9346

- D Schmiernippel
- E Engrasador de bola
- F Graisseur à bille
- GB Grease nipple
- I Ingrassatore a sfera
- NL Smeernippel
- S Smörjnippel
- SF Voitelunippa

9347

- D Überdruckventil
- E Válvula de presión
- F Soupape de surpression
- GB Pressure relief valve
- I Valvola di sovra pressione
- NL Overdrukventiel
- S Övertrycksventil
- SF Ylipaineventtiili

9348		D Wellengelenk E Bloque de cruceta F Bloc croisillon GB Fork end I Trascinatore ad albero NL Kruisstukblok S Kardanknut SF Nivelliitos
9349		D Wälzkörper E Elemento de rodadura F Roulement GB Rolling element I Elemento di rotolamento NL Lagering S Rullkropp SF Vierintäelimet
9350		D Wellenmitnehmer E Cabeza de la corredera (acanalada) F Embout coulissant (cannelé) GB Slip stub yoke I Trascinatore albero NL Glijdende beugelas S Splinesaxel med gaffel SF Akselin myötäpyörittäjä
9351		D Kupplungsflansch E Acoplamiento brida F Mâchoire à bride GB Clutch flange/Coupling flange I Flangia del giunto NL Koppelingsflens S Kopplingsfläns SF Kytkinlaippa

9352		D Abscherstift E Clavija de seguridad F Goupille de sécurité GB Shear pin I Spina di sicurezza NL Breekpen S Brytpinne SF Murtotappi
9353		D Evolventenzahnring E Anillo dentado F Anneau à denture en développante GB Involute geared ring I Anello dentato evolvente NL Evolvente-tandkrans S Evolventtandad ring SF Evolventtihampainen rengas
9354		D Treibender Flansch E Brida conducida F Bride menante GB Driving flange I Flangia motrice NL Drijvende flens S Drivande fläns SF Käyttävä laippa
9355		D Zwischenflanschwelle E Eje entre bridas F Arbre entre brides GB Intermediate flange shaft I Albero flangiato intermedio NL Geflensde koppelas S Mellanflänsaxel SF Laipallinen väliakseli

9356		D E F GB I NL S SF	Elastisches Kreuz Elemento elástico (en cruz) Elément élastique (en croix) Elastomeric spider Croce elastica Elastisch kruisstuk (of sterstuk) Elastiskt kors Joustava ristikappale
9357		D E F GB I NL S SF	Taschenteil Plato acoplamiento a pernos Plateau à broches Female flange Elemento a tazza Blokkenhelft Honhalva Naaraspuolikas
9358		D E F GB I NL S SF	Klauenteil Plato acoplamiento a tetones Plateau à crabots Male flange Elemento arresto Pennenhelft Hanhalva Koiraspuolikas
9359		D E F GB I NL S SF	Paket Druckstücke Juego de elementos de presión Jeu d'éléments de pression Thrust element Tasselli di spinta Pakket drukelementen Tryckelementpaket Puristuskappaleiden paketti

9360		D Puffer E Amortiguador F Amortisseur GB Damper I Ammortizzatore NL Demper S Buffert SF Puskuri
9361		D Haltering E Anillo de retención F Anneau de retenue GB Locking ring I Anello di tenuta NL Opsluitring S Hållarring SF Pidinrengas
9362		D Stiftschraube E Espárrago F Goujon GB Stud I Vite prigioniera NL Tapeind S Pinnskruv SF Vaarnaruuvi
9363		D Kupplungsring E Anillo de acoplamiento F Anneau d'accouplement GB Coupling ring I Anello giunto NL Koppelingsring S Kopplingsring SF Kytkinrengas

9364		D Elastikring E Anillo elástico F Anneau élastique GB Elastic ring I Anello elastico NL Elastische ring S Elastisk ring SF Joustava rengas
9365		D Begrenzungsring E Anillo de blocaje F Anneau de blocage GB Stopring I Anello di arresto NL Aanslagring S Begränsningsring SF Rajoitinrengas
9366		D Träger E Soporte F Support GB Beam I Supporto NL Draagstuk S Fäste SF Kannatin
9367		D Außenlamelle E Membrana exterior F Membrane extérieure GB Outer plate I Lamelle esterne NL Buitenlamel S Ytterlamell SF Ulkopuoliset lamellit
9368		D Innenlamelle E Membrana interna F Membrane intérieure GB Inner plate I Lamelle interne NL Binnenlamel S Innerlamell SF Sisäpuoliset lamellit

9369		D Nabengehäuse E Carter del núcleo F Carter de moyeu GB Clutch housing I Scatola mozzo NL Koppelingshuis S Navhus SF Kytkinrunko
9370		D Stellmutter E Tuerca de ajuste F Ecrou d'ajustement GB Adjusting nut I Dado regolazione NL Stelmoer S Ställmutter SF Asetusmutteri
9371		D Klemmscheibe E Disco de apriete F Disque de serrage GB Locking disc I Disco bloccaggio NL Klemschijf S Klämskiva SF Lukituslevy
9372		D Gewindering E Anillo roscado F Bague filetée GB Threaded bush I Ghiera filettata NL Schroefring S Gängad ring SF Kierteitetty rengas

9373		D E F GB I NL S SF	Federaufnahmescheibe Soporte del resorte Lamage de support de ressort Spring holding disc Disco tenuta molla Veerhouderschijf Fjäderhållarskiva Jousen tukilevy
9374		D E F GB I NL S SF	Druckfeder Resorte de compresión Ressort de pression Compression spring Molla a compressione Drukveer Tryckfjäder Puristuskierrejousi
9375		D E F GB I NL S SF	Schlitzmutter Tuerca amortajada Ecrou cylindrique à rainure Slotted round nut Dado cilindrico ad intaglio Cilindermoer met zaagsnede Spårmutter Uramutteri
9376		D E F GB I NL S SF	Stellmutterschraube Tornillo de reglaje Vis de réglage Adjusting screw Vite di regolazione Stelmoer Ställmutterskruv Asetusmutteri
9377		D E F GB I NL S SF	Verschlußschraube Tapón roscado Bouchon fileté d'obturation Hexagon head plug Tappo filettato Schroefdop Sexkantplugg Kuusiotulppa

9378		D Hebel E Palanca F Levier GB Lever I Leva NL Hefboom S Arm SF Vipu
9379		D Hebelbolzen E Pivote de leva F Goujon de levier GB Pivot pin I Bullone leva NL Hevelpin S Länkbult SF Nostovivun tappi
9380		D Paßfeder E Chaveta F Clavette GB Key I Chiavetta NL Spie S Kil SF Kiila
9381		D Schiebemuffe E Núcleo del disco F Manchon de disque GB Sliding sleeve I Manicotto del disco NL Glijbus S Glidlagrad hylsa SF Liukuholkki
9382		D Rastenmutter E Tuerca de securidad F Ecrou d'arrêt GB Notched nut I Dado di arresto NL Nokkenmoer S Skårmutter SF Uritettu mutteri

9383		D Rastenscheibe E Disco de paro F Disque d'arrêt GB Notched disc I Disco di arresto NL Nokkenschijf S Skårad skiva SF Uritettu levy
9384		D Rastenbolzen E Pivote de apoyo F Goujon d'appui GB Notched bolt I Bullone di arresto NL Nokkenpen S Skårbult SF Uritettu holkki
9385		D Zahnkranz E Corona dentada F Couronne GB Ring gear I Corona dentata NL Tandkrans S Tandad krans SF Hammaskehä

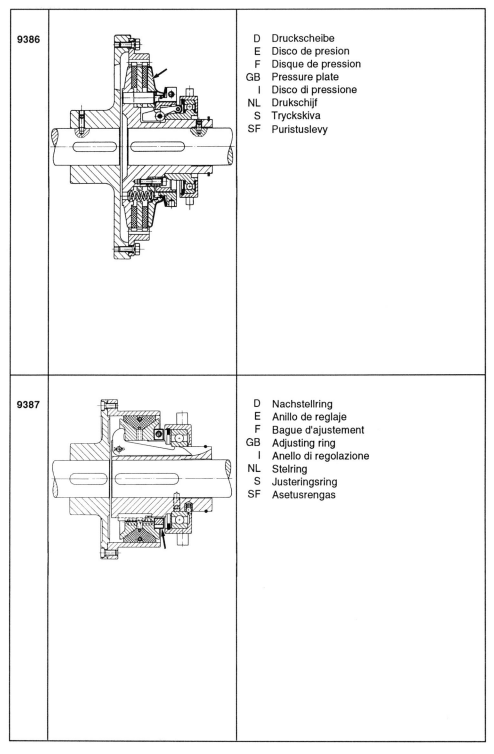

9386		D Druckscheibe E Disco de presion F Disque de pression GB Pressure plate I Disco di pressione NL Drukschijf S Tryckskiva SF Puristuslevy
9387		D Nachstellring E Anillo de reglaje F Bague d'ajustement GB Adjusting ring I Anello di regolazione NL Stelring S Justeringsring SF Asetusrengas

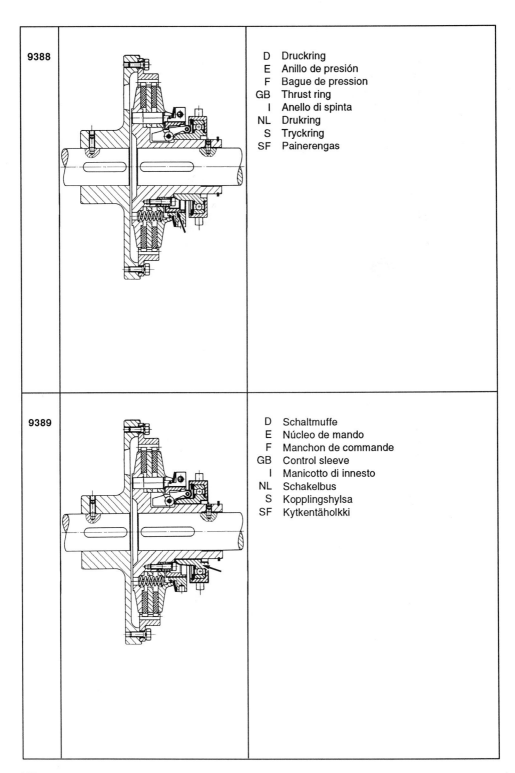

9388

- D Druckring
- E Anillo de presión
- F Bague de pression
- GB Thrust ring
- I Anello di spinta
- NL Drukring
- S Tryckring
- SF Painerengas

9389

- D Schaltmuffe
- E Núcleo de mando
- F Manchon de commande
- GB Control sleeve
- I Manicotto di innesto
- NL Schakelbus
- S Kopplingshylsa
- SF Kytkentäholkki

9390		D Kupplungshebel E Leva de acoplamiento F Levier d'accouplement GB Clutch lever I Leva giunto NL Koppelingshefboom S Kopplingslänk SF Kytkentävipu
9391		D Spannhülse E Pasador elástico F Goupille élastique GB Spring pin I Spina elastica NL Spanstift S Fjäderpinne SF Jousisokka
9392		D Bolzen E Pasador cilíndrico F Goujon GB Dowel pin I Spina cilindrica NL Pen S Pinne SF Lieriösokka
9393		D Rolle E Rodillo F Galet GB Roller I Rullo NL Rol S Rulle SF Rulla

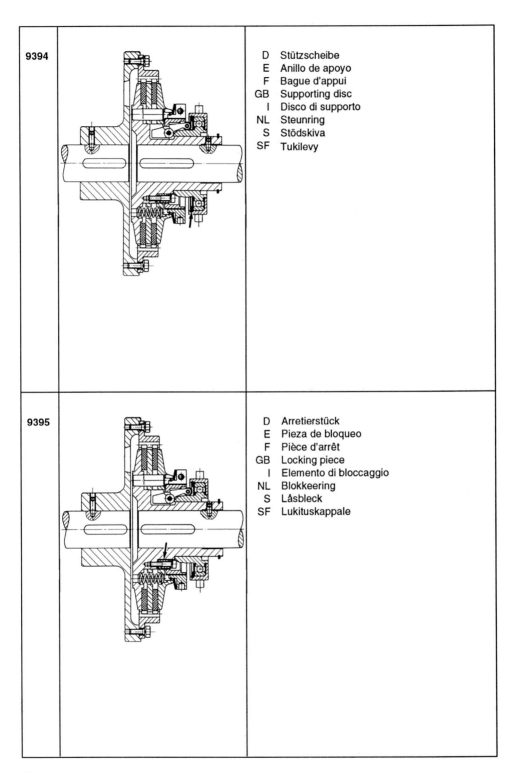

9394		D	Stützscheibe
		E	Anillo de apoyo
		F	Bague d'appui
		GB	Supporting disc
		I	Disco di supporto
		NL	Steunring
		S	Stödskiva
		SF	Tukilevy

9395		D	Arretierstück
		E	Pieza de bloqueo
		F	Pièce d'arrêt
		GB	Locking piece
		I	Elemento di bloccaggio
		NL	Blokkeering
		S	Låsbleck
		SF	Lukituskappale

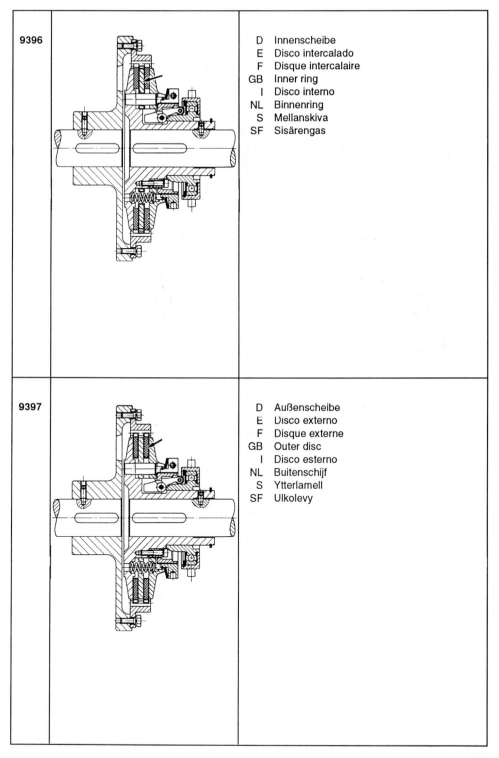

9396		D Innenscheibe E Disco intercalado F Disque intercalaire GB Inner ring I Disco interno NL Binnenring S Mellanskiva SF Sisärengas
9397		D Außenscheibe E Disco externo F Disque externe GB Outer disc I Disco esterno NL Buitenschijf S Ytterlamell SF Ulkolevy

9398		D Tellerfeder E Resorte de disco F Rondelle élastique conique GB Disc spring I Molla a tazza NL Schotelveer S Tallriksfjäder SF Lautasjousi
9399		D Nachstellelement E Elemento de ajuste F Elément d'ajustement GB Adjusting element I Elemento di regolazione NL Afstelelement S Justeringselement SF Säätöelementti

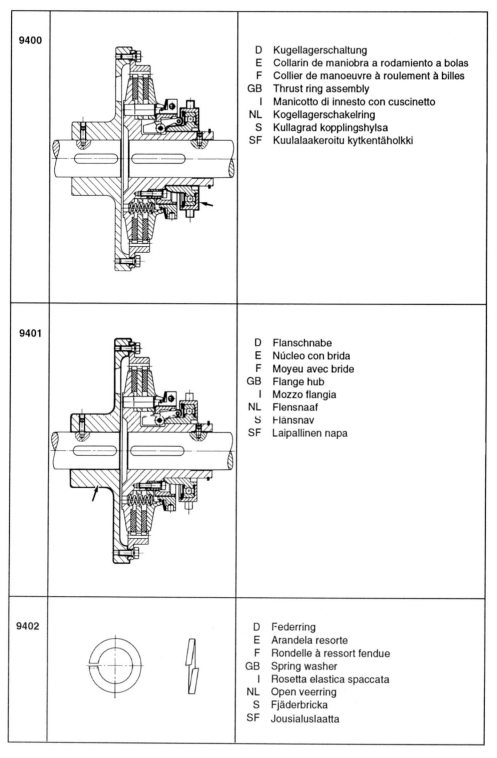

9400

- D Kugellagerschaltung
- E Collarin de maniobra a rodamiento a bolas
- F Collier de manoeuvre à roulement à billes
- GB Thrust ring assembly
- I Manicotto di innesto con cuscinetto
- NL Kogellagerschakelring
- S Kullagrad kopplingshylsa
- SF Kuulalaakeroitu kytkentäholkki

9401

- D Flanschnabe
- E Núcleo con brida
- F Moyeu avec bride
- GB Flange hub
- I Mozzo flangia
- NL Flensnaaf
- S Flänsnav
- SF Laipallinen napa

9402

- D Federring
- E Arandela resorte
- F Rondelle à ressort fendue
- GB Spring washer
- I Rosetta elastica spaccata
- NL Open veerring
- S Fjäderbricka
- SF Jousialuslaatta

9403		D E F GB I NL S SF	O-Ring Junta tórica Joint torique O-Ring Anello di tenuta torico(O-Ring) O-ring O-Ring O-rengas
9404		D E F GB I NL S SF	Kolben Pistón Piston Piston Pistone Plunjer (Zuiger) Kolv Mäntä
9405		D E F GB I NL S SF	Nabe Núcleo Moyeu Hub Mozzo Naaf Nav Napa
9406		D E F GB I NL S SF	Arretierung Retención Arrêt Detent Arresto Eindbegrenzing Stopp Lukitus

9407		D Kupplungsmantel E Caja del acoplamiento F Carter d'accouplement GB Clutch case I Rivestimento giunto NL Koppelingsmantel S Kopplingstrumma SF Kytkimen runko
9408		D Winkelhebel E Leva ángular F Levier coudé GB Elbow lever/dog-leg lever I Leva angolare NL Gebogen hefboom S Vinkellänk SF Kulmavipu
9409		D Tellerscheibe E Disco cónico F Disque conique GB Conical clutch disc I Disco piatto NL Konische drukschijf S Tallriksskiva SF Lautaslevy

9410		D Reibring E Casquillo de fricción F Bague de friction GB Friction ring I Anello frizione NL Wrijvingsring S Friktionsring SF Kitkarengas
9411		D Wälzlager E Rodamiento F Palier à roulement GB Rolling bearing I Cuscinetto volvente (a rotolamento) NL Wentellager S Rullningslager SF Vierintälaakeri
9412		D Außenkörper E Cuerpo exterior F Corps extérieur GB Outer body I Elemento esterno NL Uitwendig lichaam S Ytterkropp SF Ulkorunko

9413		D Spulenkörper E Cuerpo de la bobina F Corps de bobine GB Coil body I Corpo bobina NL Spoelbehuizing S Spolkropp SF Kelan runko
9414		D Buchse E Casquillo F Douille GB Bush I Bussola NL Bus S Bussning SF Holkki
9415		D Ankerscheibe E Armadura de disco F Armature mobile GB Armature plate/Armature disc I Disco armatura NL Ankerschijf S Ankarskiva SF Ankkurointilevy
9416		D Schleifring E Anillo de desciamiento F Anneau d'embrayage GB Slipring I Anello NL Schuifbus S Kopplingsring SF Kytkentärengas
9417		D Spule E Espira de muelle F Bobine GB Coil I Bobina NL Spoel S Spole SF Kela

9418		D E F GB I NL S SF	Druckbolzen Tornillo de seguridad Broche de pression Pressure bolt Tirante a vite Drukbout Tryckbult Paininpultti
9419		D E F GB I NL S SF	Zylinderstift Pasador cilíndrico Goupille cylindrique Cylindrical dowel Spina cilindrica Cilindrische pen Cylindrisk pinne Lieriösokka
9420		D E F GB I NL S SF	Kegelkerbstift Pasador cónico estriado Goupille conique cannelée Taper groove cotter pin Spina conica con intagli longitudinali Konische gegroefde pen Konisk räfflad pinne Kartiomainen uritettu sokka
9421		D E F GB I NL S SF	Vergußmasse Relleno Bourrage Potting compound Materiale di riempimento Vulling Gjutmassa Eristysmassa
9422		D E F GB I NL S SF	Ring Anillo Bague Ring Anello Ring Ring Rengas

9423		D Mitnehmernabe E Nucleo conducido F Moyeu menant GB Drive hub I Mozzo di trascinamento NL Meenemernaaf S Medbringarnav SF Myötäpyörittäjänapa
9424		D Distanzring E Anillo separador F Bague intermédiaire GB Spacing ring/Distance ring I Anello distanziale NL Afstandsring S Distansring SF Välirengas
9425		D Distanzbuchse E Casquillo distanciador F Douille entretoise GB Distance tube I Bussola distanziale NL Afstandsbus S Distansbussning SF Väliholkki
9426		D Sechskantschraube E Tornillo de cabeza exagonal F Vis à tête hexagonale GB Hexagon headed bolt I Vite a testa esagonale NL Zeskantbout S Sexkantskruv SF Kuusioruuvi
9427		D Zylinderschraube E Tornillo de cabeza cilíndrica F Vis à tête cylindrique GB Cheese head screw I Vite a testa cilindrica NL Cilinderkopschroef S Spårskruv med cylindriskt huvud SF Lieriökantainen uraruuvi

9428		D E F GB I NL S SF	Spannstift Pasador cilíndrico abierto Goupille fendue Roll pin Spina elastica Spanstift Styrpinne Jousisokka
9429		D E F GB I NL S SF	Sicherungsring Anillo elástico circlip Segment d'arrêt Circlip Anello d'arresto Veerborgring Låsring Varmistin
9430		D E F GB I NL S SF	Radialdichtring Junta radial Joint radial Radial seal Anello di tenuta radiale Radiale afdichtring Radialtätring Säteistiiviste
9431		D E F GB I NL S SF	Rillenkugellager Rodamiento rígido con una hilera de bolas Roulement à billes, simple rangée Single row deep groove ball bearing Cuscinetto radiale rigido ad una corona di sfere Eénrijig radiaal kogellager Enradigt spårkullager Yksirivinen urakuulalaakeri
9432		D E F GB I NL S SF	Nadellager Rodamiento de agujas Roulement à aiguilles Needle roller bearing Cuscinetto a rullini Naaldlager Nållager Neulalaakeri

9433		D Nutmutter E Tuerca ranurada F Ecrou cylindrique à 4 encoches GB Slotted nut I Ghiera con intagli NL Gleufmoer S Rund mutter med 4 spår SF Sivu-uramutteri
9434		D Sicherungsblech E Arandela de seguridad F Rondelle de securité à aileron GB Tab washer I Rosetta di sicurezza con linguetta NL Lipborgplaat S Låsbleck med vikarm SF Lehtialuslaatta
9435		D Transportsicherung E Dispositivo de seguridad de transporte F Securité de transport GB Transport lock I Dispositivo di sicurezza di trasporto NL Transport-beveiling S Transportsäkring SF Kuljetusvarmistus
9437		D Schaltarm E Palanca F Bras de manoeuvre GB Shift arm I Braccio di manovra NL Schakelarm S Manöverarm SF Kytkentä

9438		D Schaltwelle E Eje del mecanismo de maniobra F Arbre de manoeuvre GB Shift shaft I Albero d'innesto NL Schakelas S Manöveraxel SF Kytkentäakseli
9439		D Schalthebel E Palanca de maniobra F Levier de manoeuvre GB Shift lever I Leva del cambio NL Schakelhefboom S Manöverspak SF Kytkentävipu
9440		D Klemmkörperkäfig E Jaula F Cage d'élément-frein GB Cage I Gabbia a corpi di contatto eccentrici NL Klemelementkooi S Klämkroppshållare SF Lukituskappaleiden pidin
9441		D Ringfeder E Resorte anular F Ressort annulaire (central) GB Garter spring I Molla NL Ringveer S Ringfjäder SF Rengasjousi

9442		D Klemmkörper E Freno F Elément-frein GB Sprag I Corpo di contatto NL Klemelement S Klämkropp SF Lukituskappale
9443		D Schleppkäfig E Jaula de patines F Cage de patin GB Drag cage I Gabbia di trascinamento NL Sleepkooiring S Slirande kropphållare SF Laahainpidin
9446		D Mäanderfeder E Resorte de precontracción F Ressort de précontrainte (3 dimensions) GB Meander shaped pretension spring I Avvolgimento elastico a spirale NL Vóórspanningsveer (3-dimensioneel) S Meanderfjäderlindning SF Kierrejousen muoto
9447		D Innenring E Anillo interior F Bague intérieure GB Inner ring I Anello interno NL Binnenring S Innerring SF Sisärengas

9448		D Außenring E Anillo exterior F Bague extérieure GB Outer ring I Anello esterno NL Buitenring S Ytterring SF Ulkorengas
9449		D Rollenlager E Rodamiento de rodillos F Roulements à rouleaux GB Roller bearing I Cuscinetto a rulli NL Rollager S Rullager SF Rullalaakeri
9450		D Freilauf E Rueda libre F Roue libre GB Freewheel I Ruota libera NL Vrijloop S Frihjul SF Vapaakytkin
9452		D Deckel E Tapa F Couvercle GB Cover I Coperchio NL Deksel S Lock SF Kansi

9453		D E F GB I NL S SF	Scheibe Disco Disque Disc Rondella Schijf Skiva Laatta
9454		D E F GB I NL S SF	Zylinder Caja del cilindro Boîtier du cylindre Cylinder Cilindro Cilinder Cylinder Sylinteri
9455		D E F GB I NL S SF	Flachdichtscheibe Junta circular Joint plat circulaire Gasket Guarnizione piatta Vlakke afdichting Plantätning Tiivistealuslevy
9456		D E F GB I NL S SF	Gewindestift Clavija roscada Goupille filetée Stud Prigioniero Schroefstift Gängat stift Kierresokka
9457		D E F GB I NL S SF	Bundbuchse Casquillo con valona Douille épaulée Collar bush/Shouldered boss Bussola flangiata Schouderbus Kragbussning Liitosholkki

9458		D Schwenkverschraubung E Racor orientable F Raccord tournant GB Rotating joint I Raccordo orientabile NL Verdraaibare verbinding S Rörligt förbindningsstycke SF Pyörivä liitin
9459		D Typenschild E Placa de caracteristicas F Plaque signalétique GB Name plate I Targa di identificazione NL Kenmerkenplaat S Märkskylt SF Tyyppikilpi
9460		D Flansch E Brida F Bride GB Flange I Flangia NL Flens S Fläns SF Laippa
9461		D Ölstandsauge E Visor del nivel de aceite F Voyant de niveau d'huile GB Oil level sight gauge I Spia di livello olio NL Oliepeilglas S Oljeståndsglas SF Öljylasi
9462		D Bundbolzen E Bulón de retención F Broche épaulée GB Collar bolt/Collar stud I Bulloni NL Schouderpen S Kragbult SF Laippatappi

9463		D Steg E Asiento interior F Cloison GB Shouldered pin I Parete di separazione NL Tussenwand S Vägg SF Väliseinä
9464		D Schaltring E Clarija de embague F Goupille d'embrayage GB Thrust collar I Anello di innesto NL Schakelringpen S Kopplingsringpinne SF Kytkentärengas
9465		D Zugfeder E Resorte de tracción F Ressort annulaire de traction GB Garter spring I Molla a trazione NL Ringtrekveer S Dragfjäder SF Vetokierrejousi
9466		D Senkschraube E Tornillo exagonal F Vis à tête fraisée GB Countersunk head bolt I Vite esagonale NL Verzonken schroef S Försänkt skruv SF Uppokantaruuvi

9467		D Antriebsnabe E Núcleo de transmissión F Moyeu menant GB Driving hub I Mozzo di trasmissione NL Drijvende naaf S Drivande nav SF Käyttävä napa
9468		D Fliehgewicht E Masa centrifuga F Masse centrifuge GB Centrifugal weight I Contrappeso centrifugo NL Centrifugaal-massa S Centrifugalvikt SF Keskipakomassa
9469		D Reibbelag E Revestimiento de fricción F Garniture de friction GB Friction lining I Rivestimento di frizione NL Wrijvingsbekleding S Friktionsbelägg SF Kitkapinta
9470		D Zwischenlage E Revestimiento intermedio F Garniture intercalaire GB Intermediate layer I Posizione intermedia NL Tussenlaag S Mellanlägg SF Välipala

9472		D Pumpenrad E Rueda bomba F Roue-pompe GB Impeller I Girante della pompa NL Pompwiel S Pumphjul SF Pumpun pyörä
9473		D Schmelzsicherungsschraube E Tapón fusible F Bouchon fusible de sécurité GB Fusible plug I Tappo fusibile di sicurezza NL Smeltveiligheidsschroef S Smältsäkringsskruv SF Ylikuumenemistulppa
9474		D Schaufelrad E Rueda de paletas F Roue à aubes GB Reaction wheel I Girante NL Schoepenwiel S Skovelhjul SF Siipipyörä

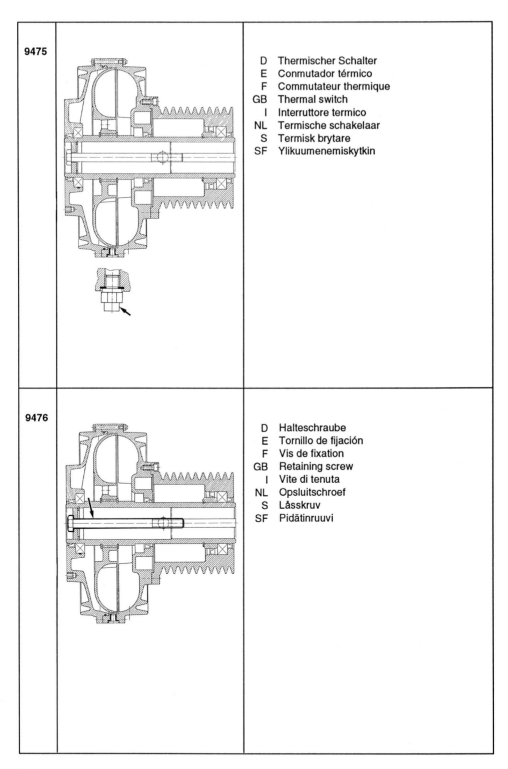

9475

- D Thermischer Schalter
- E Conmutador térmico
- F Commutateur thermique
- GB Thermal switch
- I Interruttore termico
- NL Termische schakelaar
- S Termisk brytare
- SF Ylikuumenemiskytkin

9476

- D Halteschraube
- E Tornillo de fijación
- F Vis de fixation
- GB Retaining screw
- I Vite di tenuta
- NL Opsluitschroef
- S Låsskruv
- SF Pidätinruuvi

9477		D Indikator E Indicador de aceite F Indicateur (d'huile) GB Indicator I Indicatore NL Indikator S Indikator SF Lämpötilaosoiten
9478		D Entlüftungsschraube E Tornillo de aireación F Vis d'aération GB Breather screw I Vite di spurgo dell'aria NL Ontluchtingsschroef S Avluftningskruv SF Huohotinruuvi
9479		D Öleinfüllschraube E Tornillo llenado de aceite F Bouchon fileté de remplissage d'huile GB Oil filler plug I Vite riempimento olio NL Schroefdop voor olievulling S Oljeplugg SF Öljyntäyttöruuvi

9480		D Gewindeeinsatz E Agujero roscado F Trou fileté GB Thread insert I Cartuccia filettata NL Draadgat S Insatsgänga SF Kierreholkki
9481		D Endscheibe E Disco de plato F Disque primaire d'extrémité GB End plate I Fondello NL Opsluitschijf S Ändskiva SF Päätylevy
9482		D Keilriemenscheibe E Polea acanalada F Poulie à gorge(s) trapezoïdale(s) GB V-belt pulley I Puleggia a gole trapezoidali NL V-riemschijf S Kilremskiva SF Kiilahihnapyörä

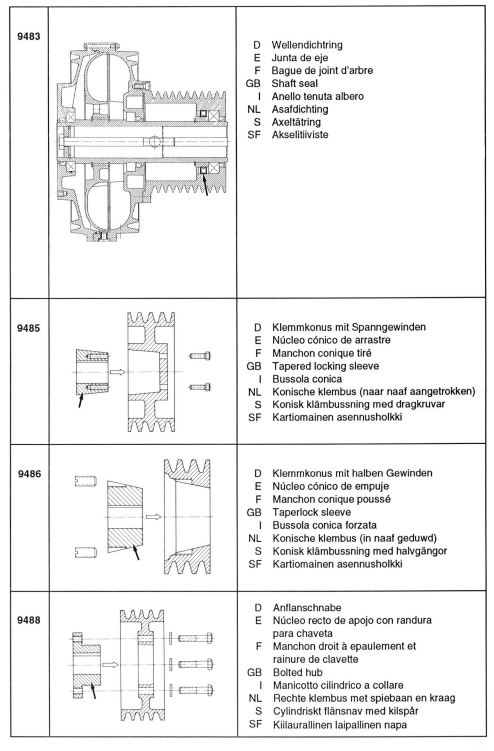

9483		D Wellendichtring E Junta de eje F Bague de joint d'arbre GB Shaft seal I Anello tenuta albero NL Asafdichting S Axeltätring SF Akselitiiviste
9485		D Klemmkonus mit Spanngewinden E Núcleo cónico de arrastre F Manchon conique tiré GB Tapered locking sleeve I Bussola conica NL Konische klembus (naar naaf aangetrokken) S Konisk klämbussning med dragkruvar SF Kartiomainen asennusholkki
9486		D Klemmkonus mit halben Gewinden E Núcleo cónico de empuje F Manchon conique poussé GB Taperlock sleeve I Bussola conica forzata NL Konische klembus (in naaf geduwd) S Konisk klämbussning med halvgångor SF Kartiomainen asennusholkki
9488		D Anflanschnabe E Núcleo recto de apojo con randura para chaveta F Manchon droit à epaulement et rainure de clavette GB Bolted hub I Manicotto cilindrico a collare NL Rechte klembus met spiebaan en kraag S Cylindriskt flänsnav med kilspår SF Kiilaurallinen laipallinen napa

9500		D Werkstoffe E Materiales F Matériaux GB Materials I Materiali NL Materiaal S Material SF Materiaali
9501		D Stahlguß E Acero fundido F Acier moulé GB Cast steel I Acciaio fuso NL Gietstaal S Stålgjutgods SF Valuteräs
9502		D Vergütungsstahlguß E Acero fundido para tratamiento térmico F Acier moulé pour traitement thermique GB Cast alloy I Getto acciaio da bonifica NL Veredeld gietstaal S Seghärdat stålgöt SF Nuorrutusteräsvalu
9503		D Gußeisen mit Lamellengraphit E Fundición gris a grafito láminar F Fonte grise à graphite lamellaire GB Cast iron I Ghisa con grafite lamellare NL Lamellair gietijzer S Gjutjärn med lamellgrafit SF Suomugrafiittivalurauta
9504		D Gußeisen mit Kugelgraphit E Fundición nodular a grafito esferoidal F Fonte nodulaire à graphite sphéroïdal GB Spheroidal graphite cast iron I Ghisa sferoidale NL Nodulair gietijzer S Segjärn SF Pallografiittivalurauta

9505		Baustahl D Acero al carbono E Acier de construction F Mild steel GB Acciaio da costruzione I Konstruktiestaal NL Konstruktionsstål S Rakenneteräs SF
9506		Vergütungsstahl D Acero bonificado E Acier pour traitement thermique F Heat treatable steel GB Acciaio da bonifica I Veredeld staal NL Seghärdningsstål S Nuorrutusteräs SF
9507		Elastomere D Elastomeros E Elastomère F Elastomer GB Elastomero I Elastomeer NL Elastomer S Elastomeeri SF
9508		D Duromere E Termoplástico F Thermodurcissant GB Thermo-plastics I Termoindurente NL Duromeer S Termoplast SF Kestomuovi
9509		D Stahl E Acero F Acier GB Steel I Acciaio NL Staal S Stål SF Teräs

9510		D Phosphorbronze E Bronce fosforoso F Bronze phosphoreux GB Phosphor bronze I Bronzo fosforoso NL Fosforbrons S Fosforbrons SF Fosforipronssi
9511		D Aluminium E Aluminio F Aluminium GB Aluminium I Alluminio NL Aluminium S Aluminium SF Alumiini
9512		D Sinterbronze E Bronce sinterizado F Bronze fritté GB Sintered bronze I Bronzo sinterizzato NL Sinterbrons S Sinterbrons SF Pulveripronssi
9513		D Sintereisen E Hierro sinterizado F Fer fritté GB Sintered iron I Acciaio sinterizzato NL Sinterijzer S Järnsinter SF Pulveriteräs
9514		D Sinterkeramik E Cerámica sinterizada F Céramique frittée GB Sintered ceramic I Ceramica sinterizzata NL Sinterkeramiek S Sintrad keramik SF Pulverikeraami

9515		D Papierbelag E Papel de protección F Garniture de papier GB Paper lining I Guarnizioni in carta NL Papierbekleding S Pappersbelägg SF Paperipinta
9516		D Organischer Belag E Protector orgánico F Garniture (de matière) organique GB Organic lining I Guarnizione in materiale organico NL Organische bekleding S Organiskt belägg SF Orgaaninen pinta
9517		D Kupferlegierung E Aleación de cobre F Alliage cuivreux GB Copper alloy I Lega di rame NL Koperlegering S Kopparlegering SF Kupariseostus
9518		D Polymere E Polimeros F Polymère GB Polymer I Polimeri NL Polymeer S Polymer SF Polymeeri
9519		D Gummi E Caucho F Caoutchouc GB Rubber I Gomma NL Rubber S Gummi SF Kumi

9520		D Kunststoff E Materia plástica F Matière plastique GB Plastic I Plastica NL Kunststof S Plast SF Muovi
9521		D Nylon E Nilon F Nylon GB Nylon I Nylon NL Nylon S Nylon SF Nailon
9522		D Leder E Cuero F Cuir GB Leather I Cuoio NL Leder S Läder SF Nahka
9523		D Asbest E Aminato F Amiante GB Asbestos I Amianto NL Asbest S Asbest SF Asbesti
9524		D Schmiermittel E Lubricante F Lubrifiant GB Lubricant I Lubrificante NL Smeermiddel S Smörjmedel SF Voiteluaine

9525		D Öl E Aceite F Huile GB Oil I Olio NL Olie S Olja SF Öljy
9526		D Unlegiertes Öl E Aceite mineral puro F Huile non-dopée (non-alliée) GB Oil without additives I Olio non additivato NL Ongedoopte olie S Olja utan tillsats SF Seostamaton öljy
9527		D Schwach legiertes Öl E Aceite con aditivos F Huile dopée à basse teneur GB HP oils I Olio debolmente additivato NL Licht gedoopte olie S Olja med liten tillsatsmängd SF Miedosti seostettu öljy
9528		D Stark legiertes Öl E Aceite altamente aditivado F Huile dopée à haute teneur GB EP oils I Olio fortemente additivato NL Sterk gedoopte olie S Olja med stor tillsatsmängd SF Voimakkaasti seostettu öljy
9529		D Fett E Grasa F Graisse GB Grease I Grasso NL Vet S Fett SF Rasva

9530		D Schmierfrist E Intervalo de engrase F Intervalle de graissage GB Lubrication interval I Intervallo di lubrificazione NL Smeerinterval S Smörjintervall SF Voiteluväli

9600		D Mittellinie E Linea de centros F Ligne des centres GB Centreline I Linea centrale - Mezzeria NL Hartlijn (of centraal) S Centrumlinje SF Keskilinja
9601		D Durchmesser E Diámetro F Diamètre GB Diameter I Diametro NL Diameter S Diameter SF Halkaisija
9602		D Außendurchmesser E Diámetro exterior F Diamètre extérieur GB Outside diameter I Diametro esterno NL Buitendiameter S Ytterdiameter SF Ulkohalkaisija
9603		D Innendurchmesser E Diámetro interior F Diamètre intérieur GB Inside diameter I Diametro interno NL Binnendiameter S Innerdiameter SF Sisähalkaisija
9604		D Flanschdurchmesser E Diámetro de brida F Diamètre de bride GB Flange diameter I Diametro flangia NL Flensdiameter S Flänsdiameter SF Laipan halkaisija

9605		D Maximaler Durchmesser E Diámetro máximo F Diamètre maximum GB Max. diameter I Diametro massimo NL Maximale Diameter S Max. diameter SF Suurin halkaisija
9606		D Wellendurchmesser E Diámetro de eje F Diamètre d'arbre GB Shaft diameter I Diametro albero NL Asdiameter S Axeldiameter SF Akselin halkaisija
9607		D Maximaler Rollendurchmesser E Diámetro máximo de rodillos F Diamètre maximum des rouleaux GB Max. roller diameter I Diametro massimo rullo NL Maximale roldiameter S Max. rulldiameter SF Suurin rullahalkaisija
9608		D Rotationsdurchmesser E Diámetro de rotación F Diamètre de rotation GB Rotation diameter I Diametro di rotazione NL Rotatiediameter S Rotationsdiameter SF Pyörintähalkaisija
9609		D Lochkreisdurchmesser E Diámetro alojamientos mandrinados F Diamètre des centres de percage GB Pitch circle diameter I Diametro intermedio per fori di fissaggio NL Steekcirkel-diameter van de gaten S Hålcirkeldiameter SF Reikäpiirin halkaisija

9610		D Reibungsdurchmesser E Diametro de fricción F Diamètre de friction GB Friction diameter I Diametro di frizione NL Wrijvingsdiameter S Friktionsdiameter SF Kitkahalkaisija
9611		D Radius E Radio F Rayon GB Radius I Raggio NL Straal S Radie SF Säde
9612		D Krümmungsradius E Radio de curvatura F Rayon de courbure GB Radius of curvature I Raggio curvatura NL Kromtestraal S Kurvradie SF Kaarevuussade
9613		D Ersatzkrümmungsradius E Radio de curvatura equivalente F Rayon de courbure équivalent GB Equivalent radius of curvature I Raggio equivalente di curvatura NL Ekwivalente kromestraal S Ekvivalent kurvradie SF Korvaava kaarevuussade
9614		D Logarithmische Spirale E Espiral logaritmíca F Spirale logarithmique GB Logarithmic spiral I Spirale logaritmica NL Logaritmische spiraal S Logaritmisk spiral SF Logaritminen spiraali

9615		D E F GB I NL S SF	Winkel Ángulo Angle Angle Angolo Hoek Vinkel Kulma
9616		D E F GB I NL S SF	Verdrehwinkel Ángulo de basculamiento Angle de basculement Angular rotation due to torque Angolo di torsione Verdraaiingshoek Förvridningsvinkel Kiertymiskulma
9617		D E F GB I NL S SF	Meßwinkel Ángulo de mesure Angle de mesure Measured angle Angolo di misura Meethoek Mätvinkel Mittakulma
9618		D E F GB I NL S SF	Schlupfwinkel Ángulo de deslizamiento Angle de glissement Angular movement before engagement Angolo di scorrimento Glijhoek Slirningsvinkel Luistokulma
9619		D E F GB I NL S SF	Einrollwinkel Ángulo de enrollado Angle d'enroulement Angle of engagement rolling-in angle Angolo di rotolamento Inrolhoek Inrullningsvinkel Vierintäkulma

9620		D Klemmwinkel E Ángulo de enclavamiento F Angle de serrage (. . freinage) GB Ramp angle I Angolo di arresto NL Klemhoek S Klämvinkel SF Kiristyskulma
9621	$\varphi_{An} = \beta_s + \delta + \varphi_{AB}$	D Schaltwinkel E Ángulo de embrague F Angle d'embrayage GB Angular movement after engagement I Angolo di innesto NL Schakelhoek S Kopplingsvinkel SF Kytkentäkulma
9622		D Schwenkwinkel E Ángulo de rotación F Angle de giration GB Total angular movement I Angolo di oscillazione NL Zwemhoek S Svängvinkel SF Heilahduskulma
9623		D Hilfswinkel E Ángulo de reserva auxiliar F Angle de réserve GB Auxiliary angle I Angolo riserva NL Hulphoek S Hjälpvinkel SF Apukulma

9624		D Teilwinkel E Ángulo de división F Angle de division GB Angular pitch I Angolo parziale NL Deelhoek S Delvinkel SF Jakokulma
9625		D Stellungswinkel E Ángula de posición F Angle de position GB Positioning angle I Angolo di posizionamento NL Instelhoek (Standhoek) S Ställvinkel SF Asettumiskulma
9626		D Reibwinkel E Ángulo de fricción F Angle de friction GB Friction angle I Angolo di attrito NL Wrijvinkshoek S Friktionsvinkel SF Kitkakulma
9627		D Umschlingungswinkel E Ángulo de empalme F Angle d'embrassement GB Wrap-around angle I Angolo di avvolgimento NL Omspannenhoek S Omfattningsvinkel SF Kosketuskulma
9628		D Torsionsdämpfer-Anschlagwinkel E Ángulo de reacción del amortiguador de torsión F Angle de réaction d'amortisseur de torsion GB Torsional damper - stop angle Angular travel to bump-stop I Angolo di arresto ammortizzatore torsioni NL Aanspreekhoek van de torsiedemper S Torsionsdämpare-anslagsvinkel SF Vääntövaimentimen rajoitinkulma

9629		D Winkelverstellung E Reglaje de ángulo F Reglage d'angle GB Angular adjustment I Angolo di aggiustamento NL Hoekverstelling S Vinkelförställning SF Kulma-asetus
9630		D Klemmkörperlänge E Longitud del elemento de freno F Longueur d'élément-frein GB Sprag length I Lunghezza elemento di arresto NL Lengte van het klemelement S Klämkroppslängd SF Lukkokappaleen pituus
9631		D Klemmkörperdicke E Espesor elemento de freno F Epaisseur d'élément-frein GB Sprag thickness I Spessore elemento di arresto NL Dikte van het klemelement S Klämkroppstjocklek SF Lukkokappaleen paksuus
9632		D Einbauhöhe E Posición radial F Encombrement radial GB Installation height I Altezza di installazione NL Inbouwhoogte S Inbyggnadshöjd SF Rakennekorkeus
9633		D Einbaulänge E Posición axial F Encombrement axial GB Installation length I Lunghezza di installazione NL Inbouwlengte S Inbyggnadslängd SF Rakennepituus

9634		D Nabenlänge E Longitud de núcleo F Longueur du moyeu GB Hub length I Lunghezza mozzo NL Naaflengte S Navlängd SF Navan pituus
9635		D Käfiglänge E Anchura de caja F Largeur de cage GB Cage length I Lunghezza cassa NL Kooibreedte S Hållarbredd SF Pitimen pituus
9636		D Ausrückweg E Curso de avertura F Course à l'ouverture GB Disengagement travel I Spazio per apertura NL Uitschakelweg S Urkopplingsväg SF Irroitusmatka
9637		D Arbeitsluftspalt E Entrehierro reglable F Entrefer réglable GB Working air gap (clearance) I Feritoia aria NL Werkluchtspleet S Arbetsluftspalt SF Käynti-ilmaväli
9638		D Schließweg E Curso de cierre F Course à la fermeture GB Engagement travel I Spazio per chiusura NL Inschakelweg S Inkopplingsväg SF Kytkentämatka

9639		D Luftspalt E Entrehierro F Entrefer GB Air gap I Traferro NL Luchtspleet S Luftspalt SF Ilmaväli
9640		D Spiel E Juego F Jeu GB Clearance I Gioco NL Speling S Spel SF Välys
9641		D Spielfrei E Sin juego F Sans jeu GB Without clearance I Senza gioco NL Spelingvrij S Spelfri SF Välyksetön
9642		D Klemmrichtung E Sentido de frenado F Sens de freinage GB Direction of engagement I Dispositivo bloccaggio NL Remrichting S Klämriktning SF Lukitussuunta
9643		D Klemmbahn E Pista de frenado F Piste de freinage GB Wedge track I Guida di bloccaggio NL Rembaan S Klämbana SF Lukitusura

9644		D Klemmfläche E Superficie de frenado F Surface de freinage GB Wedge surface I Superficie di bloccaggio NL Remvlak S Klämyta SF Lukituspinta
9645		D Klemmkurve E Curva de frenado F Courbe de freinage GB Wedge cam I Curva di bloccaggio NL Remkurve S Klämkurva SF Lukituskäyrä
9646		D Außenklemmbahn E Pista de frenado exterior F Piste de freinage extérieure GB External wedge cam I Guida di bloccaggio esterna NL Buitenrembaan S Yttre klämbana SF Ulkopuolinen lukitusura
9647		D Innenklemmbahn E Pista de frenado interior F Piste de freinage intérieure GB Internal wedge cam I Guida di bloccaggio interna NL Binnenrembaan S Inre klämbana SF Sisäpuolinen lukitusura
9648		D Schaltweg E Distancia de embrague F Voie d'embrayage GB Engagement travel (backlash) I Corsa di innesto NL Schakelweg S Kopplingsväg SF Kytkentämatka

9700		D E F GB I NL S SF	Terminologie Terminologia Terminologie Terminology Terminologia Terminologie Terminologi Terminologia
9701	T	D E F GB I NL S SF	Drehmoment Par Couple Torque Momento torcente Koppel Vridmoment Vääntömomentti
9702	T_{AN}	D E F GB I NL S SF	Nenndrehmoment der Antriebsseite Par nominal de entrada Couple nominal d'entrée Nominal input torque Momento torcente nominale entrata Nominaal ingaand koppel Märkmoment, ingående sida Käyttävän puolen nimellismomentti
9703	T_{AS}	D E F GB I NL S SF	Spitzendrehmoment der Antriebsseite Par nominal de salida Couple nominal de sortie Peak input torque Momento trocente di punta entrata Nominaal uitgaand koppel Spetsmoment, ingående sida Käyttävän puolen huippumomentti
9704	T_{KV}	D E F GB I NL S SF	Nenndrehmoment Par normal Couple nominal Normal (design) torque Momento torcente nominale Nominaal koppel Nominellt moment Nimellisvääntömomentti

9705	T_{Kmax}	D E F GB I NL S SF	Maximaldrehmoment Par máximo Couple maximum Maximum torque Momento torcente massimo Maximaal koppel Max. vridmoment Maksimivääntömomentti
9706	T_{KP}	D E F GB I NL S SF	Prüfdrehmoment Par de ensayo (test) Couple d'essai (de test) Test torque Momento torcente di prova Testkoppel Testmoment Koestusmomentti
9707	T_{KW}	D E F GB I NL S SF	Dauerwechseldrehmoment Par de vibratorio continuo Couple de vibration continue Vibratory torque Momento torcente vibratorio Kontinu wisselend koppel Kontinuerligt växlande vridmoment Vaihtovääntömomentti
9708	T_{LN}	D E F GB I NL S SF	Nenndrehmoment der Lastseite Par nominal, lado de carga Couple nominal, côté charge Nominal output torque Momento torcente nominale lato carico Nominaal koppel van de last Nominellt moment, utgående sida Kuorman nimellisvääntömomentti
9709	T_{LS}	D E F GB I NL S SF	Spitzendrehmoment der Lastseite Par de punta, lado de carga Couple de pointe, côté charge Peak output torque Momento torcente di punta lato carico Piekkoppel van de last Spetsmoment, utgående sida Kuorman huippuvääntömomentti

9710	T_{Ai}	D Erregendes Drehmoment auf der Antriebsseite E Par de entrada regulable F Couple d'entrée reglable GB Dynamic input torque I Momento torcente regolabile in entrata NL Regelbaar ingaand koppel S Ökande moment, ingående sida SF Käyttävän puolen herätevääntömomentti
9711	T_{Li}	D Erregendes Drehmoment auf der Lastseite E Par de salida regulable F Couple de sortie réglable GB Dynamic output torque I Momento torcente regolabile in uscita NL Regelbaar uitgaand koppel S Ökande moment, utgående sida SF Käytettävän puolen herätevääntömomentti
9712	T_N	D Anlagennenndrehmoment E Par de choque F Couple de choc GB Impact torque I Momento torcente d'urto NL Koppel onder stotende belasting S Stötvridmoment SF Vääntömomenttisysäys
9713	T_{Wi}	D Wechseldrehmoment E Par intermitente F Couple intermittent GB Alternating torque I Momento torcente variabile NL Wisselend koppel S Växlande vridmoment SF Vaihtovääntömomentti
9714	T_{+a}	D Beschleunigungsmoment E Par de aceleración F Couple d'accélération GB Acceleration torque I Momento torcente di accelerazione NL Versnellingskoppel S Accelerationsmoment SF Kiihdytysvääntömomentti

9715	T_{-a}	D Verzögerungsmoment E Par de frenado F Couple de ralentissement GB Braking torque I Momento torcente di decelerazione NL Vertragingskoppel S Fördröjningsmoment SF Hidastuvuusvääntömomentti
9716	T_r	D Restdrehmoment E Par residual F Couple résiduel GB Drag torque I Momento torcente residuo/ Momento torcente a vuoto NL Nullastkoppel S Tomgångsmoment SF Tyhjäkäyntimomentti
9717	T_s	D Schaltmoment E Par de acople F Couple d'embrayage GB Engagement torque I Momento di innesto NL Schakelkoppel S Kopplingsmoment SF Kytkentämomentti
9718	T_{sm}	D Mittleres Schaltdrehmoment E Par de acople medio F Couple d'embrayage moyen GB Mean engagement torque I Momento medio torcente di innesto NL Gemiddeld schakelkoppel S Medium kopplingsmoment SF Keskimääräinen kytkentämomentti
9719	T_{syn}	D Synchronisierungsmoment E Par de sincronización F Couple de synchronisation GB Synchronization torque I Momento di sincronizzazione NL Synchronisatiekoppel S Synkroniseringsmoment SF Synkronointimomentti

9720	$T_ü$	D E F GB I NL S SF	Übertragbares Drehmoment Par transmisible Couple transmissible Transmissible torque Momento torcente trasmissibile Over te brengen koppel Överförbart vridmoment Siirrettävä vääntömomenti
9721		D E F GB I NL S SF	Abtriebsdrehmoment Par de salida Couple de sortie Output torque Momento d'uscita Uitgangskoppel Utgående moment
9722	(diagram with T_K, T_{sm}, J; axes 0–275 Nm vs 500–2500 min⁻¹, n_0)	D E F GB I NL S SF	Kennmoment Par normal Couple normal Nominal torque Coppia nominale Normaal koppel Normalmoment Nimellismomentti
9723	T_L	D E F GB I NL S SF	Lastmoment Par de carga Couple de charge Torque load Momento di carico Lastmoment Lastmoment Kuorman momentti
9724	T_R	D E F GB I NL S SF	Rutschdrehmoment Par de deslizamiento Couple de glissement Sliding torque Momento torcente di slittamento Slipkoppel Slirmoment Liukkumomentti

9725		D Antriebsmoment E Par de entrada F Couple d'entrée GB Input torque I Momento di trasmissione NL Ingangskoppel S Ingående moment SF Käyttävä momentti
9726		D Kippdrehmoment E Par de inversión F Couple d'inversion GB Reversing torque I Momento torcente di inversione NL Kiepkoppel S Toppmoment SF Kippimomentti
9727		D Pendeldrehmoment E Par oscilante F Couple oscillant GB Oscillating torque I Momento torcente oscillante NL Schommelend koppel S Pendelvridmoment SF Heilurivääntömomentti
9728		D Reibdrehmoment E Par de fricción F Couple de friction GB Friction torque I Momento torcente di frizione NL Wrijvingskoppel S Friktionsmoment SF Kitkamomentti
9729		D Bruchdrehmoment E Par de rotura F Couple de rupture GB Failure torque I Momento torcente di rottura NL Koppel bij breuk S Brottmoment SF Murtumismomentti

9730	T_{TA}	D E F GB I NL S SF	Torsionsdämpfer-Anschlagmoment Par de reacción amortigudor de torsion Couple de réaction d'amortisseur de torsion Torsional damper stop torque Momento di arresto ammortizzatore torsione Aanspreekkoppel van de torsiedemper Torsionsdämpare-anslagsmoment Vääntövaimentimen vastamomentti
9731	T_{TR}	D E F GB I NL S SF	Torsionsdämpfer-Reibmoment Par de friccion amortiguador de torsion Couple de friction d'amortisseur de torsion Torsional damper - friction torque Momento di frizione ammortizzatore torsione Wrijvingskoppel van torsiedemper Torsionsdämpare-friktionsmoment Vääntövaimentimen kitkamomentti
9732		D E F GB I NL S SF	Drehmomentdiagramm Diagrama de par Diagramme du couple Torque-displacement diagram Diagramma momento torcente Koppeldiagram Vridmomentdiagram Vääntömomentin diagrammi
9733		D E F GB I NL S SF	Drehmomentverlauf Evolución del par Evolution du couple Torque characteristic Andamento del momento torcente Koppelverloop Vridmomentförlopp Vääntömomentin muoto
9734		D E F GB I NL S SF	Drehmomentanstieg Alzada de par Montée du couple Torque rise Andamento momento torcente Koppelstijging Vridmomentstegring Vääntömomentin kasvu

9735		D Massenträgheitsmoment E Momento de inercia másico F Moment d'inertie massique GB Moment of inertia I Momento di inerzia NL Massatraagheidsmoment S Masströghetsmoment SF Massahitausmomentti
9736		D Flächenträgheitsmoment E Momento de inercia de superficies (Derivada segunda) F Moment d'inertie des surfaces GB Second moment of area I Momento di inerzia superficie NL Traagheidsmoment van de vlakken S Yttröghetsmoment SF Pintahitausmomentti
9737	I_A	D Trägheitsmoment, antriebsseitig E Momento de inercia a la entrada F Moment d'inertie à l'entrée GB Moment of inertia at the driving end I Momento di inerzia lato entrata NL Traagheidsmoment, ingangszijde S Tröghetsmoment, ingående sida SF Hitausmomentti, käyttävä puoli
9738	I_L	D Trägheitsmoment, abtriebsseitig E Momento de inercia a la salida F Moment d'inertie à la sortie GB Moment of inertia at the power take-off end I Momento di inerzia lato uscita NL Traagheidsmoment, uitgangszijde S Tröghetsmoment, utgående sida SF Hitausmomentti, käytettävä puoli
9739		D Trägheitsmoment der Kupplungsseite E Momento de inercia, lado acoplamiento F Moment d'inertie, côté accouplement GB Moment of inertia at the coupling end I Momento di inerzia sul lato dell'accoppiamento NL Traagheidsmoment, koppelingszijde S Tröghetsmoment på kopplingssidorna SF Kytkinpuolen hitausmomentti

9740		D Widerstandsmoment E Par resistente F Couple de résistance GB Moment of resistance I Momento resistente NL Weerstandsmoment S Motståndsmoment SF Vastamomentti
9750	n	D Drehzahl E Número de vueltas (R.P.M.) F Nombre de tours GB Speed of rotation I Numero di giri NL Toerental S Varvtal SF Pyörimisnopeus
9751	n_A	D Antriebsdrehzahl E Número de vueltas a la entrada F Nombre de tours à l'entrée GB Driving speed I Numero giri in entrata NL Ingaand toerental S Ingående varvtal SF Käyttävän puolen pyörimisnopeus
9752	n_L	D Abtriebsdrehzahl E Número de vueltas a la salida F Nombre de tours à la sortie GB Driven speed I Numero di giri inuscita NL Uitgaand toerental S Utgående varvtal SF Käytettävän puolen pyörimisnopeus
9753	n_{syn}	D Synchrondrehzahl E Número de vueltas sincronas F Nombre de tours synchrone GB Synchronous speed I Numero giri di sincronismo NL Synchroon toerental S Synkronvarvtal SF Synkronipyörimisnopeus

9754	Δn	D Relativdrehzahl E Número de vueltas relativo F Nombre de tours relatif GB Relative speed I Numero di giri relativo NL Relatief toerental S Relativt varvtal SF Suhteellinen pyörimisnopeus
9755	n_{max}	D Maximaldrehzahl E Número de vueltas maximo F Nombre de tours maximum GB Maximum speed I Numero di giri massimo NL Maximum toerental S Max. varvtal SF Maksimipyörimisnopeus
9756	n_{min}	D Mindestdrehzahl E Número de vueltas medio F Nombre de tours moyen GB Minimum speed I Numero di giri minimo NL Gemiddeld toerental S Min. varvtal SF Minimipyörimisnopeus
9757		D Leerlaufdrehzahl E Número de vueltas residual F Nombre de tours résiduel GB No-load speed I Numero di giri a vuoto NL Nullasttoerental S Tomgångsvarvtal SF Tyhjäkäyntipyöriminopeus
9760	F	D Kräfte E Fuerza F Force GB Forces I Forze NL Kracht S Krafter SF Voimat

9761	F_E	D Einschaltkraft E Fuerza de acople F Force d'embrayage GB Engagement force I Forza di innesto NL Schakelkracht S Inkopplingskraft SF Kytkentävoima
9762	F_A	D Ausschaltkraft E Fuerza de desacople F Force de débrayage GB Disengagement force I Forza di disinnesto NL Ontkoppelkracht S Urkopplingskraft SF Irroitusvoima
9763	F_R	D Anpreßkraft der Reibflächen E Fuerza reactiva de superficies de fricción F Force réactive des surfaces de friction GB Pressure force on the friction faces I Forza di pressione sulle superfici di attrito NL Aanspreekkracht van de wrijvingsvlakken S Friktionsytans tryckkraft SF Kitkapintojen puristusvoima
9764	F_F	D Rückstellkraft der Federn E Fuerza de reacción de los resortes F Force de réaction des ressorts GB Pressure force on the return spring load I Forza di richiamo delle molle NL Reaktiekracht van de veren S Fjäderns återställningskraft SF Jousien palautusvoima
9765	F_K	D Kolbenkraft E Fuerza de un pistón F Force du piston GB Piston force I Forza del pistone NL Plunjerkracht S Kolvkraft SF Mäntävoima

9766		D Fliehkraft E Fuerza centrifuga F Force centrifuge GB Piston centrifugal force I Forza centrifuga NL Centrifugaal-kracht S Centrifugalkraft SF Keskipakovoima
9767		D Federkraft E Fuerza del resorte F Force du ressort GB Spring force I Forza della molla NL Veerkracht S Fjäderkraft SF Jousivoima
9768		D Normalkraft E Fuerza normal F Force normale GB Normal force I Forza normale NL Normaal-kracht S Normalkraft SF Normaalivoima
9769		D Tangentialkraft E Fuerza tangencial F Force tangentielle GB Tangential force I Forza tangenziale (periferica) NL Tangentiaal-kracht S Tangentialkraft SF Tangentiaalivoima, Kehävoima
9770		D Axialkraft E Fuerza axial F Force axiale GB Axial force I Forza assiale NL Axiaal-kracht S Axialkraft SF Aksiaalivoima

9771		D Auflagekraft E Fuerza de apoyo F Force d'appui GB Contact force I Forza di appoggio NL Oplegkracht S Upplagskraft SF Tukivoima
9772		D Reibungskraft E Fuerza de fricción F Force de friction GB Friction force I Forza di attrito NL Wrijvingskracht S Friktionskraft SF Kitkavoima
9773		D Radialkraft E Fuerza radial F Force radiale GB Radial force I Forza radiale NL Radiaal-kracht S Radialkraft SF Säteisvoima
9774		D Anfederungskraft E Fuerza de pretensión del resorte F Force de précontrainte du ressort GB Pre-load spring force I Forza di precarico NL Veer-voorspanningskracht S Fjädringskraft SF Joustovoima alussa
9775		D Massenbeschleunigungskraft E Fuerza de aceleración másica F Force d'accélération de massique GB Mass acceleration force I Forza di accelerazione della massa NL Massaversnellingskracht S Massaccelerationskraft SF Massojen kiihdytysvoima

9776		D Kraftrichtung E Sentido de la fuerza F Sens de la force GB Direction of force I Direzione della forza NL Krachtrichting S Kraftriktning SF Voiman suunta
9780		D Leistung E Potencia F Puissance GB Power I Potenza NL Vermogen S Effekt SF Teho
9781		D Reibleistung E Potencia de fricción F Puissance de friction GB Friction power I Potenza di attrito NL Wrijvingsvermogen S Friktionseffekt SF Kitkateho
9782		D Flächenbezogene Reibleistung E Potencia de fricción de las superficies F Puissance de friction aux surfaces GB Surface related friction power I Potenza di attrito specifica superficiale NL Wrijvingsvermogen aan de vlakken S Ytberoende friktionseffekt SF Kitkateho pintayksikköä kohti
9783		D Volumenbezogene Reibleistung E Potencia volumétrica de fricción F Puissance volumique de friction GB Volume related friction power I Potenza di attrito riferita a volume NL Wrijvingsvermogen door het volume S Volymberoende friktionseffekt SF Kitkateho tilavuusyksikköä kohti

9784	P_{KW}	D E F GB I NL S SF	Maximale Dämpfungsleistung Potencia máxima de amortiguación Puissance maximum amortie Maximum damping capacity Potenza massima di ammortizzazione Maximaal dempingsvermogen Max. dämpningseffekt Maksimivaimennusteho
9790	ω	D E F GB I NL S SF	Winkelgeschwindigkeit Velocidad ángular Vitesse angulaire Angular velocity Velocità angolare Hoeksnelheid Vinkelhastighet Kulmanopeus
9791		D E F GB I NL S SF	Antriebs-Winkelgeschwindigkeit Velocidad ángular de entrada Vitesse angulaire d'entrée Driving angular velocity Velocità angolare lato motore Ingaande hoeksnelheid Ingående vinkelhastighet Käyttävän puolen kulmanopeus
9792		D E F GB I NL S SF	Abtriebs-Winkelgeschwindigkeit Velocidad ángular de salida Vitesse angulaire de sortie Output angular velocity Velocità angolare lato condotto Uitgaande hoeksnelheid Utgående vinkelhastighet Käytettävän puolen kulmanopeus
9793	$\Delta\omega$	D E F GB I NL S SF	Relative Winkelgeschwindigkeit Velocidad ángular relativa Vitesse angulaire relative Relative angular velocity Velocità angolare relativa Relatieve hoeksnelheid Relativ vinkelhastighet Suhteellinen kulmanopeus

9794	ω_{syn}	D Synchron-Winkelgeschwindigkeit E Velocidad ángular sincrona F Vitesse angulaire synchrone GB Synchronised angular velocity I Velocità angolare di sincronismo NL Synchrone hoeksnelheid S Synkron vinkelhastighet SF Synkronikulmanopeus
9795	ω_{max}	D Maximale Winkelgeschwindigkeit E Velocidad ángular máxima F Vitesse maximum angulaire GB Maximum angular velocity I Velocità angolare massima NL Maximale hoeksnelheid S Max. vinkelhastighet SF Maksimikulmanopeus

9800		D E F GB I NL S SF	Ansprechverzug beim Verknüpfen Retraso de reacción al cierre Retard de réaction à la fermeture Engagement response delay Ritardo di risposta all'innesto Reaktievertraging bij koppeling Fördröjning vid inkoppling Kytkentäviive
9801		D E F GB I NL S SF	Anstiegszeit des Drehmoments Tiempo de par progresivo Temps du couple progressif Rise time (torque) Durata sviluppo momento torcente Tijd van de koppelstijging Momentets stegringstid Vääntömomentin nousuaika
9802		D E F GB I NL S SF	Verknüpfzeit Tiempo de entrega Temps de liaison Engagement period Tempo di inserimento Koppelingstijd Tid för inkoppling Kytkentäaika
9803		D E F GB I NL S SF	Ansprechzeit beim Trennen Tiempo de reacción a la separación Temps de reaction à la séparation Disengagement response time Tempo di risposta al disinnesto Reaktietijd bij ontkoppeling Funktionstid vid urkoppling Viive irroituksessa

9804		D E F GB I NL S SF	Abfallzeit des Drehmoments Tiempo de par regresión Temps du couple dégressif Torque decay time Tempo di annullamento della coppia Tijd van de koppeldaling Momentets minskningstid Vääntömomentin päästöaika
9805		D E F GB I NL S SF	Trennzeit Tiempo de separación Temps de séparation Disengagement period Durata di disinserimento Ontkoppeltijd Urkopplingstid Irroitusaika
9806	(diagram with T_S, $\Delta\omega$, T_K, $\Delta\omega_0$, T_s, T_{syn}, $\Delta\omega$, T_r, t_{12}, t_3, t)	D E F GB I NL S SF	Rutschzeit Tiempo de deszilamiento Temps de patinage Slipping time Durata di slittamento Sliptijd Slirtid Liukuaika
9807	t_s	D E F GB I NL S SF	Schließzeit Tiempo de cierre Temps de fermeture Engagement time Tempo frizione inserita Sluitingstijd Inkopplingstid Sulkuaika
9808	t_o	D E F GB I NL S SF	Offenzeit Tiempo de avertura Temps d'ouverture Disengagement time Tempo di apertura Openingstijd Öppningstid Aukioloaika

9809	$t_z = t_s + t_o$	D E F GB I NL S SF	Zykluszeit Ciclo de tiempo Temps du cycle Cycle time Durata del ciclo Cyclustijd Tid för arbetscykel Työjakso
9810		D E F GB I NL S SF	Stündliche Schaltzahl Número de embragues por hora Nombre d'embrayages par heure Number of switching ops. per hour Numero di innesti all'ora Aantal schakelingen per uur Antal inkopplingar per h Kytkentäluku tunnissa
9811		D E F GB I NL S SF	Ausschaltdauer Duración de embragado Durée du débrayage Switch off duration Durata del disinserimento Duur van ontkoppeling Urkopplad tid Irroitusaika
9820	Q	D E F GB I NL S SF	Schaltarbeit Trabajo de embragado Travail d'embrayage Engagement energy Lavoro di innesto Schakelarbeid Kopplingsarbete Kytkentätyö
9821	Q_{stat}	D E F GB I NL S SF	Statische Schaltarbeit Trabajo de embrague estático Travail d'embrayage statique Static engagement energy Lavoro di innesto statico Statische schakelarbeid Statiskt kopplingsarbete Staattinen kytkentätyö

9822	Q_{dyn}	D E F GB I NL S SF	Dynamische Schaltarbeit Trabajo de embrague dinámico Travail d'embrayage dynamique Dynamic engagement energy Lavoro di innesto dinamico Dynamische schakelarbeid Dynamiskt kopplingsarbete Dynaaminen kytkentätyö
9823	Q_{zul}	D E F GB I NL S SF	Zulässige Schaltarbeit Trabajo de embrague admisible Travail d'embrayage admissible Permissible engagement energy Lavoro di innesto ammissibile Toelaatbare schakelarbeid Tillåtet kopplingsarbete Sallittu kytkentätyö
9824	Q_E	D E F GB I NL S SF	Zulässige Schaltarbeit bei einmaliger Schaltung Trabajo de embrague admisible para un embrague único Travail d'embrayage admissible par embrayage unique Permissible engagement energy for single engagement Lavoro di innesto ammissibile ad ogni inserimento Toelaatbare schakelarbeid bij eenmaal schakelen Tillåtet kopplingsarbete vid enstaka inkoppling Sallittu kytkentätyö yhtä kytkentää kohti
9825	q_A	D E F GB I NL S SF	Flächenbezogene Schaltarbeit Trabajo de embrague con relácion a las superficies Travail d'embrayage rapporté aux surfaces Area related engagement energy Lavoro di innesto riferito a superficie Schakelarbeid aan de vlakken Ytberoende kopplingsarbete Kytkentätyö pinta-alayksikköä kohti

9826	q_{Ah}	D E F GB I NL S SF	Flächenbezogene Schaltarbeit pro Stunde Trabajo de embrague por superficie y por hora Travail d'embrayage rapporté aux surfaces et par heure Area related engagement energy per hour Lavoro di innesto riferito a superficie all'ora Schakelarbeid aan de vlakken per uur Ytberoende kopplingsarbete per h Kytkentätyö tuntia ja pinta-alayksikköä kohti
9827	q_v	D E F GB I NL S SF	Volumenbezogene Reibarbeit Trabajo de fricción por unidad de volumen Travail de friction par unité de volume Volume related engagement energy Lavoro di frizione riferito a volume Wrijvingsarbeid voor het volume Volymberoende friktionsarbete Volyymikohtainen kitkatyö
9828	q_h	D E F GB I NL S SF	Reibarbeit pro Stunde Trabajo de fricción por hora Travail de friction par heure Volume related engagement energy per hour Lavoro di frizione all'ora Wrijvingsarbeid per uur Friktionsarbete per h Kitkatyö tuntia kohti
9830	ΔK_a	D E F GB I NL S SF	Axialversatz Error axial Erreur axiale Axial offset Spostamento assiale Axiale afwijking Axialförsättning Aksiaalipoikkeama
9831	ΔK_r	D E F GB I NL S SF	Radialversatz Error radial Erreur radiale Radial offset Spostamento radiale Radiale afwijking Radialförsättning Risteilypoikkeama

9832	K_W	D Winkelversatz E Error angular F Erreur angulaire GB Angular misalignment I Spostamento angolare (disassamento) NL Hoekafwijking S Vinkelförsättning SF Kulmapoikkeama
9833		D Axiale Wellenverlagerung E Error axial de los apoyos F Erreur axiale des paliers GB Axial shaft displacement I Spostamento assiale albero NL Axiale asafwijking van de lagers S Axiell axeldistans SF Akselien aksiaalisiirtymä
9834		D Radiale Wellenverlagerung E Error radial de los apoyos F Erreur radiale des paliers GB Radial shaft displacement I Spostamento radiale albero NL Radiale asafwijking van de lagers S Radiell axeldistans SF Akselien radialisiirtymä
9835		D Winklige Wellenverlagerung E Error angular de los apoyos F Erreur angulaire des paliers GB Angular shaft displacement I Spostamento angolare albero NL Hoekafwijking van de lagers S Axeldistans i vinkel SF Akselin kulmapoikkeama
9840	C_T	D Statische Drehfedersteife E Rigidez estática del resorte de torsión F Rigidité statique du ressort de torsion GB Static torsional stiffness I Rigidità torsionale statica NL Statische torsieveer-stijfheid S Statisk vridfjäderstyvhet SF Stattinen vääntöjäykkyys

9841	C_{Tdyn}	D E F GB I NL S SF	Dynamische Drehfedersteife Rigidez dinámica del resorte de torsión Rigidité dynamique du ressort de torsion Dynamic torsional stiffness Rigidità torsionale dinamica Dynamische torsieveer-stijfheid Dynamisk vridfjäderstyvhet Dynaaminen vääntöjäykkyys
9842	C_a	D E F GB I NL S SF	Axialfedersteife, statisch Rigidez axial del resorte estático Rigidité axiale du ressort statique Static axial stiffness Rigidezza assiale, statica Axiale veerstijfheid, statisch Axialfjäderstyvhet, statisk Aksiaalinen jousijäykkyys, staattinen
9843	C_{adyn}	D E F GB I NL S SF	Axialfedersteife, dynamisch Rigidez axial del resorte dinámico Rigidité axiale du ressort dynamique Dynamic axial stiffness Rigidezza assiale, dinamica Axiale veerstijfheid, dynamisch Axialfjäderstyvhet, dynamisk Aksiaalinen jousijäykkyys, dynaamlnen
9844	C_r	D E F GB I NL S SF	Radialfedersteife, statisch Rigidez radial del resorte estático Rigidité radiale du ressort statique Static radial stiffness Rigidezza radiale statica Radiale veerstijfheid, statisch Radialfjäderstyvhet, statisk Radiaalinen jousijäykkyys, staattinen
9845	C_{rdyn}	D E F GB I NL S SF	Radialfedersteife, dynamisch Rigidez radial del resorte dinámico Rigidité radiale du ressort dynamique Dynamic radial stiffness Rigidezza radiale, dinamica Radiale veerstijfheid, dynamisch Radialfjäderstyvhet, dynamisk Radiaalinen jousijäykkyys, dynaaminen

9846	C_w	D E F GB I NL S SF	Winkelfedersteife, statisch Rigidez estática del resorte acodado Rigidité statique du ressort coudé Static angular stiffness Rigidezza angolare, statica Hoekveerstijfheid, statisch Vinkelfjäderstyvhet, statisk Kulmajousijäykkyys, staattinen
9847	C_{wdyn}	D E F GB I NL S SF	Winkelfedersteife, dynamisch Rigidez dinámica del resorte acodado Rigidité dynamique du ressort coudé Dynamic angular stiffness Rigidezza angolare, dinamica Hoekveerstijfheid, dynamisch Vinkelfjäderstyvhet, dynamisk Kulmajousijäykkyys, dynaaminen
9848	S_f	D E F GB I NL S SF	Frequenzfaktor Factor de frecuencia Facteur de fréquence Frequency factor Fattore di frequenza Frekwentiefaktor Frekvensfaktor Värähtelykerroin
9849	S_z	D E F GB I NL S SF	Anlauffaktor Factor de puesta en marcha Facteur de mise en marche Start up factor Fattore di avviamento Aanloopfaktor Startfaktor Käynnistyskerroin
9850	S_ϑ	D E F GB I NL S SF	Temperaturfaktor Factor de temperatura Facteur de température Temperature factor Fattore di temperatura Temperatuurfaktor Temperaturfaktor Lämpötilakerroin

9851	S_n	D Drehzahlfaktor E Factor del número de vueltas F Facteur du nombre de tours GB Speed factor I Fattore numero giri NL Toerentalfaktor S Varvtalsfaktor SF Pyörimisnopeuskerroin
9852	V_R	D Resonanzfaktor E Factor de resonancia F Facteur de résonance GB Resonance (amplification) factor I Fattore di risonanza NL Resonantiefaktor S Resonansfaktor SF Resonanssikerroin
9853		D Stoßfaktor E Factor de choque F Facteur de choc GB Impact factor I Fattore d'urto NL Stootfaktor S Stötfaktor SF Sysäyskerroin
9854	V	D Vergrößerungsfaktor E Factor de amplificación F Facteur d'amplification GB Amplification factor I Fattore di amplificazione NL Vergrotingsfaktor S Förstoringsfaktor SF Suurennuskerroin
9860		D Reibungszahl E Coeficiente de fricción F Coefficient de friction GB Coefficient of friction I Coefficiente di frizione NL Wrijvingskoëfficient S Friktionskoefficient SF Kitkakerroin

9861	μ	D Gleitreibungszahl E Coeficiente de fricción dinámico F Coefficient de friction dynamique GB Coefficient of sliding friction I Coefficiente di frizione dinamica NL Dynamische wrijvingskoëfficient S Glidfriktionskoefficient SF Liukukitkakerroin
9862	μ_o	D Haftreibungszahl E Coeficiente de fricción estático F Coefficient de friction statique GB Coefficient of static friction I Coefficiente di frizione statica NL Statische wrijvingskoëfficient S Statisk friktionskoefficient SF Lepokitkakerroin
9870	$S[h^{-1}]$	D Schalthäufigkeit pro Stunde E Frecuencia de maniobra F Fréquence de manoeuvre par heure GB Switching frequency per hour I Frequenza di innesto NL Schakelfrekwentie per uur S Kopplingsfrekvens per h SF Kytkentätiheys
9871	$S_{hü}[h^{-1}]$	D Übergangsschalthäufigkeit pro Stunde E Frecuencia típica de maniobra F Fréquence caratéristique de manoeuvre GB Intersection point switching-frequency per hour I Frequenza tipica di innesto NL Overgangsschakel-frekwentie per uur S Övergående kopplingsfrekvens per h SF Ylikytkentätiheys
9875		D Spezifische Wärmekapazität von Öl E Capacidad termica especifica del aceite F Capacité thermique spécifique de l'huile GB Specific heat capacity of oil I Capacità termica specifica dell'olio NL Specifieke warmtekapaciteit van olie S Oljans specifika värmekapacitet SF Öljyn ominaislämpö

9876		D E F GB I NL S SF	Spezifische Wärmekapazität von Stahl Capacidad termica especifica del acero Capacité thermique spécifique de l'acier Specific heat capacity of steel Capacità termica specifica dell'acciaio Specifieke warmtekapaciteit van staal Stålets specifika värmekapacitet Teräksen ominaislämpö
9877	$V_{öl}$	D E F GB I NL S SF	Gesamte Kühlölmenge Cantidad total de aceite Quantité totale d'huile réfrigérante Cooling oil quantity Quantità totale olio refrigerante Totale hoeveelheid koelolie Total kyloljemängd Kokonaisöljymäärä
9878	$\dot{V}_{öl}$	D E F GB I NL S SF	Kühlölstrom pro Kupplung Caudal de aceite refrigerante Débit d'huile réfrigérante par embrayage Cooling oil flow rate per coupling Flusso olio refrigerante per giunto Koeloliestroom per koppeling Kyloljemängd per koppling Jäähdytysöljyn määrä kytkintä kohti
9879	$\dot{V}_a$	D E F GB I NL S SF	Reibflächenbezogener Kühlölstrom Candal de aceite refrigerante sobre las superficies Débit d'huile réfrigérante sur les surfaces Cooling oil flow rate per unit of friction surface Flusso olio refrigerante riferito superficie attrito Koeloliestroom op de wrijvingsvlakken Friktionsytberoende kyloljemängd Öljymäärä kitkapinnan yksikköä kohti
9880		D E F GB I NL S SF	Wärmeübergangszahl Kupplung - offen Coeficiente de disipación termica acople abierto Coefficient de dissipation thermique, accouplement ouvert Heat transfer coefficient - clutch open Dissipazione termica giunto aperto Warmteafvoer-koëfficient, open schakkeling Värmeövergångstal, kopplingen urkopplad Lämmönsiirtymiskerroin kytkin-auki

9881	α_o	D Wärmeübergangszahl Kupplung - geschlossen E Coeficiente de disipación termica acople cerrado F Coefficient de dissipation thermique, accouplement fermé GB Heat transfer coefficient - clutch closed I Dissipazione termica giunto chiuso NL Warmteafvoer-koëfficient, gesloten schakkeling S Värmeövergångstal, kopplingen inkopplad SF Lämmönsiirtymiskerroin kytkin-suljettu
9882	η	D Dynamische Viskosität E Viscosidad dinámica (o absoluta) F Viscosité dynamique (ou absolue) GB Dynamic viscosity I Viscosità dinamica NL Dynamische viskositeit (of absolute) S Dynamisk viskositet SF Dynaaminen viskositeetti
9883	ν	D Kinematische Viskosität E Viscosidad cinemática F Viscosité cinématique GB Kinematic viscosity I Viscosità cinematica NL Kinematische viskositeit S Kinematisk viskositet SF Kinemaattinen viskositeetti
9884	ψ	D Dämpfung E Amortiguación F Amortissement GB Damping I Ammortizzamento NL Demping S Dämpning SF Vaimennus

9890		D Kolbenfläche E Pared del cilindro F Paroi de cylindre GB Piston area I Superficie del pistone NL Zuigeroppervlak S Kolvyta SF Männän pinta-ala
9891		D Reibfläche E Superficie de fricción F Surface de friction GB Friction surface area I Superficie attrito NL Wrijvingsvlak S Friktionsyta SF Kitkapinta-ala
9892		D Gesamte Reibfläche E Superficie total de fricción F Surface totale de friction GB Total friction surface area I Superficie attrito totale NL Totaal wrijvingsvlak S Total friktionsyta SF Kokonaiskitkapinta-ala
9893		D Reibflächenbreite E Anchura superficies de fricción F Largeur des surfaces de friction GB Friction lining width I Larghezza superficie attrito NL Breedte van de wrijvingsvlakken S Friktionsytans bredd SF Kitkapinnan leveys
9894		D Reibflächen-Außendurchmesser E Diametro exterior de las superficies de fricción F Diamètre extérieur des surfaces de friction GB Friction lining outside diameter I Diametro esterno superficie attrito NL Buitendiameter van de wrijvingsvlakken S Friktionsytans ytterdiameter SF Kitkapinnan ulkoholkaisija

9895		D Reibflächen-Innendurchmesser E Diametro interior de las superficies de fricción F Diamètre interieur des surfaces de friction GB Friction lining inside diameter I Diametro interno superficie attrito NL Binnendiameter van de wrijvingsvlakken S Friktionsytans innerdiameter SF Kitkapinnan sisähalkaisija
9896		D Mittlerer Reibflächendurchmesser E Diametro medio de las superficies de fricción F Diamètre moyen des surfaces de friction GB Friction lining mean diameter I Diametro medio superficie d'attrito NL Gemiddelde diameter van de wrijvingsvlakken S Friktionsytans medeldiameter SF Keskimääräinen kitkapinnan halkaisija
9897		D Reibflächendurchmesser-Verhältnis E Relacion de diámetros de las superficies de fricción F Rapport des diamètres des surfaces de friction GB Friction lining outside to inside diameter ratio I Rapporto del diametro della superficie di attrito NL Verhouding van de wrijvingsvlakdiameters S Friktionsytans diameterförhållande SF Kitkapintahalkaisijasuhde
9898		D Kolben-Außendurchmesser E Diametro exterior del pistón F Diamètre extérieur du piston GB Outside diameter of piston I Diametro esterno del pistone NL Buitendiameter van de plunjer (of zuiger) S Kolvens ytterdiameter SF Männän ulkohalkaisija
9899		D Kolben-Innendurchmesser E Diametro interior del pistón F Diamètre intérieur du piston GB Internal diameter of piston I Diametro interno del pistone NL Binnendiameter van de plunjer (of zuiger) S Kolvens innerdiameter SF Männän sisähalkaisija

9900		D E F GB I NL S SF	Ölzuführungsdurchmesser Diámetro de la tuberiá de aceite Diamètre de la tuyauterie d'huile Oil inflow diameter Diametro presa alimentazione olio Diameter van olietoevoer Oljetillförselns diameter Öljyn tulokanavan halkaisija
9901	r_m	D E F GB I NL S SF	Mittlerer Reibradius Radio medio de fricción Rayon moyen de friction Average friction radius Raggio d'attrito medio Gemiddelde wrijvingsstraal Medelfriktionsradie Keskimääräinen kitkasäde
9902	s [mm]	D E F GB I NL S SF	Lamellenstärke Espesor de membrana Epaisseur de membrane Plate thickness Spessore delle lamelle Lamellensterkte (dikte) Lamelltjocklek Lamellin paksuus
9910	ϑ_{AB}	D E F GB I NL S SF	Kühlöltemperatur Ablauf Temperatura de salida del aceite refrigerante Température de sortie d'huile réfrigérante Cooling oil temperature at exit Temperatura olio refrigerante allo scarico Uitgangstemperatuur van koelolie Utgående kyloljetemperatur Jäähdytysöljyn poistolämpötila
9911	$\vartheta\ zu[°C]$	D E F GB I NL S SF	Kühlöltemperatur Zulauf Temperatura de entrada del aceite refrigerante Temperature d'entrée d'huile réfrigérante Cooling oil temperature inflow Temperatura olio refrigerante all'entrata Ingangstemperatuur van koelolie Ingående kyloljetemperatur Jäähdytysöljyn tulolämpötila

9912	$\Delta\vartheta$	D E F GB I NL S SF	Temperaturerhöhung Incremento de temperatura Montée de température Temperature increase Aumento della temperatura Temperatuursverhoging Temperaturhöjning Lämpötilan nousu
9913	$\Delta\vartheta_{Le}$	D E F GB I NL S SF	Leerlauferwärmung Precalentamiento ralenti Réchauffement à vide Idle run temperature rise Riscaldamento a vuoto Nullastverwarming Tomgångsuppvärmning Tyhjäkäyntilämpeneminen
9914	ϑ_r	D E F GB I NL S SF	Reibflächentemperatur Temperatura de las superficies de fricción Température des surfaces de friction Friction face temperature Temperatura superficie attrito Temperatuur van de wrijvingsvlakken Friktionsytans temperatur Kitkapinnan lämpötila
9915	pR	D E F GB I NL S SF	Reibflächenpressung Presión en las superficies de fricción Pression sur les surfaces de friction Friction face pressure Pressione su superficie attrito Druk op de wrijvingsvlakken Friktionsytans tryck Kitkapinnan paine
9916		D E F GB I NL S SF	Schaltdruck Presión de cierre Pression à la fermeture d'embrayage Operating pressure Pressione di innesto Schakeldruk Kopplingstryck Kytkentäpaine

9917		D Pressungsgradient E Gradiente de presión F Gradient de pression GB Pressure gradient I Gradiente di pressione NL Drukgradient S Tryckgradient SF Painegradientti
9918		D Lüftung pro Kupplung E Aireador para acoplamiento F Aération par accouplement GB Ventilation per coupling I Ventilazione per giunto NL Luchtkoeling per koppeling S Ventilation per koppling SF Kytkimen tuuletus
9919		D Lüftung pro Reibfläche E Respiradero para superficies de fricción F Aération par surface de friction GB Airflow per friction surface I Ventilazione per superficie attrito NL Luchtkoeling per wrijvingsvlak S Ventilation per friktionsyta SF Kitkapinnan tuuletus
9920	V_R	D Reibflächenverschleiß E Desgaste de las superficies de fricción F Usure des surfaces de friction GB Lining wear I Usura superficie attrito NL Slijtage van wrijvingsvlakken S Friktionsytans förslitning SF Kitkapinnan kuluminen
9921	Z_R	D Reibflächenanzahl E Número de las superficies de fricción F Nombre de surfaces de friction GB Number of friction surfaces I Numero superfici attrito NL Aantal wrijvingsvlakken S Antal friktionsytor SF Kitkapintojen lukumäärä

9922	V_r	D E F GB I NL S SF	Gleitgeschwindigkeit Velocidad de deslizamiento Vitesse de glissement Sliding velocity Velocità di slittamento Glijsnelheid Glidhastighet Liukunopeus
9923		D E F GB I NL S SF	Gleitgeschwindigkeit am mittleren Reibrad Velocidad de descilamiento de la rueda de fricción intermedio Vitesse de glissement à la roue de friction intermédiaire Sliding velocity at mean lining diameter Velocità di scorrimento su ruota centrale Glijsnelheid aan middelste wrijvingswiel Glidhastighet vid medeldiametern Liukunopeus keskimääräisellä kitkahalkaisijalla

Springer-Verlag und Umwelt

Als internationaler wissenschaftlicher Verlag sind wir uns unserer besonderen Verpflichtung der Umwelt gegenüber bewußt und beziehen umweltorientierte Grundsätze in Unternehmensentscheidungen mit ein.

Von unseren Geschäftspartnern (Druckereien, Papierfabriken, Verpackungsherstellern usw.) verlangen wir, daß sie sowohl beim Herstellungsprozeß selbst als auch beim Einsatz der zur Verwendung kommenden Materialien ökologische Gesichtspunkte berücksichtigen.

Das für dieses Buch verwendete Papier ist aus chlorfrei bzw. chlorarm hergestelltem Zellstoff gefertigt und im ph-Wert neutral.

Springer-Verlag and the Environment

We at Springer-Verlag firmly believe that an international science publisher has a special obligation to the environment, and our corporate policies consistently reflect this conviction.

We also expect our business partners – paper mills, printers, packaging manufacturers, etc. – to commit themselves to using environmentally friendly materials and production processes.

The paper in this book is made from low- or no-chlorine pulp and is acid free, in conformance with international standards for paper permanency.